# 远程教育
# 创新研究

YUANCHENG JIAOYU CHUANGXIN YANJIU

余善云 ◎ 著

西南交通大学出版社
·成都·

## 内容提要

本书从理论和实践两个维度，对中国远程教育和开放大学理论进行深入研究，对继续教育、远程教育、社区教育等办学实践进行探索，反映了作者从 2004 年到 2014 年期间，在终身教育、终身学习、学习型社会理论的指导下，对中国广播电视大学适应全民终身学习需要，转型升级创建新型开放大学，深化远程教育内涵建设，发展继续教育与社区教育等一系列重大问题的冷静观察和创新思考，一定程度上反映了这一时期我国远程教育科学研究的深度、广度和水平，对促进我国终身学习的发展和广播电视大学转型升级建设开放大学的实践，具有一定的指导意义。

图书在版编目（CIP）数据

远程教育创新研究 / 余善云著. —成都：西南交通大学出版社，2015.5
ISBN 978-7-5643-3885-5

Ⅰ. ①远… Ⅱ. ①余… Ⅲ. ①远程教育–研究–中国 Ⅳ. ①G729.2

中国版本图书馆 CIP 数据核字（2015）第 100294 号

## 远程教育创新研究

余善云　著

| | |
|---|---|
| 责 任 编 辑 | 罗爱林 |
| 特 邀 编 辑 | 顾维群 |
| 封 面 设 计 | 严春艳 |
| 出 版 发 行 | 西南交通大学出版社<br>（四川省成都市金牛区交大路 146 号） |
| 发 行 部 电 话 | 028-87600564　028-87600533 |
| 邮 政 编 码 | 610031 |
| 网　　　　址 | http://www.xnjdcbs.com |
| 印　　　　刷 | 成都蓉军广告印务有限责任公司 |
| 成 品 尺 寸 | 170 mm × 230 mm |
| 印　　　　张 | 18.5 |
| 字　　　　数 | 354 千 |
| 版　　　　次 | 2015 年 5 月第 1 版 |
| 印　　　　次 | 2015 年 5 月第 1 次 |
| 书　　　　号 | ISBN 978-7-5643-3885-5 |
| 定　　　　价 | 45.00 元 |

图书如有印装质量问题　本社负责退换
版权所有　盗版必究　举报电话：028-87600562

# 序

1999年秋，教育部实施"现代远程教育工程"，中国广播电视大学和67所普通高校先后开展现代远程教育，由此，远程教育在中国进入了一个新的发展阶段。进入21世纪后，中国经济、社会、教育发展进入了高速发展的新时期，在高等教育大众化和终身学习思潮双重因素的影响下，以广播电视大学为主体的现代远程教育，努力适应中国社会由工业社会向信息社会转型发展和建设全民学习、终身学习的学习型社会的需要，并在开放的旗帜下实现了历史性的跨越发展。

2010年，《国家中长期教育改革和发展规划纲要（2010—2020年）》颁布实施，确立了继续教育在我国终身学习体系中的战略地位，提出了"健全宽进严出的学习制度，办好开放大学"的要求，以发展远程教育、服务终身学习为使命的中国广播电视大学，由此进入了转型发展、建设开放大学的新时期。

在这个日新月异、瞬息万变的信息时代，如何"办好开放大学"，发展现代远程教育，顺应我国终身教育发展大势，适应全民终身学习的需要，促进学习型社会建设，既是中国广播电视大学、国家和地方开放大学在新的历史时期承载的重大使命，也是我国远程教育理论工作者和实践工作者需要研究和实践的重大课题。

伴随着中国远程教育跨越式发展和广播电视大学转型建设开放大学前进的脚步，我国远程教育的理论研究也出现了空前繁荣的景象。现代远程教育大批理论成果的问世，不但极大地丰富了我国高等教育的理论宝库，也指导着我国远程教育的办学实践不断走向深入。《远程教育创新研究》在一定程度上反映了进入21世纪后，我国远程教育理论研究和实践创新的成果。

重庆广播电视大学余善云教授，长期从事我国广播电视大学的办学、管理、科研工作，不但积累了丰富的远程教育办学经验，也取得了丰硕的远程教育理论研究成果，先后出版了《现代远程教育理论与实践研究》《走向开放的未来》《社区教育研究与实践》《终身学习研究与实践》等反映远程教育、社区教育、终身学习等主题的专著，在《中国远程教育》《开放教育研究》《现代远程教育研究》《现代教育技术》《探索》《继续教育研究》等学术刊物上发表学术论文100多篇，体现了他一以贯之，且不断深入的科学研究精神。

《远程教育创新研究》一书，辑入了从2004年到2014年期间，余善云教授有关远程教育研究的部分成果，涉及中国广播电视大学转型发展、国家和地方开放大学建设、远程教育内涵建设、继续教育与社区教育改革发展面临的一系列重大问题，既有作者对远程教育和开放大学理论的深入研究，又有对办学实践的努力探索，还有对中国远程教育、继续教育、社区教育、终身学习发展过程中一系列重大问题的冷静观察。内容涉及继续教育、远程教育、社区教育发展，广播电视大学体制机制改革，开放大学建设模式、体系建构、治理结构、学科与师资队伍建设、人才培养模式改革、教学模式与学习模式创新等。这些成果在一定程度上反映了远程教育工作者实践探索的勇气和理论创新的水平。

《远程教育创新研究》一书，材料充分翔实，问题研究有深度，行文流畅、可读性强，对远程教育的理论工作者和实践工作者，都是一部颇有启发性和指导性的著述。

2014年12月于重庆

# 目 录

## 第一部分 电大转型发展研究

中国电大教育发展现状研究 ………………………………………… 2
论中国电大远程教育的可持续发展 ………………………………… 16
论广播电视大学系统建设的改革与创新 …………………………… 24
试析电大远程开放教育的发展走势 ………………………………… 30
以社会教育需求引导电大转变发展方式 …………………………… 35
全民终身学习：电大远程教育发展的新机遇 ……………………… 41
电大远程开放教育服务终身教育体系方略 ………………………… 46
广播电视大学如何服务于学习型社会建设 ………………………… 52
总结电大历史经验 看省电大发展走向 …………………………… 56
省级电大发展走势探究 ……………………………………………… 66

## 第二部分 开放大学建设研究

关于建设国家开放大学的构想 ……………………………………… 72
中国开放大学建设的基本走势 ……………………………………… 79
中国开放大学建设热的理性思考 …………………………………… 86
以电大为基础发挥自考优势办好开放大学 ………………………… 95
略论开放大学的学科建设 …………………………………………… 103
中国开放大学的学科与师资队伍建设 ……………………………… 108
相互依存视角下国家开放大学组织体系建构研究 ………………… 122
开放大学办学体系的基层建构与策略研究 ………………………… 133

开放大学学习中心建设的思考……………………………………… 143
基于开放大学混合体制学习中心的研究…………………………… 153

## 第三部分　继续教育与社区教育

论我国继续教育体制与机制的创新…………………………………… 164
建立继续教育城乡帮扶机制的思考…………………………………… 171
发展重庆继续教育的战略思考………………………………………… 176
重庆市统筹城乡社区教育发展战略研究……………………………… 183
重庆市社区教育的探索与实践………………………………………… 193
城乡统筹社区教育可持续发展模式研究……………………………… 200
略论社区教育体系建设………………………………………………… 206
社区教育五维一体化评价体系研究…………………………………… 212
重庆市社区教育发展的历史回顾与展望……………………………… 218
城乡统筹：现代社区教育发展模式的有益探索……………………… 229

## 第四部分　远程教育内涵建设

远程教育的转化发展及其与高职教育的融合………………………… 238
远程教育在城乡统筹发展中的作用…………………………………… 247
远程教育创新与西部教育高地建设…………………………………… 254
远程高等教育质量控制浅议…………………………………………… 260
远程教育教学资源开放共享与品牌战略……………………………… 264
略论远程教育教学支持服务体系建设………………………………… 270
远程开放教育"2+2互动式"教学模式的研究……………………… 278
远程教育土木工程专业实践教学的创新……………………………… 283
重庆广播电视大学教学模式改革的实践探索………………………… 286

# 第一部分

## 电大转型发展研究

# 中国电大教育发展现状研究[①]

党的十七大明确提出了"发展远程教育和继续教育,建设全民学习、终身学习的学习型社会"的战略任务。2010年,《国家中长期教育改革和发展规划纲要》(2010—2020年)(以下简称《规划纲要》)提出了要在我国"构建完备的终身教育体系""努力形成人人皆学、处处可学、时时能学的学习型社会",中国广播电视大学(简称"电大")教育由此进入了新的历史发展时期。客观分析电大教育的发展现状,准确把握电大教育的优势和特点,采取有效措施积极应对来自各个方面的挑战,必将有助于贯彻落实《规划纲要》的精神,推动中国电大教育的持续健康发展。

## 一、中国电大教育的发展现状

### (一)学历教育办学现状

**1. 规模**

2009年,全国电大招收高、中等各类新生1 099 021人,其中高等教育招生1 014 362人,占总数的92.3%,开放教育招生943 833人,占高等教育总数的93%。毕业学生676 075人,其中开放教育毕业生543 396人,占高等教育毕业生总数的87.90%;在校生总人数3 019 526人,其中高等教育在校生2 846 062人,占总数的94.3%;开放教育在校生2 663 515人,占93.60%(见表1)。

表1 广播电视大学2007—2009年学生人数一览

| 年份 | 高等学历教育 | | | | | | 高、中等学历教育 | | |
|---|---|---|---|---|---|---|---|---|---|
| | 毕业生 | | 招生 | | 在校生 | | 毕业生数(人) | 招生数(人) | 在校生数(人) |
| | 人数(人) | 占总数(%) | 人数(人) | 占总数(%) | 人数(人) | 占总数(%) | | | |
| 2007 | 693 618 | 92.2 | 797 627 | 94.8 | 2 225 435 | 94.5 | 752 356 | 841 341 | 2 355 309 |

---

① 本文发表于《开放教育研究》2010年第4期。

续表1

| 年份 | 高等学历教育 | | | | | | 高、中等学历教育 | | |
| --- | --- | --- | --- | --- | --- | --- | --- | --- | --- |
| | 毕业生 | | 招生 | | 在校生 | | 毕业生数（人） | 招生数（人） | 在校生数（人） |
| | 人数（人） | 占总数（%） | 人数（人） | 占总数（%） | 人数（人） | 占总数（%） | | | |
| 2008 | 650 145 | 92.9 | 928 213 | 93.4 | 2 434 486 | 94.8 | 699 968 | 993 796 | 2 568 425 |
| 2009 | 617 975 | 91.4 | 1 014 362 | 92.3 | 2 846 062 | 94.3 | 676 075 | 1 099 021 | 3 019 526 |

注：数据来源于中国广播电视大学教育统计年鉴（2007—2008）、2009年全国电大教育基本情况统计公报。

全国电大开设开放教育专业83个，其中本科23个、专科43个、"一村一"17个。成人专科和"专升本"在10个学科、49个二级类中开设专业311个，高职高专在15个学科大类，33个二级类中开设专业101个。电大发挥系统办学整体优势，保证了学生规模的持续增长和专业设置的广覆盖，适应了国家和地方经济社会发展的需要。

2. 结构

2009年年底，全国电大在校生总人数3 019 526人，其中高等学历教育2 846 062人，占总数的94.3%，中等教育173 464人，占总数的5.7%，在电大学历教育层次结构中，高等学历教育是主体。在高等学历教育中，开放教育在校生2 663 515人，占总数的93.6%；统招高等学历在校生181 255人，占总数的6.3%；注册视听生在校生1292人，占总数的0.1%。开放教育是电大高等学历教育的主体。开放教育在校生中，本科占总数的29.70%，专科占总数的64.22%，"一村一名大学生"占总数的6.08%，开放教育本、专科保持了较为合理的结构。电大在校生中，年龄小于20岁的占13.26%，21～30岁的占70.07%，大于30岁的占16.66%。其中开放教育在校生21岁以上的达88%以上，成人专科学生21岁以上的占68%以上，从在校生年龄结构可以看出，电大教育的服务对象主要是在职成人。

3. 质量

电大教育的质量得到社会普遍认可，主要表现在两个方面。一是电大毕业生广泛分布在社会和经济建设各条战线，特别是基层和边远落后地区，许多人成为所在单位生产、管理、技术、服务第一线的骨干。在电大毕业生中，涌现出一大批全国和地方的先进工作者、劳动模范、优秀企业家等。二是历次评估与质量调查的数据表明（见表2），电大教育质量得到了社会的广泛认可。

表2　广播电视大学1989—2007年教育质量评估与调查结果一览

| 评估与调查时间 | 评估与调查项目 | 评估与调查结果 |
| --- | --- | --- |
| 1989年 | 中国电大投资与质量分析 | 各省、市电大用人单位对电大毕业生工作业务能力评价为优良等级的都达到80%以上 |
| 1997年 | 中国省级电大教学水平评估 | 全国省级电大高等专科教育的教学和教学管理工作的总体水平是好的和比较好的 |
| 2002年 | 开放教育试点中期评估 | 电大所进行的教学改革和正在探索的新型教学模式越来越得到社会认可 |
| 2004年 | 全国电大毕业生追踪调查 | 用人单位对电大毕业生质量的总体满意度达到85% |
| 2007年 | 开放教育试点总结性评估 | 教学质量保证体系的建设得到加强,人才培养质量得到社会认可 |

注：数据来源于中央电大各次评估报告、专家组评估结论、电大投资与质量分析、毕业生追踪调查报告。

4. 效益

电大办学以来,培养本、专科毕业生700多万人,为国家和地方经济社会发展提供了重要的智力支撑和人才保障,推动了地方、基层、农村、企业、行业发展,取得了良好的社会效益。2009年,全国电大在校生来自县以下基层农村的约占总数的79%,西部地区的占总数的27.63%。截至2009年,中央电大与总参（全称为"中国人民解放军总参谋部"）合作,面向部队士官开展学历教育,累计注册学生131 625人,已毕业学生51 728人；通过实施"一村一名大学生"计划,面向农村、农民开展职业性很强的专科教育,累计注册学生161 945人,毕业学生48 804人；与残疾人协会合作开展残疾人教育,累计注册学生5 293人,毕业1 728人。电大面向特殊人群的教育,有效地改善了我国高等教育的地理布局,促进了教育公平。

从有关远程教育成本效益研究来看,电大生均培养成本是高校网络教育的40%、普通高等教育的30%,具有较高的投资效益①。2008年,电大现代远程教育市场覆盖率已达到64.77%。在中国每万人口中,有电大在校生17.91人,加上每万人口中电大毕业生4.84人,电大学生占全国人口的比例已达到22.75/10 000,社会融合度比较高。

---

① 中央电大咨委会：《学习型社会建设中电大教育发展的战略研究》,2010年4月于江苏宜兴。

## (二) 非学历教育培训现状

### 1. 规模

2009年,全国电大"一月至半年内"的中期培训,和"一年以上"的"岗位证书培训"与2007年相比,分别增长了165%、127%。其中,半年内的短期培训占总数的90%以上,半年以上培训不足10%。可见,非学历培训仍以短期为主。"在进修和培训中""资格证书""岗位证书"培训超过了培训总人次的50%,传统培训项目"外语""会计""计算机"不到总数的1/6(见表3)。

表3  2007—2009年全国电大非学历教育(进修及培训)结业生情况    单位:人次

| 年份 | 合计 | 一月以内 | 一月至半年内 | 半年至一年内 | 一年以上 | 在进修和培训中 | | | 在进修和培训中 | | |
|---|---|---|---|---|---|---|---|---|---|---|---|
| | | | | | | 合计 | 资格证书培训 | 岗位证书培训 | 合计 | 外语 | 会计 |
| 2007 | 1 051 286 | 673 556 | 264 621 | 99 938 | 13 171 | 704 154 | 475 079 | 229 075 | 259 715 | 45 137 | 107 484 |
| 2008 | 1 211 443 | 836 144 | 282 376 | 71 511 | 21 412 | 804 055 | 596 068 | 207 987 | 255 946 | 40 138 | 125 744 |
| 2009 | 1 616 654 | 757 231 | 701 175 | 115 140 | 43 108 | 837 518 | 316 950 | 520 568 | 252 577 | 37 615 | 90 613 |

注:数据来源于《中国广播电视大学教育统计年鉴(2007—2008)》、2009年全国电大教育基本情况统计公报。

从总体看,非学历培训呈增长态势,培训项目和内容多样化,发展的空间也十分巨大。

### 2. 机制与效益

全国电大非学历教育包括培训类、证书类、服务类三种类型(见表4),主要采取市场化机制办学。在44所省级电大中,采取"经济目标责任制"的有34所,采取"岗位目标责任制"的有11所。一些发展较好的省级电大,非学历培训已进入市场化、实体化、企业化阶段,并与政府机关、企事业单位、社会办学机构、行业协会、普通高校、高校网络学院等开展广泛合作。研究表明,非学历教育培训的经济效益在各级电大还处于补充地位,培训实施在省级电大间不平衡,经济效益反差较大,有的年培训收入已超过千万元①。

---

① 于云秀:《定位与系统建设——中国广播电视大学发展战略研究》,中央电大出版社2009年版。

**表 4　广播电视大学非学历教育培训的主要任务**

| 分　类 | 培训主要类别 | 培训主要方式 |
| --- | --- | --- |
| 培训类 | 新知识新技术培训、岗位职业技能培训、就业再就业培训、执业认证培训、农村劳动力转移培训、干部继续教育培训等 | 以短期为主、远程与面授结合 |
| 证书类 | 专业证书教育培训、职业技能等级证书培训等 | 短、中期结合 |
| 服务类 | 社会化培训服务、自考助学服务等 | 资源提供、教学组织、支持服务 |

注：专业证书教育是指由当地政府批准的准学历教育。

### (三) 远程教育社会化服务现状

**1. 项目类型与规模**

电大远程教育社会化服务，包括各级电大对高校网络教育的服务，接受政府机关、行业、企业委托开展的职业认证、考试组织服务，以及面向城乡市民、社区开展的社会教育服务等（见表5）。电大对高校网络教育的服务，主要通过奥鹏公共服务体系或由高校网络学院在地方电大建立的校外学习中心进行。

**表 5　广播电视大学远程教育社会化服务类型**

| 服务类型 | 主要内容 | 合作与委托单位 | 服务模式 |
| --- | --- | --- | --- |
| 网络教育公共服务 | 奥鹏远程教育公共服务，高校网络教育校外学习中心支持服务 | 奥鹏远程教育中心、普通高校网络学院 | 特许经营、连锁加盟学习中心服务模式 |
| 职业鉴定职业认证考试服务 | 保险代理人资格考试、证券从业人员资格考试、统计从业人员资格证书考试、用友初级会计信息化应用师认证考试、国家职业资格证书课程考试等、银行系统岗位任职资格考试等 | 国家保监委、证监委、国家统计局、人保部、人民银行等 | 委托服务模式 |
| 社区教育服务 | 参与社区教育规划与平台建设、提供社区学习资源、指导社区教育活动开展 | 地方各级社区教育机构 | 参与合作模式 |
| 其他公益教育服务 | 利用电视、互联网等开展多样化的公益性教育活动 | 地方政府及相关部门 | 公益服务模式 |

调查显示,奥鹏主要依托电大系统,在全国建立和管理的学习中心达1 400多个,其中85%在电大系统;并在28所省级电大设立了管理中心,服务高校网络学院40所,服务学生规模30多万。67所高校网络学院"在全国各地约有1 700多个校外教学点,其中明确共享电大系统的校外学习中心就有500多个。"

2. 管理方式与运行机制

远程教育社会化服务,促进了电大系统体制、机制的局部创新。奥鹏远程教育中心实行企业管理,与省级管理中心、基层学习中心之间以协议合作、连锁加盟的形式运作,高校网络教育校外学习中心按委托服务方式运作。地方电大对高校网络教育学习中心采取项目管理、绩效考核等多种激励机制。近年来,在有的地方,电大与企业合作成立合资或独资公司,实行企业化运作。新的运行机制激发了学习中心的活力,提高了服务效率和质量。电大系统开展的认证考试等服务,主要根据双方约定,严格按照委托方的要求进行,其他公益性教育服务则以配合地方政府开展社会建设为目标,按公益服务模式运行和管理。

(四)教学信息化建设现状

1. 教学基础设施

截止到2009年,全国电大教学基础设施总值人民币227亿元,其中教学仪器设备价值5.59亿元;一般图书、电子图书接近5.8亿册,在校学生生均192.1册;拥有教学用计算机329 600台,100名学生教学用计算机达到了10.9台(见表6)。各级电大的信息化教学设施,办学基础设施都有了极大的改善,适应了教学的需要。

表6　2007—2009年全国电大学校资产及校舍情况一览

| 年度 | 固定资产总值(万元) | | 图书、资料 | | 拥有教学计算机(台) | 语音实验室座位数(个) | 多媒体教室座位数(个) | 占地面积(万平方米) | 建筑面积(万平方米) |
|---|---|---|---|---|---|---|---|---|---|
| | 总计 | 其中:教学仪器设备 | 一般图书(万册) | 电子图书(万册) | | | | | |
| 2007 | 2 488 797.2 | 622 175.7 | 6 481.00 | 5 369.4 | 332 229 | 90 919 | 531 045 | 5 130.5 | 2 370.30 |
| 2008 | 2 565 975.2 | 629 426.5 | 6 366.30 | 22 984.3 | 349 844 | 91 306 | 557 503 | 5 183.9 | 2 376.80 |
| 2009 | 2 278 221.0 | 558 796.3 | 4 742.62 | 53 887.9 | 329 600 | 74 600 | 510 500 | 5 194.5 | 1 975.77 |

注:数据来源于中国广播电视大学教育统计年鉴(2007—2008)、2009年全国电大教育基本情况统计公报。

## 2. 网络环境与平台

1999年以来，全国电大用于网络环境与设施设备建设的投资达40多亿元。目前，中央电大已实现计算机网络双出口并独享带宽255兆，省级电大校园主干网均达到千兆，出口带宽百兆。一大批远程教育直播课堂，远程双向视频会议系统等信息技术与设施直接服务于电大的远程教学活动。应用远程教育技术与中国教育科研网、公众信息网、中国教育卫星宽带多媒体传输平台，创设了覆盖全国的现代远程教育网络技术环境，构建了"天地人网合一，三级平台互动，线上线下互补，现实学习环境与虚拟学习环境结合"，数字化、多媒体、交互式的远程教学平台，适应了电大教学和教学管理的需要。

## 3. 多种媒体教学资源

目前，全国电大已建成"电大在线"资源平台，中央电大、华东地区电大、西部地区电大资源建设协作平台，现代远程教育资源库等既有明确分工又相互配合的远程教育教学资源平台（见表7）。截止到2009年年底，现代远程教育资源库已整合入库资源60.2万多件，注册用户4.7万人，总访问量达241万次。全国电大已建多种媒体教学资源，包括文字教材12 000种，音像教材23 000学时，IP课件7 000讲，主辅合一型教材及辅助教材1 064种，其中课程文本资源27 830篇、IP课件6 963讲、VOD 4 794讲、网络课件49门，网络课程77门；开发CAI课件333个。2007年有8门课程，2008年有9门课程，2009年有3门课程被评为国家精品课程①。2009年有73门非统设课程教学资源列入"非统设选修课程目录"。93.3%的统设必修课配备三种以上比较稳定的教学媒体。

表7 全国电大教学资源建设平台及其功能

| 教学资源平台名称 | 教学资源平台功能 | 承建与牵头单位 |
| --- | --- | --- |
| 电大在线平台 | 开发、整合、提供开放教育统设课程教学资源 | 中央电大、TCR |
| 省开课资源建设协作平台（中央电大、华东电大、西部电大） | 开发、整合、提供省开课程教学资源、开展省开课程资源建设合作 | 中央电大<br>江苏电大、四川电大 |
| 现代远程教育资源中心 | 开发、整合、提供电大非学历继续教育资源 | 教育部、中央电大 |

---

① 资源库数据来源于国家现代远程教育资源中心，多种媒体资源数据来源于中央电大评估办。

## （五）教学队伍建设现状

2009年，全国电大专任教师50 951人，其中博士研究生244人，占总数的0.48%；硕士研究生5 626人，占总数的11.04%；本科学历42 519人，占总数的83.45%，专科及以下的2 562人，占总数的5.03%。与2007年相比，具有硕士研究生及以上学历的专任教师数量都有所增加，本科及以下学历的教师数量和比例有所减少。专任教师中，有高级职称的13 893人，占总数的27.3%，中级职称的22 880人，占总数的44.9%；初级职称的12 068人，占总数的23.7%；无职称的2 110人，仅占4.1%。2009年，全国电大总的生师比为55.9∶1①，比2007年的47.7∶1扩大了8.2人，教师数量不足的矛盾更加突出。开放教育专任教师在9个大类的生师比严重失衡，法学、医学都超过了70∶1，管理学高达454.5∶1，而理学则低至1.3∶1（见表8）。

表8  2009年全国电大开放教育教师分学科生师比  单位：人

| 指标 | 计 | 经济学 | 法学 | 教育学 | 文学 | 理学 | 工学 | 农学 | 医学 | 管理学 |
|---|---|---|---|---|---|---|---|---|---|---|
| 专任教师数 | 50 951 | 6 097 | 4 007 | 4 768 | 14 498 | 5 729 | 11 084 | 579 | 877 | 3 312 |
| 开放教育在校学生数 | 2 848 557 | 96 328 | 349 792 | 108 047 | 237 633 | 7 174 | 439 194 | 39 779 | 65 240 | 1 505 370 |
| 生师比 | 55.9∶1 | 15.8∶1 | 87.3∶1 | 22.7∶1 | 16.4∶1 | 1.3∶1 | 39.6∶1 | 68.7∶1 | 74.4∶1 | 454.5∶1 |

注：数据来源于2009年全国电大教育基本情况统计公报。

2009年，全国电大聘请校外教师3.43万人，占专、兼职教师总数的40.4%。兼职教师中具有高级职称的1.22万人、中级职称的1.73万人，分别占总数的35.6%和50.55%，职称结构均优于专任教师的27%和45%。在教职工队伍中，专任教师占59.1%，大体上与行政、科研、教辅、工勤人员保持了合理的比例。

## （六）系统分布与结构现状

2009年，全国电大已建成由中央电大和44所省级电大，774所地级电大分校，1 988个教学工作站，66 398个教学班（点）构成，覆盖中国大陆、纵向到县，横向与高校、行业、企业合作的远程教育系统。2007年至2009年，全国电大各级学校基本处于稳定状态，工作站略有减少，教学班（点）大幅度增长（见表9）。

---

① 任为民，施志毅：《建设国家开放大学的几点思考》，《现代远程教育研究》2010年第3期。

表9　2007—2009年全国电大系统结构变化统计表　　单位：所（个）

| 年份 | 省级电大数 | 分校 | | 省级电大下设工作站数 | | 分校下设工作站数 | 教学班（点）数 |
| --- | --- | --- | --- | --- | --- | --- | --- |
| | | 地市分校 | 其中企业行业分校 | 县工作站 | 其中企业行业工作站 | | |
| 2007 | 44 | 766 | 187 | 179 | 48 | 1 842 | 46 724 |
| 2008 | 44 | 779 | 167 | 170 | 45 | 1 823 | 59 731 |
| 2009 | 44 | 774 | 145 | 159 | 41 | 1829 | 66 398 |

注：数据来源于2009年全国电大教育基本情况统计公报、中国广播电视大学教育统计年鉴（2007—2008）。

从横向布局看，有行业、企业分校145所，教学管理工作站41个，已形成层次分明、纵横交错的远程教育系统办学网络，但企业、行业分校、工作站都出现了一定的萎缩。

## 二、中国电大教育发展状态分析

**（一）办学与服务推进了电大教育的发展，社会化服务功能需要提升**

截止到2009年，全国电大系统已为社会培养输送毕业生700多万名。2009年，全国电大高等教育在校生285万人，其中开放教育在校生266万多人，占总数的93.6%。电大学历教育特别是开放教育取得的成就，不但为国家和地方的经济社会发展培养了大批人才，提供了重要的智力支撑和人才保障，还奠定了电大在国际远程教育和我国高等教育体系中的地位，使电大成为国家构建终身教育体系、建设学习型社会和人力资源强国的重要力量。开放教育体现了电大远程高等学校的本质，提升了电大教育的层次，促进了电大的队伍建设和信息化建设，为电大系统运行提供了重要的经济支撑，并为开展其他形式办学与服务奠定了基础，提供了保障。非学历培训和社会化服务拓展了电大的功能，促进了电大教学改革，增加了各级电大的收入，提高了电大的社会知名度和影响力，提升了电大服务终身教育体系和学习型社会建设的能力，取得了良好的社会效益。

电大学历教育规模增长过快与资源提供、质量控制的矛盾对电大发展也产生了制约，非学历教育的市场开发能力与学历教育的发展还不够协调，社会化服务的功能亟待提升。坚持以远程开放学历教育为基础，加强电大与社会部门、行业、企业的联系和沟通，积极开发教育培训与服务市场，提升电大社会化服务功能，为全民终身学习提供多样化的教育产品和服务，是电大未来发展的重要任务。

(二)远程教育资源建设取得重大进展,资源的质量和适用性有待提高

目前,全国电大已形成比较系统的教学资源建设,逐渐制度化和规范化,形成了独具特色的教学资源开发、整合、提供、应用体系,中央电大、省级电大、基层电大构成的三级资源传输平台和电大资源建设协作平台,形成了电大独具特色的教学资源传输网络环境;现代远程教育资源库建设取得重大进展;建设了一大批包括文本、音像、网络等多种媒体教学资源,93.3%的统设必修课配备有3种以上比较稳定的教学媒体;网络精品课程资源建设取得了新的进展。教学资源建设取得的成效,适应了电大系统办学和学生学习的需要,为确保远程教育大规模人才培养的质量,提供了重要的支撑。

不容忽视的是,电大教学资源的总体质量和适用性还有待提高,教学资源对远程学习的适用性还没有根本解决,适应学习者个性化学习的精品资源明显不足,一些省开课教学资源重复建设、低水平建设的情况比较突出,教学资源共建与优质教学资源共享的机制还有待完善。加大投入,加强教学资源特别是网络精品资源的建设,增强教学资源对学习者学习的针对性、适用性和有效性,是电大教育必须解决好的重要问题。

(三)信息化基础设施建设取得突破性进展,系统的整合与应用不够

中央电大和地方各级电大的计算机网络出口带宽通过改造得以大幅度提升,网络传输能力大为增强;应用远程教育技术与中国教育科研网、公众信息网、中国教育卫星宽带多媒体传输平台创设的覆盖全国的现代远程教育网络技术环境明显改善;数字化、多媒体、交互式的远程教学平台和教学信息传输、接收、反馈、管理系统的功能得以优化和提升;一大批远程教育直播课堂,远程双向视频会议系统等信息技术设施直接服务于电大的远程教学活动;部分省级电大服务全民终身学习的信息技术平台建设取得重大进展;电大系统信息技术的应用能力明显增强,信息化总体水平有了新的提高。信息化建设取得的成效,为电大实施远程教学和管理,以及学习者的自主学习提供了重要的技术支撑。

电大系统信息化建设也存在着信息系统整合、应用不够等问题。表现在全国电大系统信息化建设缺乏整体规划,各种信息系统的建设和应用还处于分散状态,各级电大由多种软件支撑的信息传输、反馈和应用系统明显整合不够。有的省级电大自行开发的信息系统互不兼容,成为信息孤岛。总结性评估后,

地方电大信息化发展不平衡，有的信息平台水平迅速提升，信息手段应用不断出新，有的则投入下降，信息设施设备老化严重。加强电大信息基础设施建设的整体规划，建立信息化投入的长效机制，有效整合信息管理应用系统，大力提升信息化水平，建设数字电大是电大教育持续健康发展的需要。

（四）教师的数量和质量有了较大提高，教师的结构和专业化程度亟待改善

截止到2009年，全国电大专任教师达50 951人，专任教师数量超过了同期外聘教师数量的48.5%，成为电大教师队伍的主体，电大师资队伍以兼职为主的格局被改变。教师队伍的质量明显提高，学历结构、职称结构进一步优化。在专任教师中，具有博士和硕士研究生学历的占总数的11.6%；具有高级职称的教师占总数的27.3%，教师队伍的学历结构、职称结构与一般高校相比已大体相当。教师队伍的整体实力明显提升，基本上适应了电大远程教学、导学和开展学习支持服务的需要。

研究表明：电大系统教师数量明显不足，与办学规模增长相比呈下降趋势。2009年，全国电大生师比59.3∶1，专业大类分布的生师比，高者为454.5∶1，低的低到1.3∶1，专业分布明显不合理，专业化程度亟待提升。专任教师中既缺乏有较高知名度的名师和学科带头人，又没有整合成梯次结构的专业教学团队，整体水平还不高。教师配备缺乏合理性，有的把教师集中在高职办学上，有的多个专业大类教师为零。加强电大系统师资队伍建设的规划和统筹，整合电大系统教师资源，增加数量，改善结构，合理配置，提高水平，对推动电大教育的发展十分紧迫和必要。

（五）系统办学是电大的核心竞争力，但发挥电大系统整体优势仍存在瓶颈

电大已形成由中央电大到地方电大纵向延伸到县，横向与高校、行业、企业合作构成，具有中国特色的远程教育教学、管理和学习支持服务系统网络。全国电大系统的分工合作与协调运行，为确保远程教育大规模人才培养的质量提供了保障，形成了现代远程教育的行业竞争优势。在电大系统中，各级电大相互依存、相得益彰，成为展开外部竞争和服务学习者的有机整体。电大对学生的服务，通过系统的一体化运作予以实现，基层电大凭借系统教学资源，为当地培养合格的高等专门人才，提高了电大服务地方经济社会发展的有效性，促进了电大教育与地方或产业的融合。由电大系统的整体办学优势和教学资源整合优势形成的核心竞争力，已成为电大服务全民终身学习的关键性因素。

必须看到的是，发挥电大系统整体优势也存在着一些瓶颈：主要表现在地

方教育资源整合改变了电大系统的原有架构,源于计划管理的相互交叉、事权分离的体制降低了系统的凝聚力,系统运行机制的僵化制约了电大的发展活力,系统多层级治理结构在外部和内部的冲突影响了系统整体优势发挥等。必须采取切实有效的措施,改革电大系统的管理体制和运行机制,优化电大系统多层级治理结构,才能更好地发挥电大系统的整体优势。

### 三、推动电大教育转型适应新的发展需要

中国电大教育经过30年的发展,形成了系统办学的整体优势和特色,但也存在着一些制约发展的因素,必须着眼于建设全民终身学习的学习型社会和人力资源强国的需要,以贯彻落实《规划纲要》精神为契机,适度调整电大办学定位,加快电大教育结构调整,推动电大发展模式转型,优化电大系统多层级治理结构,推动电大教育在新的历史时期的持续健康发展中适应全民终身学习的需要。

#### (一)适度调整电大教育的办学定位

长期以来,电大的办学定位以高等学历教育为主,"十一五"期间,电大的办学定位调整为"学历与非学历并重,办学与服务并举",但实际情况仍然是高等学历教育一花独秀。基于面向成人的高等学历教育的需求态势和电大的高等学校本质,以及学习型社会建设中社会变革及其对教育产品和服务的多样化需求,虽然电大未来的办学定位大的格局没有很大变化,但内涵却应调整和丰富。

(1)我国经济、社会、教育的发展,使面向在职成人的继续学历教育需求,在未来的一段时间里仍然十分旺盛。社会对在职成人的高等学历教育需求,给电大的发展提供了巨大空间。进一步扩大开放、提高质量,提升学历教育层次和水平,办好以远程开放教育为主体的高等学历教育,仍然是电大未来发展的重要任务。

(2)在未来的社会里,适应社会各类成员的岗位培训和文化学习的需求将快速增长,各级电大应坚持从自身实际出发,准确把握当地经济结构、产业结构、职业结构发展变化的态势,广泛开展与企业、行业和社会团体、培训机构的合作,大力开展非学历教育培训,这既是电大的重要任务,又是电大持续发展的需要。

(3)电大要适应学习型社会和人力资源强国建设的需要,必须整合社会各类优质教育资源,充分利用信息化手段,构建数字化的全民学习平台,找准着力点,把握参与度,为城乡居民提供多样化的教育产品和服务,这是电大在

新的历史时期发展的新任务。

(二)加快办学结构调整和发展模式转型

电大教育的结构调整,一是保持学历教育规模的适度,使学历教育规模与电大拥有的资源和教学控制能力相适应。研究表明,2009年全国电大的生师比已从2007年的47.7∶1上升到2009年的59.3∶1,教学基础设施和设备在学生大幅度增长的情况下反而有所减少,包括师资在内的教学资源与办学规模不相适应的矛盾更加突出。显然,适当控制电大高等学历教育的规模已势在必行。二是提高非学历培训的比重。未来社会发展对非学历教育培训提出了巨大的需求,各级电大应调整布局,加大投入,加强与政府部门、企业、行业等的合作,大力发展非学历教育培训,形成了有较大社会影响力的培训规模和品牌,提升非学历教育培训在学校办学总体格局中的比重,推动非学历教育与学历教育的协调发展。三是广泛开展面向公民的远程教育服务,包括网络教育公共服务、职业鉴定服务、职业认证考试服务、社区教育指导服务、其他公益性的社会化教育服务等,提升电大社会化服务的功能,为全民终身学习提供多样化、个性化的教育产品和服务。

电大教育的发展模式转型就是要从规模发展转向内涵发展。《规划纲要》对高等教育最根本的要求就是"提高质量"和"提升水平",电大也不例外。无论是从电大自身学历教育发展的现状出发,还是贯彻落实《规划纲要》精神,都应积极推动发展模式转型,在稳定学历教育办学规模的同时,花大力气开展课程、精品教学资源、师资队伍、数字化教学设施和手段建设;加强教学管理、细化教学环节、落实教学过程;大力开展科学研究,教学实证研究,推动办学、教学、服务的规范化、制度化、标准化和精细化,全面提升教学的质量和整个系统的远程教育办学水平。

(三)优化电大系统多层级的治理结构

"大学目标和理念的实现,离不开科学的制度安排,即治理结构,也就是大学的治理(university governance)。"治理结构是系统结构的重要内容,其核心是权力结构,即决策权力在不同利益相关者之间的分配。电大系统的治理结构涉及外部治理结构和内部治理结构两个方面。外部治理结构的核心是科学界定学校同政府、社会的关系,主要通过法律和规章的形式界定三者之间的权利和义务。内部治理结构的核心是正确处理电大系统各层级、各要素之间的责、权、利关系,充分调动中央电大和地方各级电大的积极性,实现系统管理的民主化、科学化、制度化和规范化。

就外部而言,电大系统治理的结构冲突,主要表现在社会和相关政府部门长期以来对电大的"大学"地位缺乏认同,长期不落实电大作为远程高等学校的办学自主权;远程教育法规建设严重滞后,电大系统各层级的办学及权利与义务,缺乏相应的政策法规保障;建设远程开放大学的目标虽已提出多年,但缺乏必要的政府建设规划与措施,开放大学建设还仅仅停留在文件层面。

就电大系统内部而言,电大系统治理的结构冲突,主要表现为系统各层级之间因办学权的调整分配引发的对系统和谐的影响,系统要素中源于本单位利益至上所引起的系统结构异化与凝聚力下降,开放教育办学、教学管理的责权在系统各层级之间缺乏严格界定对运行效率所产生的负面影响,较为松散的系统结构模式所导致的系统办学控制力下降等。

以"办好开放大学"为契机,优化电大系统的治理结构,完善电大系统办学的政策法规,改善电大系统运行的质量和效率,科学地划分电大系统各层级的责、权、利,规范电大系统开放教育教学和教学管理行为,调动中央和地方两方面的积极性,是电大教育充分发挥服务全民终身学习的作用必须认真解决的重大问题。

## 参考文献

[1] 胡锦涛. 高举中国特色社会主义伟大旗帜,为夺取全面建设小康社会新胜利而奋斗——在中国共产党第十七次全国代表大会上的报告 [R]. 北京:人民出版社,2007.

[2] 李国渝. 现代远程教育研究文集:现代远程教育产业市场结构、组织结构与成本效益研究 [M]. 北京:中央电大出版社,2009:78.

[3] 国家教育发展研究中心. 中国广播电视大学发展战略研究报告 [M]. 北京:中央电大出版社,2008:8.

[4] 张维迎. 大学的逻辑 [M]. 北京:北京大学出版社,2004:4.

# 论中国电大远程教育的可持续发展[①]

## 一、网络教育的崛起改变了远程教育办学格局

1999年,教育部批准清华大学、北京邮电大学、浙江大学、湖南大学试点现代远程教育。普通高校涉足现代远程教育,打破了广播电视大学的垄断局面,使中国现代远程教育步入新的发展时期,并呈现出以下特点:

### (一)以规模为特征的无序发展

自1999年开始,全国参与现代远程教育办学的普通高校急剧扩张,到2002年年底,网络学院已发展到67所,各网络学院的办学网点快速向全国延伸,呈现出纵横交错的网点布局,远程教育办学规模迅速扩大。在利益驱动、市场作用、自律缺失、宏观调控乏力等多重因素的影响下,远程教育出现了发展无序与质量滑坡的现象,引起了社会的广泛关注。教育部从2003年下半年开始对网络教育的整顿,以及随后实行的包括电大在内的年检年报制度,支持电大建立全国性的公共服务体系,对电大开放教育试点项目开展评估,对远程教育公共课程进行统考等,就是基于远程教育的无序发展所采取的引导措施。

### (二)以技术为特征的目标取向

无论是网络教育还是电大开放教育,从一开始就把应用教育技术,特别是应用信息技术构建远程教育平台和网络学习环境,作为争取社会认同、吸引生源、推动自身发展的目标。网络学院和广播电视大学或租用卫星转发器或利用微波通讯或利用互联网建立计算机教学网站或开发课程教学包等,在远程教学传输手段和网络课件开发上呈现出百花齐放的局面。截止到目前,所有参加远程教育试点的网络学院都通过大规模的投入建立了自己的远程教学网站,或开通了远程教学信息传输通道,组建了相当规模的多媒体教学资源开发队伍。在此期间,仅全国电大系统在远程教学平台建设上的投资就将近40亿元,建成了"天网地网结合,三级平台互动"的网络环境。

---

① 本文发表于《开放教育研究》2006年第5期。

### (三)以实力为核心的全面竞争

中国远程教育办学主体之间的竞争,事实上是从普通高校网络学院被批准招生之日起就拉开了序幕,这种竞争存在于普通高校网络学院与全国电大系统两大体系之间。网络学院利用名校品牌、专业、人才、资源优势,电大则利用全国性的教学系统网络和实体资源优势展开角逐。两者之间的竞争促进了合作,如相当部分网络学院借助地方电大建立区域性学习中心,而有的基层电大为了自身的生存发展同时又成为网络学院的学习中心,形成了"你中有我,我中有你"的合作格局。竞争也促进了双方办学实力的提升,如网络学院建立了各自的办学体系,使电大系统的实体化、信息化、现代化水平和办学队伍都得到了大幅提升。

## 二、全国电大奋起改革应对新的办学挑战

网络教育的兴起给电大系统带来的冲击是显而易见的,不但没有造成全国电大系统的恐慌,相反激发了电大系统的改革。在新的办学竞争面前,各级电大根据自身的实际情况,积极争取政策支撑,扩大办学开放,增强自身实力,探索新的出路和利益机制,在应对网络教育崛起带来挑战的同时,推动电大教育事业的发展。

### (一)争取政策支撑

电大教育的诞生,本来就存在着浓厚的"人治"色彩。1988 年国家教委颁布了《广播电视大学暂行规定》,对电大的办学作了一些原则规定,但没有落实电大的定位和办学的基本自主权。1999 年教育部批准电大举办的"开放教育",至今仍处于"试点"阶段,没有独立的专业开设权和学位授予权。为了使电大的办学得到法律的保护,适应办学需要,在企盼中央电大争取国家对电大教育立法无果的情况下,部分省市电大积极争取地方政府出台相关政策,减缓因"制度缺失"对办学造成的影响。

### (二)扩大办学开放

积极促进电大开放办学,是电大应对挑战、生存发展和实现建设开放大学目标的需要,也是各级电大改革发展的重中之重。在此期间,电大办学开放的主流由中央电大组织实施,全国电大系统参与教育部"电大人才培养模式改革和开放教育试点项目研究"。在电大办学走向开放的大背景下,部分省市电大为适应当地经济社会和自身发展的需要,积极寻找开放办学的新途径,如争

取地方政府支持，创造条件实行"省开放"，或与自考、网络学院合作等，把电大的开放办学推到新的水平。

(三) 增强自身实力

长期以来，实行的"先上马，后备鞍"的办学模式，显然难以应对网络教育崛起的挑战。面对名牌高校进入远程教育领域引发的竞争，各级电大进一步加强了对远程教育规律的认识，加大投入增强自身办学实力，提高电大教育的核心竞争力。各级电大增强办学实力的着力点，主要表现在以"圈地"、建房、增添设备、充实队伍为主要内容的条件改善；利用现代教育技术进行远程教育教学环境建设，深化了内部管理体制改革，促进办学水平和质量提高。

(四) 寻找新的出路

在此期间，从中央到地方的各级电大都根据自身的实际情况，探索新的发展模式。比较突出的特点是，中央电大由教学管理型向办学实体转变，省市电大由单一办学模式向主次互补的多元办学模式发展，基层电大通过内引外联、合作合并等方式积极拓展新的发展空间。在这一背景下，具有浓厚计划经济色彩的全国电大系统办学的统一性受到了挑战，各级电大办学的相对自主性和多元化发展趋势，使电大教育多年来形成的办学格局被打破。

(五) 探索利益机制

从办学以来，地方各级电大的利益处于相对稳定状态，而作为系统龙头的中央电大在教学业务的指导和管理中，更多的是提供无偿服务。在新的竞争面前，各级电大把获取自身利益摆在了相对突出的地位。其主要特点是：通过实施项目管理，资源有偿利用，调整分配比例，构建新的利益分配机制。新分配利益机制的形成，在一定程度上改变了各级电大利益分配不均衡的状况，调动了中央电大促进办学开放的积极性。但在维护中央电大利益时，或多或少地增加了地方和基层电大的办学成本，削弱了系统的凝聚力。

## 三、采取措施促进电大可持续发展

(一) 争取国家立法

电大远程教育的可持续发展，必须以立法为基础，没有相应的法律法令作保障，电大远程教育的"制度缺失"很难得到解决，发展也就没有基础。纵观世界各国开放大学的发展，无论是发达国家还是发展中国家，其办学的理念、目标、体制、职责、权利等，都是通过国家或省、州级立法机构颁布法规予以保障的。从中国远程教育发展的历史看，远程教育政策和法规的稳定性，政策和法规制定的科学化与法制化是决定远程教育成败和可持续发展的重要因素（丁新，2003）。中国电大教育在发展的历史进程中，也曾试图争取国家立法的保护，如1988年争取国家教委颁布了《广播电视大学暂行规定》，1998年由教育部法规司牵头起草了《广播电视大学条例》，部分省市电大依据国家《面向21世纪教育振兴行动计划》争取当地政府出台了一系列加快电大教育改革发展的文件，这些都是争取法律法规保护的尝试。不可否认的是，在社会怀疑与偏见尚未消除的情况下，电大远程教育因"制度缺失"而导致的问题日益突出，电大的办学特别是一些地方电大的办学还要依赖于当地官员的"合情""兴趣"或"重视"才有可能得到支持，电大的生存还需要"政策公关"才能得到保障。如果管理电大的机构发生了变动或者因为某些官员的心情不佳，兴趣不佳，当地电大的发展就可能步履维艰。争取国家对电大教育立法，是教育行政部门不可推卸的职责。中央电大在争取电大教育立法的活动中应锲而不舍，有所作为。各省市电大也应积极配合，做出努力。对电大教育的立法，可从两个层面进行。一是由全国人大立法或以国务院令的形式颁布中国开放大学章程或相应的法规，以法或令的形式规定从事远程开放教育的广播电视大学的办学理念、宗旨、目标、机构、管理、投入等，保证电大开放办学和终身教育的理念与实践，不致因为个别失误、事故或领导的兴趣变化而中断，为电大办学的稳定性和连续性提供法律保障。二是由各省市人大和政府依据电大教育全国性的法律法规，制定相应的地方性规章或实施意见，以保证全国性法律法规在地方得到执行，引导和促进省市电大办出特色和实现可持续发展。

（二）坚持大学定位，争取办学的基本自主权

电大已举办近30年，其法规性的定位仅反映在国务院的部门规章中，即1988年由国家教委颁布的《广播电视大学暂行规定》中，被定位为"开放性高等学校"。电大目前的在校生已达266万人，仅从规模来看，在全世界的大学中，都是绝无仅有的"大学"，但从其办学层次和地位来看却最低。"中国电大名为大学，实乃高等专科学校或高等教育学院。"（王一兵，2006）电大虽有大学的牌子，却没有大学独立的授予学士学位的资格，学校的地位仅相当于高等专科学校，有的"省级电大"甚至连高等专科学校的地位都不如，办学只能靠"打工"过日子。"电大办学长期受到教育发展内部、外部因素的多重制约"，时刻面临着被兼并的危险。在新的历史时期，电大教育要以新的模式和方法应对社会日益增长的多样化与个性化的教育需求，如果不能准确定位，要取得相应的办学自主权，就很难有大的作为。坚持电大的"大学"定

位,一要坚持电大的发展目标定位,即把中央电大办成世界一流的开放大学,包括形成一流的办学理念、课程体系、课件资源、师资队伍、管理水平、教学质量等,把部分条件较好的省市电大办成在全国省级电大中具有一流水平的区域性远程开放大学。二要争取国家把电大定位在"大"字上,不能让电大有大学的"名"而无大学的"实"。要争取通过立法确定电大的"大学"规格、领导配备、经费投入和应享有的社会地位。三要落实电大的办学自主权,当务之急要争取中央电大享有独立的本科办学权和学士学位授予权,适当时机获得硕士学位授予权。教育部应按照《中华人民共和国高等教育法》的规定依法把专科教育的管理权还给省级人民政府,赋予省市电大开放教育专科开设权和颁证权,对条件好的省级电大赋予学士学位授予权。四是全国电大系统要形成争取办学自主权的合力,中央电大和各省市电大同心协力,研究和制定必要的策略措施与行动计划,共同争取国家和社会对电大"大学"地位的认同。

### (三)按照科学发展观的要求,调整发展思路

党的十六届三中全会提出的科学发展观,是坚持以人为本,树立全面、协调、可持续的发展观。电大教育落实科学发展观,就是要主动适应经济社会发展和求学者个人的需要,把传承文明、培养人才作为一切工作的出发点和落脚点,进一步深化教育教学改革,促进学生的全面发展和电大教育事业的可持续发展。

进入21世纪以来,电大教育在推动自身的发展过程中,暴露出急功近利,重外延发展轻内涵发展,重宏观管理轻服务基层,重经济效益轻社会效益等一些不良的倾向,如不采取切实有效的措施及时加以解决,必将制约和影响自身的可持续发展。要在新的历史条件下实现电大教育的可持续发展,一是各级电大要对近年来的快速发展进行理性反思,认真总结取得成功的经验和教训,查找存在的问题和不足,剖析产生问题的原因,冷静分析办学形势和取得的成绩,为实现可持续发展扫清思想障碍。二是电大要用科学发展观统领电大事业发展的全局,科学规划电大教育事业的发展目标,积极探索电大教育统一性与特殊性相结合的发展模式、发展途径与策略。三是电大要克服急功近利,贪大求快的浮躁心理,努力实现从注重办学规模向办学规模与质量并重,注重发展速度向发展速度与发展品质并重,注重"开放教育"与高职高专教育、成人教育、社区教育、农村教育并重的转变,走内涵发展、多元发展之路。

### (四)贴近社会多样化需求,办出自身的特色

电大教育生命力所系的一个重要方面就是能够按需办学。中国是一个大国,东部和西部,北方和南方,城市和农村,经济、社会、教育、文化发展的

水平差异很大，产业结构迥然不同，教育服务的取向也不一致，如果中央电大把省级电大仅有的一点办学自主权通过"开放教育"或"软件控制"等方式收回已有，特别是在专业设置、课程设置、教学点布局等一些与主动适应地方经济社会发展需要的环节上统得过多过死，不但会削弱电大系统办学整体功能的发挥，还会捆住其主动适应社会教育需求的手脚，不利于电大在新的历史条件下实现可持续发展。电大办学以来形成的特色很多，但区别于传统教育和网络教育的最大特色就是系统协同办学和社会适应性。没有电大从中央到地方的办学系统，电大将失去与网络教育并驾齐驱甚至独领风骚的优势，也将失去电大教育作为一种相对独立的教育形态存在的基础。重新认识电大办学系统的重要性，珍惜和维护电大办学系统，发挥好系统办学的特色，不仅是摆在电大人面前的一个新课题，更是促进电大可持续发展的客观需要。电大系统要发挥协同办学的特色，需要中央电大和各省市电大尽快建立系统工作机构，优化和完善系统办学运行机制，及时协调和处理系统办学中的重大问题，推动系统办学运行质量和效率的提高。电大要坚持和发展办学特色，还必须进一步发挥电大教育按需办学的优良传统，切实贴近各地经济、社会发展和产业态势培养人才，努力适应社会日益增长的多样化、个性化教育需求。发展电大办学的适应性特色，还有必要加强办学的市场需求预测和毕业生追踪调查，发挥基层电大反映需求灵敏，联系求学者紧密的优势，把电大办学的基础牢牢地植根于社会基层。

（五）正确处理六大关系，实现内外和谐

实现电大远程教育的可持续发展，还必须根据建设和谐社会的总体要求，正确处理好制约和影响电大和谐发展的一系列重要关系，进一步优化发展环境。

1. 电大教育与网络教育的关系

电大教育和网络教育都是我国现代远程教育的重要组成部分，两种教育具有各自的优势和特点。电大办学时间长，规模大，体系健全，经验丰富；网络学院师资力量强，教学资源品质好，管理简便。在办学中，电大与网络学院既是竞争对手，又是合作伙伴。电大在办学中若能处理好与网络教育的关系，则可以取彼之长补己之短，优势互补，相互促进，实现共同发展。

2. 远程教育与高职教育的关系

远程教育与高职教育都是电大办学的重要组成部分。部分省市电大的办学实践已经证明：远程教育与高职教育在电大的旗帜下可以协调发展。电大20年的普通（高职）专科办学，不但为地方经济社会发展提供了智力支持，还促进了自身的条件改善、师资队伍建设和远程开放教育的发展。要处理好电大远程教育与高职教育的关系，既涉及中央和地方教育行政部门，又涉及电大自身。一是教育部和省市政府要从适应求学者和社会发展的需要，提高国家高等教育大众化水平，促进地方经济社会发展的战略高度，支持电大发展普通高职教育，绝不能人为随意地"封杀"，以免造成电大办学资源的浪费和流失。二是各级教育行政主管部门要切实加强电大普通专科（高职）教育办学的引导和指导，特别是要帮助电大制定好高职高专教育发展的中长期规划，增加经费投入，有计划、有重点地推动电大高职高专教育的协调发展。三是电大办学要从指导思想、政策引导、资源配置等方面统筹安排，两者兼顾，力求取得远程教育与高职教育的协调发展，塑造电大教育的特色。

3. 扩大规模与提高质量的关系

扩大规模和提高质量是开放教育的基本矛盾，两者既相互促进，又相互制约。截止到2005年年底，全国电大在校生已达266万人，部分省市电大在校生超过10万人，进入了巨型大学行列，办学规模在总体上处于高位状态。要处理好扩大规模与提高质量的关系，就全国电大而言，显然应适度控制办学规模，把工作重点放在提高质量上。就省市电大而言，应区别不同情况加以调控，办学规模大者加强质量控制，办学规模比较小者，既要重视提高质量，也要重视扩大办学规模，两者不可偏废。

4. 拓展城市与服务农村的关系

电大在办学过程中，长期坚持为基层、农村、学校、企事业单位服务的办学方向，受到了社会的青睐，但从办学实践来看，还存在着重城市轻农村的倾向。尽管电大开展了"一村一名大学生"教育活动，但办学的规模和服务的面都很小，难以适应新农村建设的需要。电大要实现自身的可持续发展，显然有必要处理好拓展城市与服务农村的关系，通过调整服务取向，把办学重点逐步转移到农村，为社会主义新农村建设、促进城乡协调发展作出新的贡献。为此，中央电大、省地电大要进一步关注县级电大的建设和发展，通过专业设置、课程设置、农村实用技术项目开发和资源提供等方式，大力支持县级电大为发展农村经济、提高农民素质、促进农村剩余劳动力转移开展各种办学服务活动。

5. 加强管理与优质服务的关系

在"开放教育"办学中，中央电大加强了办学管理，保证了人才培养的规格和质量，但也出现了管理环节过多、程序复杂、效率低下、成本太高、服务不到位等问题。正确处理好管理与服务的关系，对于电大教育的协调、健康、可持续发展具有十分重要的意义。为此，中央电大和省市电大要进一步确立服务地方、服务基层、服务学生的意识，认真分析和梳理办学管理的内容和程序，贯彻落实分级办学、分级管理、分工协作的原则，减事放权，加强对相关职能部门和人员服务基层质量和水平的检查和考核，不断提高服务水平。

6. 中央电大与地方电大的关系

"26年来的实践充分证明，电大教育的系统建设只能加强，不能削弱"（郭加晋，2006）。中央电大是电大系统的龙头，地方电大是电大系统的基础。中央电大处理好与地方电大的关系，特别是与省级电大的关系，对维护系统稳定、加强系统建设、促进电大远程教育的可持续发展具有特别重要的意义。要正确处理好中央电大与地方电大的关系，当务之急是要调整好电大系统内部的关系，优化全国电大"大一统"的体制，改变中央电大统得过多过死的状况，合理地划分中央电大与省级电大的办学权限和经济利益分配比例，减少重复收费、捆绑收费、变相强制性收费等不良现象，减轻基层电大和经济欠发达地区电大的负担，增强系统的凝聚力和向心力，以促进中国电大教育的可持续发展和充满生机、团结和谐、锐意创新的现代远程教育开放大学建设。

# 论广播电视大学系统建设的改革与创新[①]

## 一、广播电视大学系统建设的特点

广播电视大学系统是由中央电大、省级电大、地县电大组成，面向全国开展远程教育的教育体系。经过30年的建设发展，全国电大系统已形成由中央电大和44所省级电大、945所地级电大、1 842个县级电大构成，覆盖全国城乡的远程教育网络，并呈现出鲜明的特点。

——电大创办30年来，电大系统的发展经历了一个由小到大、由弱到强，逐步实体化、信息化、现代化的过程。办学网络的发展自上而下，由城市向农村辐射，形成中央电大、省级电大、地级电大、县级电大的宝塔形层级结构。

——电大系统各层级关系的调整变化集中表现在中央电大与省级电大关系的调整变化上。中央电大与省级电大的关系经过了两次大的调整，先由电大教育行政领导关系调整为教学业务管理与指导关系，再调整为两个办学主体之间的合作关系。省级电大与地县电大的关系却始终保持着电大办学业务的指导关系。

——电大系统运行机制发生了两次大的变化，先由计划经济体制延伸出的办学行政管理，转化为教学资源链接（共建共享），再到协议合作、连锁加盟市场机制的引入。两次变化都经历了一个循序渐进的过程，这个过程与我国社会主义市场经济体制的逐步确立几乎同步。

——进入21世纪后，地方政府加快了教育资源整合的步伐。地县教育资源的整合，加剧了基层电大的分化、弱化和边缘化，并使系统某些要素的品质发生了异化。电大系统结构的变化引起了社会的关注，中央电大、省级电大不断创新思路，采取反哺基层电大等措施以加强系统基层建设、巩固系统办学的基础。

## 二、广播电视大学系统建设面临的主要问题

伴随着中国现代远程教育和电大教育的发展进程，电大办学系统也在不断

---

[①] 本文发表于《重庆广播电视大学学报》2008年第3期。

地发展变化。在各种因素的影响下，电大办学系统出现了一些新的困难和问题。

### （一）管理体制二元结构难题

所谓系统的二元结构，是指电大系统办学业务的纵向管理与各级电大行政工作横向管理相互交叉、事权分离、相互制衡的体制结构。按照现行体制管理权限，中央电大对省级电大、省级电大对基层电大只负责办学业务的管理和指导，各级电大的机构设置、编制安排、干部任命、经费拨款等由同级政府或教育行政部门负责。

自上而下的办学业务管理和地方各级政府对电大的行政管理形成的条块交叉的二元结构管理体制，削弱了中央电大对地方电大、省级电大对地县电大的管理权限和制衡作用，在当前系统各层级利益格局多样化、办学形式多元化的情况下，增加了电大系统管理的难度和复杂性。而基于我国行政管理权力不断下放和高等教育管理地方化的趋势，要突破电大办学系统二元体制现状、实现系统的行政管理权与办学业务管理权的归一，显然不切合实际。

### （二）运行机制改革滞后

1988年由国家教委颁布实施的《广播电视大学暂行规定》确定了电大系统办学"统筹规划、分级办学、分级管理"的运行机制。在随后的20年，尽管电大办学的环境和条件发生了深刻的变化，且市场要素已深入到电大系统运行的各个层面，但具有浓厚计划经济色彩的电大系统运行机制的改革却没有取得大的突破，其原因更多地表现为系统各个层级思维僵化和对市场机制的反应迟缓。如在开放教育办学问题上，作为办学责任主体的中央电大已实行"合作协议"模式和"一体化"运行机制，并强调在办学权上的"统"，但地方电大却期待着"放"。又如成人高等教育办学的主体是省级电大，而中央电大却仍在要求教学工作"五统一"和课程设置"四六开"。僵化的思维定势和对市场机制的漠视制约了电大系统运行机制的改革。

### （三）远程教育领域竞争加剧

高校网络教育的兴起打破了电大"大一统"远程教育的格局，给电大发展造成竞争压力。"67+1"（网络学院与电大系统）模式在远程教育领域进行了长达8年的博弈，电大虽然成了当之无愧的主流，但在远程教育领域电大面对的竞争还将有增无减。在电大系统内部，"一所中央电大和全国44所省级电大各有各的优势和弱点，各自都处在内外部的合作与竞争中"。在"发展"成为时代主题的情况下,省级电大在多元发展中着力提升办学实力,把自己"做强做大",竞争的结果加剧了省级电大发展的"两极分化"。电大远程教育"办学"与"服务"不同主体的利益竞争以及"省管县"体制改革引发县级电大模式改革,同一省域内省电大与中心城市电大之间都蕴含着竞争。

### (四)地方电大架构发生变化

近年来,全国电大系统原有架构发生了重大改变,系统的有机联系受到削弱。《广播电视大学教育现状调查报告》显示:全国44所省级电大中,有20.5%的省级电大已并行设置高职学院;在抽样的761所地级电大中,与当地高职学院合并的有382所,超过了50%;抽样的1 728所县级电大中,合并或撤销的1 118所,占总数的64.7%。近年来在一些地方出现的省级电大"双轨制"、地市电大"并轨制"、县市电大"直管制"等新的改革,对地方电大原有独立设置的架构产生了重大影响,特别是随着"省管县"行政与财政体制改革试点的进一步扩大,以及省级电大"直管县"电大的层级创新试验的逐步推进,地方电大的架构还将发生新的变化。

### (五)不同区域电大发展极不平衡

东部与西部电大、城市与农村电大、经济发达与欠发达地区电大发展的速度和水平存在较大差异。省级电大发展走向研究数据显示,省与省之间电大发展的差距近年来进一步拉大,省级电大的分化日益突出,地县基层电大发展更不平衡。

## 三、广播电视大学系统建设的改革与创新思路

电大系统建设的改革与创新既要从大处着眼,解决战略层面的法规建设与政策问题,又要从关键性问题入手,解决好技术层面的问题。要以法规作保障,发挥政策的主导性;引入市场机制,克服体制性矛盾,加强系统分类指导;凝练系统核心价值观,大力促进系统的思想、文化、生存环境建设。

### (一)充分发挥政策的主导作用

电大是政府办学,政府政策主导电大发展是电大系统30年办学的一大特色。电大从创立以来,系统建设的各个阶段和系统办学的各个方面都得到了中央和地方各级政府的政策支撑。党的十七大提出建设全民终身学习的学习型社会,电大的独特作用重新引起了社会和政府的关注,同时也给电大争取中央和地方各级政府加强远程教育法制建设、出台推动电大系统建设的新的政策、改

革电大系统管理体制、创新系统运行机制创造了良机。优化电大系统办学和促进完善电大系统建设的政策支撑机制应从远程教育法规建设、出台电大系统建设政策、召开政务会议贯彻落实三个层面来展开。

（1）中央电大要积极参与国家终身学习立法的咨询工作，力争在国家有关终身学习的法律中能够反映电大系统办学的法律诉求，明确电大教育的定位，"确保电大作为独立的大学享有平等地位"，保护电大系统各个层级不因地方政策变动而被合并和撤销，落实电大远程教育的政府投资和学校的办学自主权。

（2）争取促进教育部尽快修改《广播电视大学暂行规定》，重新明确电大系统办学的指导思想、管理体制、运行机制、机构编制、准入退出、经费投入等重大问题；积极争取教育部出台电大系统建设新的文件，明确电大在新的历史条件下系统建设的方针政策、目标任务、主要措施等重要事项，指导和规范全国电大系统的建设工作。

（3）促成择机召开全国电大政务会议。在当前电大办学和系统发展处于转型的关键时期，应当由教育部召开地方政府和教育行政部门负责人参加的全国电大教育工作会，研究和确定电大系统建设发展的"总体目标和中长期发展战略"，使电大系统在参与构建国家终身教育体系、建设全民终身学习服务平台、建设人力资源强国进程中发挥重要作用。

## （二）利用市场机制破解二元结构难题

破解电大系统体制二元结构难题，比较可行的办法是在系统运行管理中引入市场机制，利用市场机制优势克服电大系统二元结构的体制性矛盾。

（1）建立控制机制。为使电大系统正常运行，需要建立相应的控制机制，对系统结构和系统要素的行为进行控制。如通过省级政府或教育行政部门，建立基层电大调整合并的申报审批制度、基层电大主要负责人调整事前征求意见制度、电大教育工作业绩年度考核与结果使用制度、各级电大新任领导干部岗位培训制度、基层学习中心准入与退出制度以及重大失误问责制度等。

（2）健全动力机制。需要由中央电大和省级电大建立和健全系统各层级业绩评价、奖励表彰、发展引导、项目援助等动力机制，以此增强系统的活力与凝聚力，促进电大系统的办学与服务，促进各层级合作共赢局面的形成，为实现系统运行目标提供保障。

（3）改革利益机制。一是坚持合理的原则，即中央电大、省级电大、基层电大的利益分配比例要合理，标准的确定应建立在投入产出核算上；二是向基层倾斜的原则，中央电大和省级电大可采取适当降低收费比例、项目资助、资金返还、反哺基层等方式，帮助和支持基层电大改善条件、加快发展；三是差别对待的原则,比如东部与西部电大的办学条件、环境、收费标准等存在的客观差异,其经费上缴的比例也应体现这种差别。

(4)建立协调(或均衡)机制。通过协调和沟通,及时解决系统运行中出现的问题和矛盾,使电大系统运行始终保持良好的状态,确保系统办学整体目标的实现。

(三)坚持分类指导促进系统发展

(1)针对区域特点分类指导。中央电大应依据不同区域电大的实际情况,对我国东部、中部、西部地区的电大以及对城市电大和省域电大实施分类指导,促进共同发展。大力倡导城市反哺农村、东部支持西部、先进地区带动落后地区,促进电大教育的整体发展。

(2)按照办学形式分类指导。按照系统不同的办学形式和服务实行分类指导。中央电大和各省级电大应根据不同的职责和分工,针对开放教育、成人教育、非学历继续教育以及远程教育公共服务、社会助学服务等各种类型,在招生组织、过程管理、资源建设、质量控制等方面进行分类指导,促进电大各类教育按其内在规律和特点办学,提高水平,办出特色,形成优势。

(3)强化系统基层建设指导。加强对基层电大的指导是省级电大系统建设的一项十分重要的工作,主要包括发展方向的引导、办学思想的疏导、办学业务的指导。省级电大可针对调整合并后地县电大多头办学的实际情况,帮助他们分析发展前景、理清发展思路、制定发展规划、确定发展重点。针对部分办学条件较差、办学水平较低的基层电大,应指导它们改善条件、规范管理、提高水平。而对于个别地方盲目追求经济效益而办学的行为,应帮助其端正办学指导思想、规范办学行为。

(四)加强内涵建设促进系统发展

在促进电大系统规模、结构、效益良性发展的同时,加强电大系统的思想、文化等内涵建设,对促进系统发展的共识、增强系统的凝聚力、推动系统的建设和发展具有特别重要的作用。

(1)抓好系统的思想建设。以往人们在电大系统建设中关注较多的是政策环境、系统结构、基础条件等,而在电大发展进入新的历史时期和当前系统建设的关键时刻,迫切需要加强系统的思想建设,用共同的信念和目标凝聚系统,用"开放"的胸怀感染系统,用"发展"的前景激励系统。抓好电大系统的思想建设,可通过在电大系统设思想论坛、利用网络媒体组织专题研讨等形式,开展系统思想建设大讨论,努力形成"一荣俱荣,真心相随"的系统理念,塑造"海纳百川,有容乃大"的"开放"意识,培育"开放开拓,服务大众"的电大精神。通过思想建设，统一全国电大系统对发展目标、思路、战略、模式等重大问题的认识，形成推动系统发展的共识和凝聚力。

（2）优化系统的生存环境。优化电大系统的生存环境，就是"要求各级电大不断地进行内外关系适时调节控制"，使相关的一切因素朝着符合系统发展要求的方向发展。通过卓有成效的社会宣传，提高社会对电大在构建全民学习、终身学习的学习型社会中重要作用的认识，"消除社会在价值观上对电大的传统偏见"；争取社会为电大办学不断配置新的资源、提供政策保障、支持电大的改革与发展。主动加强与社会的交流沟通，积极参与社会政治经济活动，争取新闻媒体的理解支持，形成系统生存的友好环境。

（3）推动系统的文化建设。推动电大系统文化建设，培育电大精神，是"提升电大系统办学质量和核心竞争力"的内在要求。推动电大的文化建设，确定"标识"、包装"品牌"、外塑"形象"固然重要，但更重要的是要全面总结电大教育改革与发展的实践经验，深入研究远程开放大学的文化特征和构成要素，概括凝练电大系统的核心价值观。应举全国电大系统之力，集思广益，博采众长，概括提出系统认同的电大精神，再予以呵护培育，使之成为电大凝聚系统、培育人才的精神柱石。

# 参考文献

[1] 马良生，王永辉. 社会变革中的中国远程教育：机遇与挑战 [J]. 中国远程教育，2008，(3).

[2] 王铁军. 珍惜机遇，做强做大 [J]. 中国远程教育（资讯），2008，(4).

[3] 颂橘，劳人. 电大与中国高等教育改革 [J]. 中国远程教育，2008，(3).

[4] 中央广播电视大学. 广播电视大学教育现状调查报告 [M]. 北京：中央广播电视大学出版社，2005.

[5] 王一兵. 中国电大的定位和走向："世界一流开放大学"的道路 [J]. 中国远程教育，2006 (2).

[6] 余善云. 论广播电视大学社会环境的优化 [J]. 中国远程教育，2000 (8).

[7] 余善云. 电大教育：生机与活力勃发的真谛 [J]. 中国远程教育，2000 (2).

[8] 纪平. 广播电视大学内涵建设若干问题的探讨 [J]. 中国远程教育，2008 (2).

# 试析电大远程开放教育的发展走势[1]

中国电大远程开放教育经过28年的发展，已经到了一个新的转折点。分析和研究电大远程开放教育发展走势是电大远程开放教育在新的历史条件下实现可持续发展的需要。

## 一、我国普通高等教育连续多年扩招，实现了跨越式发展

1998年，全国普通高校招生108万，在校生达到341万，2005年，全国普通高校招生504万，在校生规模达到1 562万。在此期间，我国成人高等学历教育却呈现出连续下滑的趋势，相当部分地区成人高校的年度招生计划已大于报考人数，成人高考的录取分数线也在不断地下降。从教育部网站公布的数据来看，2002年全国成人高校招生222万，当年在校生达到559万，而2005年全国成人高校招生人数减少到193万，在校生规模已降低为436万。

导致普通高等教育与成人高等教育此长彼消的原因，一是普通高等教育的快速发展、高等教育毛入学率的迅速提高，使成人高等教育的补充作用明显减弱。二是高考后复读高中的人数急剧上升，使成人高等教育的生源相对减少，如北京市2005年有1.6万人复读，2006年有2万人复读。此外，我国较长时期以来实行的独生子女政策，使高等教育适龄人口的数量和结构发生了重大变化。据有关资料介绍，我国高等教育的适龄人口将从2008年起逐年大幅度减少。2007年全国18岁人口达到2 510万，2008年达到2 620万，2009年则降低到2 000万，到2015年时则降低到1 400万。普通高等教育办学规模的持续高位运行和高等教育适龄人口的不断减少将进一步加剧成人高等学历教育生源的不足。

目前我国成人高等教育中学历教育仍占有主体地位，近年来非学历教育培训却展现出强劲的发展势头。非学历教育快速增长的原因，一是学习型社会的建设与发展拉动了非学历教育的发展；二是高等教育毛入学率的迅速提高，为发展非学历教育打下了坚实的基础；三是社会从业人员适应职业需要所必需的技能提升成为非学历教育快速增长的直接动因。

---

[1] 本文发表于《重庆广播电视大学学报》2007年第2期。

按照正在制定的国家《2020年教育改革发展纲要》要求，我国高等教育的毛入学率将从2005年的21%提高到2020年的40%，由此可见，未来13年我国高等教育仍将处于快速发展阶段。到2020年时，高等教育毛入学率要增加19%，但其内部结构将不可避免地受到重大调整，普通高等教育尤其是高等职业教育将会得到较大发展，成人高等教育规模则可能将会进一步缩小。由于远程开放教育更适宜成人学习，传统的成人教育将向基于网络环境的现代远程教育归依。

## 二、未来社会发展的一个目标就是构建学习型社会

学习型社会就是社会的教育化、学习化。在学习型社会里，人们都以"学习""成就""做人"为目的，社会的每个成员都可以按照自己的需要选择学习方向、内容、方式和方法，整个社会都将成为有目的、有计划、有组织的学习空间，家庭、社区、工厂、学校、城市、农村都将成为社会的学习单元。与传统社会相比，学习型社会最大的区别是人们学习理念和行为的变化，"毕业等于成才"的观念被彻底打破，封闭式的教育将走向开放，"学海无涯"被注入了新的时代内涵，"活到老、学到老"将成为社会生活的基本行为和方式。

学习型社会需要与之相适应的教育体系，比如丰富而广泛的教育内容，方便而灵活的教学形式、良好优越的环境条件以及必要的政策措施等做保障。学习型社会对教育提出的要求主要反映在以下方面：

### （一）立体化的教育体系

这种体系应该是多入口多出口、纵横贯通的立体化教育体系，可以使任何人在不同的人生阶段，根据不同的需求，通过不同的途径和方法，得到学习和教育的机会。

### （二）基于网络的学习条件

在学习型社会，大量的学习者是在职从业人员，要使他们在不离岗的情况下就能接受教育，就必须创造满足时空分离学习的条件，而网络将成为首选。

### （三）鼓励学习的措施

比如国家实行宽进严出的学习鼓励政策，支持和帮助人民群众特别是老少边穷地区的人们和弱势群体获得平等接受教育的机会。

### (四)终身学习的法律法规

制定与学习型社会要求相适应的法律法规,以此规范社会的办学秩序,营造公平的教育环境,规范教育机构的行为,保护学习者的合法权益。

### (五)学习公共服务体系

通过公共服务体系为各类学校开展的教育项目提供支持服务,为学习者的学习、缴费、考试、认证等提供优质服务。

### (六)学习认证制度

通过认证制度,把学校的培训结果、社会的认同以及学习者个人的发展有机地联系起来。

### (七)网络学习资源

利用互联网为平台,为学习者的学习提供获取知识、指导服务、效果测评等一体化的学习资源。学习型社会对教育提出的新要求为包括电大教育、网络教育在内的现代远程教育提供了广阔的发展空间。

## 三、电大教育的发展走势要受国家发展的影响

电大教育作为我国高等教育的重要组成部分,其发展走势必然要受我国高等教育未来发展总体趋势和国家社会发展战略目标的影响。对照我国广播电视大学28年办学形成的"巨型规模、远程开放、服务大众"的独特优势和"天网地网结合、三级平台互动、重点面向基层"的办学特色,可以认为电大教育未来发展将呈现三大走势。

### (一)电大教育未来发展走势

1. 学历教育仍然是电大教育的主体

尽管从2008年以后,我国成人高等教育规模因适龄人口的逐步减少和高等教育结构的调整而锐减,但因高等教育大众化水平的大幅度提高和高中教育的逐步普及,学历教育的任务仍然十分艰巨。电大作为我国终身教育体系的重要支柱和专业化现代远程教育机构,将以其独有的开放优势、系统优势和远程特色在学历教育领域占据较大份额,将开展本专科学历教育作为一项主要任务。

### 2. 非学历教育将得到大力发展

随着学习型社会的发展,社会对非学历教育的需求将进一步增大,电大可充分利用已建立的遍布城乡的远程教育体系,与政府部门、行业协会、考试认证机构合作开展职业资格认证培训;与境外考试认证机构、教育机构合作开展专业人才的国际化培训;与劳动力市场、人才市场合作开展技能型人才的智能化培训等,在非学历教育领域发挥重要作用。

### 3. 远程教育服务业将得到迅速发展

随着我国政府加入世贸组织开放教育承诺的兑现以及教育产业的兴起,远程教育服务业将在我国得到迅速发展。电大由于拥有自身体系的优势和开展奥鹏教育服务初步积累的远程教育公共服务经验,可以广泛开展基于学习的、认证培训的以及考试的公共服务,使电大成为学习型社会中现代化、专业化的公共服务体系。

## (二)促进开放教育发展的措施

要促进电大远程开放教育的持续健康发展,还必须抓住影响和制约电大远程开放教育发展的主要矛盾,采取正确的战略性措施。

### 1. 推进开放大学的建立

早在1995年,教育部电教办就提出要把广播电视大学建设成为现代远程教育开放大学,尽管电大通过人才培养模式改革和开放教育试点,办学的开放程度和系统的办学实力都发生了根本性的改变,但建设开放大学的目标尚未实现。究其原因,既有外部环境制约的问题,也有自身努力不够的问题。为此,全国电大系统应统一认识、整合力量,采取切实有效措施推进开放大学的建立。就外部而言,要借开放教育试点开展总结性评估的契机,积极争取教育部尽快修改《广播电视大学暂行规定》,优化办学的法制环境,落实"大学"的主体定位,保证享有独立的办学自主权。在系统内部,要重新确立开放大学的信念,准确定位电大的大学理念、办学理念和目标理念,扎实地推进开放大学的建设。

### 2. 凝聚电大系统的力量

电大教育虽然形成了覆盖全国的远程开放教育网络,在我国远程开放教育领域独树一帜,但由于系统内部的机制缺陷与利益关系失衡,以及一些地方在教育资源整合中对基层电大的异化或分化,电大系统的完整性受到了严重威胁。电大要实现新的发展目标,必须切实把维护系统的完整性作为当前系统建设和战略发展措施的重中之重,创新管理机制,调整利益关系,加强协调沟通,凝聚系统力量,形成强有力的远程开放教育办学的系统网络,为电大远程开放教育的新发展提供保障。

3. 抢占教育公共服务的制高点

教育公共支持服务是教育服务业未来发展的重要方向之一，特别是教育对外开放后，以支持服务为特征的教育服务业将在我国远程开放教育、成人教育、继续教育领域得到蓬勃发展。近年来经教育批准，电大建立了奥鹏远程教育公共服务体系，实行市场化运作，为现代远程教育试点高校提供公共服务。但由于机制上的原因，奥鹏自身发展的规模和速度尚不尽如人意，与电大系统试点办学相辅相成、互补共赢、协调发展的局面也未形成。随着宏程、咨金等新的公共服务体系的出现，远程教育公共服务的竞争局面将很快形成，电大的公共服务这一职能面临着新的挑战。在新的形势面前，电大要充分认识到公共服务体系对自身未来发展的重大影响，不断提升公共服务的服务意识、市场意识、竞争意识、质量意识和公共服务能力，使公共服务真正成为电大教育未来发展的新的增长点。

## 参考文献

[1] 2006年重庆市国民经济和社会发展统计公报 [OL]. 重庆市统计局，2007.

[2] 2005年重庆市1%人口抽样调查报告 [R]. 重庆市统计局，2006.

[3] 重庆市劳动力资源状况分析 [OL]. 重庆市人民政府公众信息网，2007.

[4] 余善云. 中央电大"总结电大历史经验，看省电大发展走向"研究报告 [J]. 中央电大，2007.

[5] 刘建生. 远程教育打造西部教育高地的优势 [J]. 现代远程教育研究，2007（5）.

# 以社会教育需求引导电大转变发展方式[①]

中国经济、社会的快速发展和《国家中长期教育改革和发展规划纲要》(2010—2020年)(以下简称《规划纲要》)的颁布实施,把中国电大教育带入了一个新的发展时期。准确把握经济、社会发展态势及其对教育和人才的需求,通过对《规划纲要》精神的贯彻落实,推动电大教育在新的历史时期持续健康发展,是当前各级电大必须认真研究的重大课题。

## 一、经济社会发展对电大教育发展的影响

### (一)经济结构与产业发展

2010年3月5日,国务院总理温家宝在政府工作报告中再次提出,要"着力转变经济增长方式,调整经济结构"。转变经济增长方式,就是要"加快产业优化升级,大力发展新能源、新材料、节能环保、生物医药、信息网络和高端制造产业";通过依靠科技进步,发展"绿色""环保""低碳"经济等来实现国民经济的增长。在产业发展中,要逐步降低第一产业比重,扩大第三产业比重,推动城镇化建设和农村剩余劳动力转移。"从2007年—2020年中长期趋势看,第三产业就业人员比重将增长16.4个百分点,就业人员将逐步从第一、二产业向第三产业转移"。经济发展方式的转变和产业结构的调整以及引起的职业结构变化将为电大发展提供新的机遇,同时也对电大教育提出了新的更高的要求。

### (二)人口结构与社会发展

2008年,全国人口总量达13.225 6亿人,其中城镇人口6.07亿,农村人口7.155 6亿,城镇化率达到了45.7%。在总人口中,从业人员7.64亿,其中农村4.81亿,城镇2.83亿。65岁及以上人口已占总人口的8.3%。据预测,到2020年时,全国总人口将达15亿左右,其中劳动年龄人口达10亿左右,农村转移到城镇的人口3亿左右,老年人口将达到2.48亿人,老龄化水

---

[①] 本文发表于《现代教育技术》2010年第8期。

平将达到17.17%。庞大的劳动人口和人口老龄化的加快，以及大量的农村人口向城镇的转移，都将对就业、产业结构调整和社会发展以及教育事业的发展提出更高的要求。

从目前到2020年，国家工业化、信息化、城镇化、市场化、国际化将深入发展，人口、资源、环境的压力也将不断加大。根据国家发展三步走的战略要求，到2020年时，我国城镇化率将达到50%至55%，人均国民收入达到3 000美元，全面建成小康社会，形成学习型社会。人口结构变化和社会发展为包括电大在内的远程教育发展提供广阔空间的同时，也提出了许多新的挑战。

### (三) 教育改革与远程教育发展

为适应全面建设小康社会和人力资源强国的需要，国家把教育摆在了优先发展的战略地位，提出了"到2020年，基本实现教育现代化，基本形成学习型社会，进入人力资源强国行列"的战略目标。按照这一要求，到2020时，我国高等教育的毛入学率将达到40%，新增劳动力平均受教育年限从2009年的12.4年提高到13.5年，主要劳动年龄人口平均受教育年限从2009年的9.5年提高到11.2年，其中接受高等教育的比例达到20%以上，从业人员继续教育年参与率达到50%以上。在教育体系建设及其相互作用上，要构建体系完备的终身教育，而继续教育作为全民终身学习的重要载体，在促进"人人皆学、处处可学、时时能学的学习型社会"建设中发挥着十分重要的作用。

《规划纲要》提出的"大力发展现代远程教育，建设以卫星、电视和互联网等为载体的远程开放继续教育及公共服务平台，为学习者提供方便、灵活、个性化的学习条件""办好开放大学"和"创新网络教学模式，开展高质量高水平远程学历教育"的要求，给包括电大在内的远程教育发展提供了新的政策支撑，展现了美好的发展前景。

### (四) 信息化建设的发展

目前，中国教育科研网与中国教育卫星宽带传输网已互联互通，覆盖了全国200多个城市的2 000多个学术机构，用户超过2 000万人，成为世界上最大的国家学术互联网。现代远程教育形成了"天地合一"的信息传输网络，利用这一网络学习的学生超过了300万，网络教育已成为中国互联网使用最多的四大领域之一。中国教育科研网格聚合计算能力和存储能力超过16万亿次和180TB，互联网的普及率和网民均有大幅提升，网民结构越来越合理，为电大发展远程教育提供了物质基础和广泛的社会基础。"通过信息化的建设来带动管理观念的变化，从而实现管理体制的变革"，将推动中国电大的发展实现第四次飞跃。

## 二、教育培训与学习需求提出的任务

社会经济的快速发展迫切需要大量的专业人才，而全民素质的提升和人民群众生活质量的提高对教育文化的需求将进一步扩大，对电大教育也提出了新的任务。社会对教育培训和学习的需求可从以下几个方面来预测。

### （一）在职从业人员的学历提升

从总体上看，在 2020 年前，在职从业人员的学历提升需求都将处于上升的状态。一是普通高考落榜生需要提升学历层次。2008 年，全国普通高考平均录取率为 57%，有 446 万学生成为落榜生，要走向社会。即使到了 2020 年，我国普通高考的录取率也不可能达到 100%，期间大量的落榜生需要通过成人补偿教育提升学历层次。二是大量的专科和中职生需要提升学历层次。2008 年，全国各类专科毕业生 300 万人，中专（含技校和成人中专）毕业生 534 万人，其中很大一部分人都要参加成人教育本、专科的学习以提高学历层次。三是在职人员学历达标需要提升学历层次。社会一些行业进行的职工学历标准形成了在职人员学历提升的现实需求。到 2020 年时，我国适龄青年接受高等教育的比例将从 2008 年的 23.3% 提高到 40%，其中成人高等教育所占比例也将从 2006 年的 6% 提高到 15%。成人高等学历教育规模在 2020 年时要达到 900 万人，比 2008 年的 758 万人增加 142 万人，增长 18.73%。国家高等教育发展目标显示，在职从业人员的学历提升需求在 2020 年前仍将处于上升的状态。

### （二）劳动人口的职业岗位培训

2007 年，全国专业技术人员年培训 3 000 万～4 000 万人次，企业职工培训规模 9 000 万人次左右，全员培训率仅为 45%。在全国 9 800 多万技术工人中，技能水平为初级的近 40%、中级的 37.9%、高级的仅占 18.3%。当年城镇登记失业人数 847 万人，基本没有进行再就业培训。未来 5 年，国家职业培训将实行 "5+1" 计划，即 "新技师培养带动" 计划，新培养 190 万名技师和高级技师、700 万名高级技工，带动中级和初级技能劳动者队伍梯次发展；"城镇技能再就业" 计划，对 2 000 万下岗失业人员开展职业技能培训；"能力促创业" 计划，对 200 万城乡劳动者开展创业培训；"农村劳动力技能就业计划"，对 4 000 万进城务工的农村劳动者开展职业培训；"国家职业资格证书技能导航计划"，为 5 000 万人次劳动者参加职业资格鉴定提供服务；"技能岗位对接行动"，以强化就业信息对职业教育培训的引导。

### (三) 农村剩余劳动力转移培训

2009年，在全国1.45亿外出务工的农村劳动力中，初中以下文化程度的占76.5%，高中文化程度的占13.1%，中专以上的仅占10.4%。51.1%的人从未接受过任何职业技能培训，难以适应进城就业需要。针对农村劳动力转移培训需求十分旺盛的情况，国家农业部、人保部、教育部、扶贫办、科技部将通过实施"阳光工程""技能培训计划""农村劳动力转移就业计划""雨露计划""星火计划"等来加强这项工作。

### (四) 社会成员文化生活学习需求

社会的变革发展使人们对社会化教育服务的需求不断增长。婴幼儿早期教育、学前教育、校外非正规专项培训等在传统学校教育之外将发展成为新的教育需求热点。我国老龄人口已超过1.4亿人，到2020年，64岁以上人口比例将达到13%。满足包括老年人在内的广大社会成员的多样化学习需求，为成人高等教育的发展提供了新的巨大的需求市场。提升公民素质和道德的公益性、社会化学习，适应"人人皆学、时时能学、处处可学"的个性化学习，都需要包括电大远程教育在内的成人教育提供更加多样化的教育产品和服务。

## 三、以需求为导向引领电大教育发展

贯彻落实《规划纲要》精神，以社会教育需求引领电大教育持续健康发展，只有采取有效措施，适度调整电大办学定位，加快调整电大教育结构，优化电大系统的治理结构，推动电大转变发展方式，才可能实现预期的目标。

### (一) 适度调整电大教育的办学定位

较长时期以来，电大的办学虽定位在"学历与非学历并重，办学与服务并举"，但实际情况仍然是高等学历教育一枝独秀。基于社会未来的教育需求和电大的高等学校本质，电大未来的办学定位虽然大格局上变化不大，但内涵却应调整和丰富。

(1) 我国经济、社会、教育的发展在职成人的继续学历教育需求在未来的一段时间里仍然会十分旺盛。社会对在职成人的高等学历教育要求给电大的发展提供了巨大空间。进一步扩大开放、提高质量，办好以远程开放教育为主体的高等学历教育，仍然是电大未来发展的重要任务。

(2) 在未来的社会里，适应社会各类成员的岗位培训和文化学习的需求将快速增长，各级电大应坚持从自身实际出发，广泛开展与企业、行业的合作，大力开展非学历教育，这既是电大的重要任务，又是电大持续发展的需要。

（3）电大要适应学习型社会和学习型组织建设的需要，必须整合社会各类优质教育资源，充分利用信息化手段，构建数字化的全民学习平台，为城乡居民提供多样化的教育产品和服务，这是电大在新的历史时期发展的新任务。

### （二）加快办学结构调整和转变发展方式

电大教育的结构调整首要是保持适度的学历教育规模，使学历教育规模与电大拥有的资源和教学控制能力相适应。研究表明，2009年全国电大的生师比已从2007年的47.7∶1上升到2009年的59.3∶1，教学基础设施和设备在学生大幅度增长情况下反而有所减少，包括师资在内的教学资源与办学规模不相适应的矛盾更加突出，显然，适当控制电大高等学历教育的规模已势在必行。二是提高非学历培训的比重。未来社会发展对非学历培训提出了巨大的需求，各级电大应调整布局，加大投入，加强与政府部门、企业、行业、社会团体、培训机构的合作，大力发展非学历培训，形成有较大社会影响力的培训规模和品牌，提升非学历培训在学校办学总体格局中的比重，推动非学历教育与学历教育协调发展。三是广泛开展面向公民的远程教育服务，如网络教育、职业鉴定、认证考试、社区教育、社会化教育服务等，提升电大的社会化服务功能。

转变电大发展方式，就是要从规模发展转向内涵发展。《规划纲要》对高等教育最根本的要求就是"提高质量"和"提升水平"，电大也不例外。无论是从电大自身学历教育发展的现状出发，还是贯彻落实《规划纲要》精神，都应积极推动发展方式转变，在稳定学历教育办学规模的同时，花大力气开展课程、精品教学资源、师资队伍、数字化教学设施和手段建设；加强教学管理、细化教学环节、落实教学过程；大力开展科学研究、教学实证研究，推动办学、教学、服务的规范化、制度化、标准化和精细化，全面提升教学质量和全系统的远程教育办学水平。

### （三）优化电大系统多层级治理结构

"大学目标和理念的实现，离不开科学的制度安排，即治理结构，也就是大学的治理（university governance）。"治理结构是系统结构的重要内容，其核心是权力结构，即决策权力在不同利益相关者之间的分配。电大系统的治理结构涉及外部治理结构和内部治理结构两个方面。外部治理结构的核心是科学界定学校同政府、社会的关系，主要通过法律和规章的形式界定三者之间的权利和义务。内部治理结构的核心是正确处理电大系统各层级、各要素之间的责权利关系，充分调动中央电大和地方各级电大的积极性，实现系统管理的民主化、科学化、制度化和规范化。

就外部而言,电大系统治理的结构冲突主要表现在社会和政府相关部门对电大的"大学"地位缺乏认同,长期不落实中央电大作为远程高等学校的办学自主权;远程教育法规建设严重滞后,电大系统各层级的办学及权利与义务缺乏相应的政策法规保障;建设远程开放大学的目标虽已提出多年,但缺乏必要的政府建设规划与措施,开放大学建设还仅仅停留在文件上。

就电大系统内部而言,电大系统治理的结构冲突主要表现为系统各层级之间因办学权的调整分配引发的对系统和谐的影响,系统要素中由本单位利益至上所引起的系统结构异化与凝聚力下降,开放教育办学、教学管理的责权在系统各层级之间缺乏严格界定对运行效率所产生的负面影响,较为松散的系统结构模式所导致的系统办学控制力下降等。优化电大系统的治理结构,完善电大系统办学的政策法规,改善电大系统运行的质量和效率,科学地划分电大系统各层级的责权利,规范电大系统开放教育教学和教学管理行为,调动中央和地方两个积极性,是电大系统充分发挥服务全民终身学习的作用所必须认真解决的重大问题。

## 参考文献

[1] 李朴民. 解读《关于2009年国民经济和社会发展计划执行情况与2010年国民经济社会发展计划草案的报告》[EB/OL]. http://xwzx.ndrc.gov.cn/wszb/t20100308_333590.htm.

[2] 谈松华. 从经济社会发展对教育需求的影响看中国电大的发展走向 [M]. 北京:中央广播电视大学出版社,2009.

[3] 葛道凯. 努力建设具有中国特色的现代远程开放大学——中央广播电视大学校长葛道凯教授访谈 [N]. 中国教师报,2008-01-23(B04).

[4] 张维迎. 大学的逻辑 [M]. 北京:北京大学出版社,2004.

# 全民终身学习：电大远程教育发展的新机遇[①]

在建设全民学习、终身学习的学习型社会的背景下，城乡学习对教育提出了多样化的需求。电大教育作为我国终身教育体系的重要组成部分和国家重要的现代远程教育资源，在满足国家现代化建设对专业人才的需求和人民群众自身发展、提升生活质量的需求方面，以及在建设学习型社会和人力资源强国中承担着重要任务，面临新的重大发展机遇。

## 一、社会发展对教育和人才的需求持续增长

随着我国建设全民终身学习的学习型社会和人力资源强国步伐的加快，以及国家工业化、信息化、城镇化、新农村建设、和谐社会建设等一系列重大战略的实施，社会对专业人才的需求和全民素质提升对教育的需求不断地增长。

我国劳动人口受教育程度与 OECD 国家相比存在较大差距。2007 年，我国相对应的主要劳动力年龄组（20～59 岁）人口平均受教育年限比 OECD 国家低 2.2 年；大专及以上文化程度人口比例较之低 17 个百分点；高级技工仅占技术工人的 3.5%，而发达国家这一比例约为 40%（人力资源发展主要指标预测及国际比较见表 1）。

表 1　人力资源发展主要指标预测及国际比较

| 项目 | 中国 | | OECD 国家 |
|---|---|---|---|
|  | 2007 年 | 2020 年 | 2007 年 |
| 15 岁以上人口平均受教育年限（年） | 8.6 | 10.1 | 11.5 |
| 主要劳动人口年龄组 20～59 岁平均受教育年限（年） | 9.2 | 11.2 | 11.4 |
| 其中受过高等教育的比例（%） | 8.6 | 20.0 | 26.0 |
| 新增劳动力平均受教育年限（年） | 11.9 | 13.5 | 13.5 |
| 其中受过高中阶段及以上教育的比例（%） | 56.0 | 90.0 | 80.0 |
| 具有高等教育文化程度的人口数（万人） | 8 200 | 19 500 |  |

注：OECD 国家的主要劳动人口年龄组的统计口径为 25～64 岁。

---

① 发表于《重庆广播电视大学学报》2009 年第 4 期，人大复印资料《远程教育》2010 年 4 月全文转载。

我国从业人员受教育程度的普遍低下从侧面反映了成人教育市场的巨大需求。从总体上看，我国成人高等学历教育的需求（包括其现实需求与潜在需求）在相当一段时间里都将处于上升的状态。

一是现实需求有增无减。2008年，全国普通高考平均录取率为57%，有446万学生成为落榜生。即使到了2020年，我国普通高考录取率也不可能达到100%。其间大量的落榜生仍然需要通过成人补偿教育提升学历，以适应社会发展和个人发展的需要。2008年，全国各类专科毕业生300万人，中专（含技校和成人中专）毕业生534万人，这些毕业生中很大一部分都要通过成人教育参加本科和专科的学习以提高学历层次。同时，社会一些行业实行/施行的职工学历达标也形成了成人高等学历教育的现实需求，如教育系统未达到专科学历的165万小学教师，他们在2012年前要达到专科以上的水平，他们都需要参加成人高等教育本专科的学习。

二是潜在需求将继续增长。根据国家有关规划，到2020年时，我国高等教育大众化水平将从2008年的23.3%提高到40%，其中成人高等教育所占比例也将从2006年的6%提高到15%。国家高等教育发展目标显示，成人高等学历教育在2020年前都将处于需求上升的状态（见表2）。

表2 我国高等教育发展目标规划表

| 项　　目 | 2008年 | 2012年 | 2020年 |
| --- | --- | --- | --- |
| 高等教育学龄人口（万人） | 12 500 | 10 560 | 8 700 |
| 高等教育在校（学）规模（万人） | 2 907 | 3 200 | 3 600 |
| 其中普通本科（万人） | 1 104 | 1 250 | 1 460 |
| 普通专科（高职）（万人） | 917 | 950 | 1 040 |
| 研究生（万人） | 128 | 150 | 200 |
| 成人高等学历教育（万人） | 758 | 800 | 900 |
| 研究生与普通本专科比例（%） | 6.3 | 6.7 | 8.0 |

随着我国转变经济增长方式、建设创新型国家不断加快进程，对劳动者知识、能力（技能）的要求不断提高，终身学习成为必然趋势。

截至2006年年底，全国在岗职工1.12亿，其中专业技术人员仅占29.1%。2007年，全国专业技术人员年培训量3 000万~4 000万人次，企业职工培训规模9 000万人次左右，全员培训率仅为45%，专业技术人员和企业职工教育培训的需求仍然很大。当年城镇登记失业人数847万人，也需要进行再就业培训。

我国现有1 979个职业和工种，由于职业的流动性增加，劳动力的大规模转移必然产生巨大的转岗培训需求。如2006年，全国有1.32亿的农村劳动力转移到城镇就业,而接受劳务培训的只占 19.7% (初次外出就业接受培训的占 26.2%)。

我国老龄人口已超过 1.4 亿人,64 岁以上人口比例将由 2000 年的 7.1% 增加到 2010 年的 9.0%,2020 年将达到 13%。满足包括老年人在内的广大社会成员的多样化学习需求,为成人高等教育的发展提供了新的巨大的需求市场。

**二、现代远程教育是满足全民终身学习需要的有效途径**

区别于传统校园教育的现代远程教育,办学中能以最少的成本取得最大的社会效益,使更多的学习者得到以往不可能得到的优质教育资源,已成为世界各国解决人才需求、满足全民终身学习最为有效的途径。

(一)现代远程教育培养人才的作用得到普遍认同

世界各国政府基于现代远程教育对经济、社会发展具有重大贡献的认识,积极推动教育从传统的精英教育向更为开放和多样化的方向发展,大力发展现代远程教育以培养人才。在美国具有颁发大学文凭资格的 2 000 多所大学中,就有 90% 以上的大学开设了远程教育课程。泰国高等教育层次已有将近 65% 的学生就读于开放大学。澳大利亚的大学大量采用远程教育方法为非传统院校的学生提供教育。我国除广播电视大学系统外,已有 68 所普通高校开展了现代远程教育。世界各国对现代远程教育的发展都不同程度地给予了关注。近几年来,全世界的网络教育市场规模正以每年 45% 的速度增加,仅美国政府每年用于网络教育的费用就达 100 亿~120 亿美元;目前全世界有 95 000 万人通过网络教育进行学习。正如丹尼尔所指出的那样:过去 50 年,没有哪一项教育革新在其解决问题可以和大规模的远程学习相比,即和巨型大学相比。巨型大学代表了教育的革命,因为它实现了在整个教育历史上都难以企及的目标,即教育更多的人、质量更高、成本更低。2009 年 4 月 2 日,联合国教科文组织在德国波恩举办的世界可持续发展教育大会通过的《波恩宣言》指出:推进可持续发展教育,需要正规教育、非正规教育和非正规学习并举。随着社会结构包括人口结构的变化和职业的频繁迁移、社会老年化的加剧,终身教育的发展对远程教育的依赖程度会表现出极大的增长。

(二)现代远程教育是解决我国人才需求的有效途径

我国是世界上人口最多的发展中大国,庞大的人口数量、劳动力总体受教育状况和素质偏低的情况已严重不适应经济社会发展的要求。高等教育在大众化推动下虽然有了很大的发展,但资源总量不足,东部和西部、城市和农村分布失衡和结构不合理的状况依然存在。现代远程教育具有覆盖面广、教学手段先进、办学网络深入城乡、教育投资相对节约等优势，充分发挥现代远程教育的作用不但可以大规模地培养人才，满足经济社会发展的需要，还能有效地把城市优质教育资源输送到边远农村，培养当地经济社会发展急需的人才。进入21世纪以来，我国现代远程教育发展十分迅速，已经成为国家和地方培养经济社会发展所需人才的重要途径，近10年来累计招生667万人，已毕业学生252万人。2008年，全国现代远程教育在校生规模达到347万人，约占同期全国各类高等教育学生总数的12.42%、成人高等教育学生总数的39.49%（近5年远程教育与高等教育人才培养的比较见表3）。

表3　现代远程教育2004—2008年人才培养比较

| 项目 | 2004年 | | 2005年 | | 2006年 | | 2007年 | | 2008年 | |
| --- | --- | --- | --- | --- | --- | --- | --- | --- | --- | --- |
| | 毕业生 | 在校生 | 毕业生 | 在校生 | 毕业生 | 在校生 | 毕业生 | 在校生 | 毕业生 | 在校生 |
| 开放教育（万人） | 26.29 | 160.37 | 45.4 | 183.04 | 59.24 | 186.21 | 55.38 | 198.63 | 52.42 | 224.97 |
| 网络教育（万人） | 13.08 | 76.22 | 28.51 | 71.85 | 29.27 | 93.09 | 25.24 | 1.3.73 | 35.68 | 122.36 |
| 合计（万人） | 39.37 | 236.6 | 73.55 | 254.89 | 88.51 | 279.29 | 80.63 | 302.35 | 88.10 | 347.33 |
| 占同期高教总数% | 10.95 | 10.38 | 11.54 | 10.06 | 13.92 | 8.82 | 10.11 | 8.51 | 8.79 | 12.42 |

注：数据来源于中央广播电视大学教育统计年鉴（2004-2008年）。

### 三、充分发挥电大教育促进全民终身学习的重要作用

根据电大教育培养人才和服务社会的功能，电大未来的办学，应加快结构调整步伐，以高等学历教育为基础，大力发展非学历教育，面向社会开展远程教育服务。在办学中，要正确处理好远程教育办学与服务的关系，促进高等学历教育与非学历教育培训、远程教育服务与办学的协调发展。

#### （一）办好以开放教育为主体的远程高等学历教育

开展学历教育是高等学校最基本的功能。在全民终身学习这一新的历史条件下，社会和求学者对高等学历教育的需求进一步扩大，电大教育必须继续办好远程高等学历教育，并把高等学历教育作为发展非学历教育、面向社会开展远程教育服务的基础。在举办高等学历教育的过程中，要努力争取独立的开放

教育办学自主权，提高办学层次，开展本科和硕士、博士研究生教育；加强专业、学科、资源、教学团队建设，促进内涵发展；深化以互联网为依托、以学习者自主学习为主要方式、以网上教学活动为基本特征的远程教育教学改革；加强教学过程的规范管理和检查督导，完善质量保障体系和评价体系，全面提高开放教育的教学质量和人才培养质量，努力为建设学习型社会和创新型国家培养更多各类应用型高等专门人才。

### （二）以需求为导向大力发展非学历教育培训

非学历教育培训对于整体提升国民素质具有重要作用。要抓住国家实施中长期教育改革发展规划的有利时机，积极参与继续教育体系建设，发挥电大教育办学的系统优势，找准发展非学历教育的关键点与切入点，紧密贴近、深度融入经济社会的变革发展，以专业技术人员非学历教育培训为主体，面向城乡群众开展在岗、转岗、再就业、农村剩余劳动力转移等各类培训和社区教育，不断拓展电大远程教育的功能。

### （三）发挥独特优势构建全民终身学习服务平台

充分发挥电大远程教育覆盖城乡、"天、地、人网"结合的独特优势，努力打造全民终身学习的服务平台。根据国家和地方的有关政策，中央电大和地方各级电大要紧密结合各地学习型社会建设和电大教育的实际，制定服务全民终身学习的行动计划；进一步完善远程教育的现代化教学基础设施和网络学习环境，建设覆盖全国城乡的技术服务平台，以适应城乡群众终身学习的需要；发挥远程教育信息化技术优势和资源整合共享优势，建设远程教育资源中心，为全民终身学习提供丰富的教学资源；积极推进远程教育公共服务体系建设，发挥社会化、第三方服务的优势，拓展电大系统的社会服务功能。

## 参考文献

[1] 约翰·丹尼尔. 巨型大学：对规模、成本和质量的巨大冲击——在2003世界开放大学校长会议上的报告[J]. 开放教育研究，2003（6）.

[2] 严冰. 若干启示[J]. 中国远程教育，2009（6）.

[3] 张大也，等. 广播电视大学的定位与系统建设[J]. 中国远程教育，2009（6）.

# 电大远程开放教育服务终身教育体系方略[①]

党的十六大提出了全面建设小康社会的发展目标，其中的教育发展目标就是要建立现代国民教育体系，形成"全民学习、终身学习的学习型社会"。在这一进程中，广播电视大学如何充分发挥远程开放的优势参与构建国家终身教育体系、服务小康社会建设，是电大教育当前和今后一段时间必须认真研究的重大课题。本文试对这一问题进行探讨。

## 一、终身教育体系的基本架构

终身教育是一种教育思想和主张，体现这种思想和主张的教育体系就是终身教育体系。终身教育思想源于20世纪60年代，其核心就是主张从人出生到死亡一生的教育和个人与教育的统一综合，其最终目的在于维持和改善个人与社会生活的质量，实现人的自由、和谐、全面发展。20世纪末，国际21世纪教育委员会在向联合国教科文组织提交的报告中就指出：终身教育概念是进入21世纪的一把钥匙，终身教育是不断造就人、不断扩展其知识和才能以及不断培养其判断能力和行动能力的过程。事实上，在学习型社会里，学习将成为社会成员的一种生活方式，人的一生也将无法区分学习阶段和工作阶段，终身学习将贯穿在人的一生。进入21世纪后，我国经济建设进入了战略发展机遇期，面对经济全球化、社会信息化和综合国力的激烈竞争，构建终身教育体系，为经济社会发展提供强有力的智力支撑，已经成为党和国家的重大战略决策。十六大报告中就指出，"加强职业教育和培训，发展继续教育，构建终身教育体系"，"要在我国形成比较完善的现代国民教育体系。人民享有接受良好教育的机会，形成全民学习、终身学习的学习型社会，促进人的全面发展"。

构建终身教育体系，就是要建立集学前教育、普通学校教育和继续教育为一身，融家庭教育、学校教育和社会教育为一体，职前教育与职后教育相衔接，并向学习型社会发展的一体化教育体系。由于文化背景、经济发展水平、教学信息化水平的差异，世界各国终身教育体系的架构也不尽一致。在我国，终身教育体系主要由基础教育和继续教育两大体系构成。这两大体系既相对独

---

[①] 本文发表于《现代远程教育研究》2005年第5期。

立,也适当交叉。一般情况下,人们都是在首先完成了一定阶段的基础教育后,再根据生存和发展需要选择不同形式的继续教育,以提高技能和生活质量,但也有的人在中年,甚至已到了老年,还要求参加基础教育学习。可以这样讲,终身教育体系是各类教育相互补充、相互沟通、协调发展的复杂系统。显然,建立和完善适合我国国情的终身教育体系,促进学习化社会建设,不仅是21世纪我国教育发展的必然趋势,也是包括广播电视大学远程开放教育在内的各类教育的重要任务。

## 二、电大远程教育的独特优势

电大远程教育经过20多年的建设、改革和发展,特别是通过开展教育部实施的人才培养模式改革和开放教育试点项目研究,办学的规模、结构、质量、效益都发生了质的飞跃,形成了巨型规模、远程开放、服务大众的独特优势和"天网地网结合、三级平台互动、重点面向基层"的系统结构,已经成为我国构建终身教育体系、推动学习型社会建设的重要力量。与其他教育相比,电大远程教育在构建终身教育体系中的优势主要表现在以下四个方面。

### (一)系统功能优势

经过20多年的建设和发展,中国广播电视大学已经发展成为由中央电大和44所省级电大、961所地(市)级电大分校、2 075所县级分校(工作站)、26 698个教学点组成的统筹规划、分级办学、分级管理、分工协作的办学系统。这个系统形成的办学功能是我国目前任何远程教育院校都难以企及的。一是形成了从中央到地方基层、农村的覆盖全国的办学管理体系和学习支持服务体系,可以及时地反馈不同地方、不同层次人群的多样化教育需求,并有针对性地提供教育服务;二是建立了信息化水平较高的教学资源传输网络,可以及时地把中心城市的优质教育资源通过电视网络和计算机网络传送到基层、农村、边远贫困地区,供那里的人员学习,并能确保人才培养的规格质量;三是在全国实行政府办学、教育行政部门管理的体制,电大办学具有强有力的政府背景和必要的财政经费保障。

### (二)远程教学优势

到目前为止,全国电大已投资40多亿元,建成了卫星电视教育网络(天网)和计算机教育网络(地网)相结合,中央电大、省级电大、地(市)级电大网平台互动的网络环境,以及与网络环境相匹配、拥有20余万台计算机和2.8万种可在网上流动的资源的多媒体教室、视听阅览室等信息化教学设施。在教学中，电大充分利用网络环境和资源实施远程教学，特别是基于网络环境的远程教学，打破了传统教学的时空局限，为学习者个别化、个性化的自主学习提供了条件，适应了社会多样化的教育需要和求学者个人的需要，具有时空自由、资源共享、方便迅捷、教学信息覆盖面广、学习成本低等优势，尤其适合我国边远贫困地区、经济欠发达地区等高等教育优质资源难以到达的基层、农村地区，是其他教育无法企及的。

（三）资源整合优势

进入21世纪后，我国各类教育进入了一个新的发展时期，但在一些地方，特别是县级行政区域，成人教育的无序发展也使教育市场混乱、教育资源紧缺、各类成人进修学校的功能不齐全等矛盾进一步尖锐，迫切要求当地政府整合教育资源，在减轻政府财政压力的同时形成新的资源优势，以适应构建终身教育体系，促进全面建设小康社会。与各高校延伸到县级区域的校外办学点和当地成教中心、中师校、进修校和其他函授教育单位相比，电大因其远程开放教学的特点和教学信息化水平高、教学管理规范、适应性强等显著优势而成为教育强势资源，为地方政府所选择，并用于整合其他教育资源。电大的这种资源整合优势不仅已被一些地方的实践证实，而且还将随着终身教育体系建设步伐的加快增强，有进一步扩大的趋势。

（四）办学经验优势

广播电视大学通过20多年的探索和实践，积累了与构建终身教育体系相适应的丰富办学经验和优势，这些优势主要表现为：一是有强烈的服务大众的理念。电大在办学中往往把自身的办学行为作为一种服务让社会和学习者感知体会，并在办学实践中把适应社会和求学者不断变化的多样性需要作为自身的办学宗旨并提供优质服务。这种竭诚服务社会大众的理念和行为使电大的"品牌"走进了千家万户。二是对多元化办学的长期探索，如开放本、专科学历教育、全日制的高职高专教育、多形式的非学历教育、农村实用技术培训、社会化的教育培训等，电大都积累了办学规范化、手段信息化等方面的经验，与构建终身教育体系的要求极为合拍。三是市场运作的经验。在电大的办学过程中，无论是在进行人才培养需求预测、主动适应当地经济社会发展需要开设专业培训人才，还是培养学生的市场竞争意识、实施办学管理等，都蕴含着一定的市场规律，具备了丰富的成人教育市场运作经验。电大远程开放教育在办学中形成的独特优势奠定了自身在构建国家终身教育体系中其他类型教育无法取代的重要地位，并将随着我国终身教育体系建设步伐的加快而发挥新的作用。

## 三、充分发挥电大教育的优势，服务终身教育体系建设

在终身教育体系架构中，广播电视大学既承担有基础教育的任务，更囊括了继续教育体系的所有内容，继续教育无疑是电大远程开放教育的重点。通过20多年的建设和发展，全国电大系统形成了相对独立的办学体系，成为重要的国家教育资源，在全面建设小康社会的今天，进一步发挥电大远程教育的优势、服务国家终身教育体系建设，显然是电大面临的重大任务。鉴于我国各级各类教育蓬勃发展、全面建设小康社会目标深入人心、中国特色的终身教育体系已见雏形的实际情况，电大远程开放教育只有准确把握服务取向、采取切实有效措施，才能为建设和完善终身教育体系做出新的贡献。

### （一）实施多元化发展策略

主动适应日益广泛并不断变化的社会教育需要和求学者个人的需要，是电大远程开放教育的生命力所在，也是建设终身学习体系对电大提出的要求。电大远程开放教育要在构建终身教育体系中有新的作为，就必须坚持办学的社会适应性和对求学者个人的适应性，紧紧把握国家社会经济发展的运行态势和产业结构调整更新的脉搏，不断拓展服务的空间和领域，按照统一性要求与针对性服务相结合的原则，实行东西兼顾、城乡结合、学历教育与非学历教育并举，注重地方特点，实施多元化发展策略，多层次、多规格、多形式、多样化办学，使电大远程教育的适应性得到空前的充分发挥，把电大远程开放教育的根深深地植于终身学习的土壤之中，这将是电大教育服务终身教育体系建设的根本之举。

### （二）提升教学信息化水平

通过近几年的建设，电大远程开放教育的教学信息化取得了令人瞩目的成果，无疑走在了我国各类教育信息化建设的前列。但还必须清醒地认识到，电大的教学信息化虽然在构建网络环境、搭建技术平台、教学资源开发等方面取得了长足的进步，但与电大远程开放教育的发展和满足人们终身学习的需求相比，还存在较大的差距。如网络的覆盖面还主要局限于大、中城市，延伸到县或乡镇的网络尚不健全，网速也很慢；在西部地区和边远贫困地区，远程教学网络的建设仍然任重道远；运用远程教育网络和技术平台实施教学和教学管理的人员还有待进一步提高技能水平；网络资源的开发和利用虽然取得了一定的成绩，但还远远不能适应学生个别化自主学习的需要，必须进一步加大投入，加快网络设施建设和网络资源的开发力度，提高网络与资源利用的效率和效益，提升电大远程教育信息化的总体水平，从而适应构建终身教育体系的需

要，等等。

### （三）突出基层和农村重点

在2003年9月召开的国务院农村教育工作会上，教育部部长周济在分析了中国农村教育和城市教育、西部和东部的教育差距还有继续扩大的趋势后明确指出，要"把农村教育放在整个教育重中之重的战略地位"。这无疑也给电大远程教育指明了新的发展方向。中国教育的薄弱环节在农村、在基层，构建终身教育体系的重点和难点仍然在农村、在基层。与此相应，电大远程教育也应把服务终身教育体系的工作重点放在农村和基层。在电大办学系统内部，承担为农村经济社会发展培养人才和开展农村劳动力转移培训任务的主要是县级电大，而县级电大在服务农村教育上的现实能力等方面往往与其在构建终身教育体系中所处的基础、前沿地位极不相称。进一步加强县级电大建设是电大远程开放教育把服务的重点摆在农村的需要，也是中央电大、省地电大共同的责任，不仅要求中央电大、省地电大关注县级电大的建设和发展，还要求在办学中通过专业设置、课程设置、农村实用技术项目开发和各类教育资源提供等开展诸如"一村一名大学生"类似的教育活动等，尽可能地为构建农村终身教育体系服好务。

### （四）高度重视非学历教育

从某种意义上讲，在高等学历教育达到一定规模之后，大力发展非学历教育对于构建终身教育体系的意义将更加重大。截止到2004年，全国电大本、专科学历教育在校生总规模已达230万人，显然在我国高等教育总规模中占有十分重要的位置，也把电大学历教育推到了一个新的顶峰。但从服务构建终身教育体系着眼，广播电视大学还必须充分利用网络和资源优势，大力发展多科类非学历教育和社会化通用知识培训，为农村剩余劳动力的转移、城市化发展战略的实施、从业人员的转岗培训与知识更新、中小学教师的继续教育、大规模干部培训、提高城乡居民生活质量等做出新的贡献。发展非学历教育应以项目开发为重点，以电大系统联动为基本特征，以电视教育网络为主要手段，以适应社会多样化需求为目标，专项培训与社会化培训相结合，充分发挥卫星电视教育网络和大众传媒的作用，努力促进非学历教育的专门化、信息化、远程化、市场化，以使电大教育真正适应青年、中年、老年的需要，进入农村、社区和家庭。

### （五）不断推动远程教育创新

创新是电大远程开放教育发展的源泉和动力所在。电大在自身发展的过程中，为适应社会和求学者不断变化的需要进行了卓有成效的不懈改革和创新，树立了自身的开放形象，其勃发的生机与活力为世人所瞩目。电大教育要在服务构建终身教育体系中取得新的成就，就必须与时俱进，不断推进教育创新。一是要从思想创新入手，深化服务大众的远程开放教育理念；二是要从体制创新着眼，按照市场化、信息化、国际化的要求，不断调整和改革与构建终身教育体系不相适应的制度；三是要站在教育信息化的前列，以信息化带动教学手段的现代化、教育培训的社会化；四是要努力适应社会和求学者的需要，不断地对教学内容、教学方法、教学模式、教学手段进行创新。通过创新保持电大远程开放教育的生机与活力，扩大电大远程开放教育在构建中国特色的终身教育体系中的影响和作用。

## 参考文献

[1] 姜令嘉. 现代远程教育与构建终身教育体系 [J]. 山东大学学报：哲学社会科学版，2002（6）.

[2] 张碧霞. 从继续教育入手完善终身教育体系 [J]. 中国成人教育，2000（8）.

[3] 何云仙. 论远程教育在构建终身教育体系中的作用 [J]. 继续教育研究，2001（6）.

[4] 高自双. 发展远程教育，构建终身教育体系 [J]. 河南广播电视大学学报，2003（2）.

[5] 张存库，张珠龙. 发展现代远程教育，构建终身教育体系 [J]. 江苏广播电视大学学报，2000（2）.

[6] 于云秀. 广播电视大学开放教育的质量保证 [J]. 中国远程教育，2004（10）.

# 广播电视大学如何服务于学习型社会建设[①]

在建设全民学习、终身学习的学习型社会的进程中,广播电视大学如何充分发挥远程开放教育的优势为加快建设学习型社会服务,是一个需要认真研究和重点实施的重要课题。

## 一、学习型社会的基本特征

学习型社会就是社会的教育化、学习化。在学习型社会里,人们都以"学习""成就""做人"为目的,社会的每个成员都可以按照自己的需要选择学习方向、学习内容、学习方式和方法,整个社会都将成为有目的、有计划、有组织的学习空间,家庭、社区、工厂、学校、城市、农村都将成为社会的学习单元,"毕业等于成才"的观念被彻底打破,封闭式的教育走向开放。构建学习型社会,要以终身教育为基础。终身教育的目的在于维持和改善个人与社会生活的质量,实现人的自由、和谐、全面发展。事实上,在学习型社会里,学习已经成为社会成员的一种生活方式,人的一生也将无法区分学习阶段和工作阶段,终身学习将贯穿人的一生。在学习型社会里,社区具有独特的作用,它可以把社会成员、家庭、学校、企业整合在一起,为社会成员不断变化和日益增长的学习需求提供资源和帮助。

面对经济全球化、社会信息化和综合国力的激烈竞争,为社会成员更新知识、提高技能、发展智力创造不断学习的环境和条件是学习型社会建设的重要基础。江泽民同志早在党的十六大报告中就指出:"要在我国形成比较完善的现代国民教育体系。人民享有接受良好教育的机会,形成全民学习、终身学习的学习型社会,促进人的全面发展。"显然,建设学习型社会也是广播电视大学的一项重要任务。

## 二、电大远程开放教育的优势

广播电视大学经过27年的发展,已经形成了巨型规模、远程开放、服务

---

[①] 本文发表于《重庆广播电视大学学报》2006年第2期。

大众的独特优势和"天网地网结合、三级平台互动、重点面向基层"的办学特色。电大远程开放教育在构建学习型社会中的优势主要表现在以下几个方面：

（一）独特的系统办学优势

经过 27 年的建设和发展，广播电视大学已经发展成为由中央电大和 44 所省级电大、930 所地（市）级电大分校、2 021 所县级分校（工作站）、22 237 个教学点组成，服务功能强大的统筹规划、分级办学、分级管理、分工协作的办学系统。一是形成了覆盖全国的办学管理体系和学习支持服务体系，可以及时反馈不同地方、不同层次人群的多样化教育需求，为他们提供服务；二是建立了信息化水平较高的教学资源传输网络，可把中心城市的优质教育资源及时传送到基层、农村、边远贫困地区，供那里的人们学习；三是实行政府办学、教育行政部门管理的体制，教学活动的开展有相应的财政经费保障。

（二）良好的远程教学平台

到目前为止，全国电大已建成了卫星电视教育网络（天网）和计算机教育网络（地网）相结合，中央电大、省级电大、地（市）级电大网络互动的远程教学平台，充分利用远程教学平台和网络资源实施远程教学，打破了传统教学的时空局限，为学习者个性化的学习提供了条件，适应了社会多样性的教育需要和求学者个人的需要。

（三）强大的资源整合功能

虽然我国各类教育发展迅速，但基层和农村仍存在着教育资源紧缺等矛盾，迫切要求当地政府整合教育资源，在减轻政府财政压力的同时形成新的资源优势，以适应建设学习型社会的需要。电大远程开放教学的特点和教学信息化水平高、教学管理规范、适应性强等优势使其成为强势教育资源，为地方政府所选择，特别适用于整合其他教育资源。电大的这种资源整合优势不仅已被一些地方的实践所证实，而且还将随着学习型社会建设步伐的加快而得到增强。

（四）丰富的办学经验

电大在办学实践中把适应社会和求学者不断变化的需求作为自身的办学宗旨并提供优质服务。电大长期探索多元化办学，如举办开放的本、专科学历教育、全日制高职高专教育、多种形式的非学历教育、农村实用技术培训、社会化教育培训等，积累了办学规范化、手段信息化等多方面的经验，完全适应建设学习型社会的要求。

### 三、电大教育为建设学习型社会服务的途径

进一步发挥电大远程开放教育的服务功能，主动适应人们终身学习的要求，促进社会学习化程度的提高，无疑是电大远程开放教育的重要任务。

#### （一）实施多元化发展策略

电大远程开放教育要在建设学习型社会中有新的作为，就必须坚持办学的社会适应性和对求学者个人的适应性，紧紧把握社会与经济发展的运行态势和产业结构调整的脉搏，不断拓展服务的空间和领域，按照统一性要求与针对性服务相结合的原则，实行东西兼顾、城乡结合、学历教育与非学历教育并举，多层次、多规格、多形式、多样化办学，使电大远程开放教育的优势得到空前发挥，这是电大教育服务于学习型社会的根本。

#### （二）提升教学信息化水平

虽然近几年来电大的教学信息化建设取得了显著的成绩，但还必须看到，电大系统的网络环境、技术平台、教学资源等水平与自身的发展和满足人们终身学习的需求相比，还存在较大的差距，如网络的覆盖面还主要局限于大、中城市，网络资源的开发和利用还远远不能适应学习者个性化学习的需要等。因此，电大还必须进一步加大投入，加快建设，提升信息化总体水平，以适应学习型社会的需要。

#### （三）竭诚服务新农村建设

在 2003 年 9 月召开的国务院农村教育工作会上，教育部部长周济明确指出要"把农村教育放在整个教育重中之重的战略地位"。中国教育的薄弱环节在农村，建设学习型社会的重点和难点仍然在农村。与此相应，电大远程开放教育也应把服务重点放在农村。为此，中央电大、省、地电大要关注和支持县级电大的建设和发展，同时，电大在办学中要通过专业设置、课程设置、农村实用技术培训以及开展诸如"一村一名大学生"的教育活动等为新农村建设提供智力支持服务。

#### （四）大力发展非学历教育

2005 年，全国电大本、专科学历教育规模已达 266 万人，但从适应学习

型社会的需要来看，还必须充分发挥网络和资源优势，大力发展非学历教育，为农村剩余劳动力的转移、城市化发展战略的实施、从业人员的转岗培训与知识更新、中小学教师的继续教育、大规模干部培训等做出新的贡献。发展非学历教育，应以项目开发为重点，以电大系统联动为基本特征，以卫星教育网络和省市电视教育频道为主要手段，以适应社会多样化需求为目标，专项培训与社会化培训相结合，努力促进非学历教育的专门化、信息化、市场化，使电大教育真正适应青年、中年、老年的需要，进入农村、社区和家庭。

**（五）加快电大教育创新步伐**

电大在自身发展过程中已经进行了富有成效的改革和创新，树立了自身的开放形象，其生机与活力为世人所瞩目。电大教育要在服务学习型社会中取得新的成就，就必须与时俱进，不断推进教育创新。一是要从思想创新入手，深化服务大众的远程开放教育理念；二是要从体制创新着眼，不断调整和改革与服务学习型社会不相适应的制度；三是要站在教育信息化的前列，以信息化带动教学手段的现代化、教育培训的社会化；四是要努力适应社会和求学者的需要，实行课程体系和教学内容改革，创新教学方法、模式和手段，保持电大远程开放教育的生机与活力，充分发挥电大远程开放教育在构建学习型社会中的作用。

# 总结电大历史经验 看省电大发展走向[①]

在总结评估了"中央广播电视大学人才培养模式改革和开放教育试点项目"之后,电大教育进入了新的历史发展阶段。省电大作为电大教育系统的重要组成部分和骨干力量,为适应国家发展远程教育和继续教育以及建设全民学习、终身学习的学习型社会的需要做出了重要贡献,同时在新的历史发展阶段也面临着一系列新的机遇和挑战。在新形势下,认真研究省电大的定位和发展走向具有重要的理论价值和实践意义。本课题以26所省、自治区电大以及新疆建设兵团电大(以下统称"省电大")为研究对象,通过总结历史经验,研究电大现状,探索发展规律,预测发展走势,以科学发展观为指导,为省电大的科学准确定位、进一步发挥电大的功能和作用提出建议,为省电大的可持续发展提供参考意见。

## 一、省电大发展的主要经验与办学特色

省电大经过30年的发展,成功地把大学办到了求学者的家门口,使数以万计的有志青年圆了大学梦,为国家和地方的现代化建设提供了重要的智力支撑。同时,省电大又根据省域幅员辽阔、东部发达地区与西部欠发达地区差异甚大、学习者十分分散等省情和特点,在远程教育领域不懈探索,取得了巨大的成绩,积累了丰富经验,形成了鲜明的特色。

### (一)坚持"四个面向",不断适应社会需求

主动适应,按需办学,多快好省地培养地方经济社会发展急需的应用型专门人才,是省电大办学的主要特色。省电大的办学始终坚持邓小平同志关于发展高等教育要"两条腿走路"的方针和"四个面向"的办学方向,将教育资源送到地、县、农村和教育不利人群,为基层从业人员、少数民族等群体提供有效的教育服务:主动适应地方和基层的需要,开设专业与课程;针对老少边穷地区的经济发展水平和学习者特点,开发、建设和运用特色教学资源;配合中央电大"西部百县援助计划",加大对基层电大、西部及贫困地区县级电大

---

[①] 本文发表于《中国远程教育》2008年第7期。

现代化教学设施的投入；降低农村学生和特殊人群学生的收费标准，减轻学生学习的经济负担。各省电大坚持学历教育和非学历教育相结合，多类型、多规格、多层次、多形式办学，形成了具有自身特色的发展模式。

（二）坚持教学改革，创新人才培养模式

省电大在发展中不断深化教学改革，创新人才培养模式，努力提高远程教育的教学质量。特别是在中央电大"人才培养模式改革和开放教育试点项目"实施过程中，省电大针对成人在职学习的特点进行了教学方式、方法的改革并取得明显进展；利用现代信息技术，构建"天网、地网、人网"结合的现代远程教育平台和网络环境，促进了教学手段的创新，初步满足了网络环境下学习者多样化的学习需求和自主学习的需要；积极利用现代化的教学条件，实施远程教学、导学和技术支持服务；不断改革课程体系和教学内容，开发和利用网络教学资源，形成了丰富多样的"学导结合"的课程教学模式，基本保证了远程教育人才培养的规格和质量。

（三）系统运作，发挥整体办学优势

电大系统统筹规划、分工协作、上下配合的高效运作是省电大面向市场办学的竞争优势和保证质量的基础，也是省电大植根社会的平台和取得社会规模效益的保障。省电大是省域内电大办学系统的枢纽和核心层级，承担着省域系统办学组织者和管理者的双重责任。根据不断发展的形势和区域特点，采取切实有效的措施加强系统建设，形成省电大的区域性竞争优势和系统凝聚力，为系统运作提供了强有力的保障。省电大坚持省、地、县电大的协同运作，形成自身的办学特色，调动地方各级电大的积极性，培养了大批适应当地经济和社会发展需要的应用型人才；推动了远程教育的规模效益和优质教育资源的共享，促进了教育的低成本运行和教学质量保证的有机统一；为改善我国高等教育的布局和结构、促进教育公平和构建和谐社会发挥了积极作用。

（四）跟踪技术进步，推进教学现代化

教育技术是现代远程教育产生和发展的基础。省电大在办学中，始终跟踪信息技术的发展和进步，抓住开放教育试点的契机，不断推进教学现代化进程，努力提高信息技术应用能力和教学手段的现代化水平。故而教学现代化基础设施和网络学习环境建设取得明显成效，有效地推动了地方远程教育信息化进程，特别是通过网络、卫星电视等构成的远程教育信息平台把优质教育资源传输到基层、农村和边远贫困山区、民族地区，为不同环境和条件的城乡学习者提供了灵活多样的学习方式与途径，得到了社会的普遍认可。

### (五)整合社会资源,提升综合办学能力

省电大在面向社会办学的同时,又依靠社会办学努力整合和利用地方优质教育资源,提高电大办学的质量和效益。抓住不同阶段的社会发展的契机,紧密配合区域性社会发展目标,为自身的发展拓展空间,寻求发展的新机遇;主动加强与部门、行业、企业的合作办学,借助社会资源构建电大校外实践教学基地,增强了电大人才培养的适应性、针对性和有效性;利用地方高校和科研院所丰富的人才资源建立高素质的兼职教师队伍,保证了电大应用型人才培养的规格和质量;有效整合社会资源发展非学历继续教育,不断开发继续教育培训项目,打造继续教育"品牌"项目,拓展电大服务社会的领域,增强了电大服务社会的能力,扩大了电大办学的社会影响。

### (六)政府支持,促进了电大的建设和发展

电大是政府办学,电大发展的各个阶段都得到了地方各级政府的高度重视和大力支持。根据经济和社会发展需要,各级政府出台了相应的政策,明确了省电大在地方高等教育中的地位、作用和任务,加强了财省内电大系统人、财、物方面的投入,积极支持和引导地方电大利用积累自我发展、改善办学条件、增强办学实力。特别是在教育信息化建设过程中,各级政府支持电大在较短时间内建成了覆盖本省大部分城乡的远程教育网络,促进了电大教育的不断改革和发展,推动电大教育积极适应地方经济、社会发展的需要,不断向基层、农村、老少边远地区延伸。

## 二、阻碍省电大持续发展的不利因素

在肯定省电大办学的主要经验和特色的同时,还应该清醒地认识到影响省电大发展的不利因素。

### (一)封闭办学的教育观念在一定程度上影响电大教育的健康发展

尽管省电大在办学过程中一直在深化对远程教育规律的认识,办学指导思想不断明确。但还必须看到,省电大传统封闭办学的教育观念依然存在,办学理念创新的任务还十分艰巨。有的地方在校园建设和教学模式上向普通高校看齐,盲目追求大校园建设,教学上仍以传统面授为主,对多种教学媒体手段应用不够,对网络环境下成人在职学习的特点和远程教育教学规律研究不够深入;有的地方重视学历教育,对非学历教育重视不够;有的地方十分重视发挥

学校的办学功能,但对发挥远程教育社会化公共服务的作用重视不够;少数省电大在远程开放教育和其他教育形式的办学中,在领导投入的精力、教学资源的配置、教师任务的安排等方面还不尽合理。

(二)省电大系统结构和功能的新变化在一定程度上影响整体功能的发挥

近年来,受高等教育快速发展和结构调整的影响,省电大的系统建设出现了一些新变化。一是电大系统的独立体系和结构被改变。有的省电大并行设置了新的高职学院,相当部分的地、县级电大被合并或撤销。据抽样调查显示:在761所地级电大中,与当地高职学院合并的有382所,超过了总数的50%;在1 728所县级电大中,合并或撤销的有1 118所,占总数的64.7%。地县电大的合并或撤销严重地削弱了电大系统的基础。二是电大资源重组影响了电大整体功能的发挥。有的省电大注重校本部的办学,而对基层电大发展关注不够,投入的精力不足,影响了教学点向基层延伸的力度,在一定程度上使系统办学的优势不能得到充分发挥。电大系统基层结构的变化弱化了系统办学的基础,使电大教学管理落实到基层的难度大大增加。

(三)现有的办学条件和管理水平与提高质量的新要求不相适应

开放教育试点以来,各省电大在注重外延发展的同时,在对内涵的建设上做了大量工作。但是,随着国家高等教育质量工程的推进和人们对优质教学资源要求的提高,不断提高办学质量,正确处理好规模、质量、结构、效益之间的关系,始终是推进电大持续发展的重要课题。目前我们应该要看到,省电大现有的办学条件和管理水平同不断提高质量的要求仍有相当大的差距,突出表现在:基层电大特别是县级电大的办学条件和网络教学环境不够完善,现有的教学设施和网络教学资源利用率不高;教师队伍的数量、结构、素质和能力还不能适应开放教育办学的需要;教学资源建设的数量和质量不能满足学生的学习需要;试点中形成的开放教育的教学模式和管理模式还有待于进一步完善和推广;教学管理制度的针对性和有效性还不够,教学过程管理落实得还不到位;管理队伍的专业化程度不高。

(四)现有法规还不能适应省电大办学和发展的需要

我国关于现代国民教育体系的法律比较齐备,但有关终身教育体系的法律还不多,尤其缺少涉及广播电视大学或远程教育的相关法律。1988年由教育部颁布的《广播电视大学暂行规定》已不适应省电大办学与发展的需要。由于缺少对各级电大机构设置、调整变更的法规规定以及对省、地、县各级电大的基地建设、人员编制、经费投入等相应的法规保障，电大系统整体功能的发挥和省电大的发展受到了制约和影响。

### 三、省电大发展走向分析与对策

分析和预测省电大的发展走向，应充分考虑国家和地方经济、社会、教育发展的总体趋势、高等学校应具有的基本功能、电大远程教育自身的特点等因素，提出合乎实际的具体路径和对策。

（一）坚持远程教育的发展方向，确保开放教育的主体地位

1. 巩固试点成果，加强开放教育的内涵建设

通过八年的开放教育试点，省电大在人才培养模式、网络教学环境建设、教学资源建设、师资队伍建设、教学模式和管理模式等诸多方面的探索和实践上都取得了突出成绩和明显进展。但是应该看到，这些进展和成绩的取得都是初步的和阶段性的，开放教育要健康、可持续发展，还有大量的深层次的问题和矛盾需要去解决。首先，要高度重视开放教育的资源建设。省电大有优良的远程教育研究传统，要充分调动教师、研究人员的积极性，认真研究远程教育学习者的认知特点、学习习惯，研究网络教学的规律，做好教学设计和教学资源开发的整体规划。要通过中央电大建立全国电大系统合力开发、优化资源、共享资源的有效机制，避免重复建设、低水平建设。同时，要重视整合和利用社会优质资源，保证电大资源建设上的开放性优势。资源建设的基础在于队伍的素质，资源建设的关键在于机制。要通过各种有效手段，引进优秀人才，加大培训力度，加强师资、技术、研究队伍建设。要加快全国课程平台的建设，促进全国电大专业共享、课程共享、师资共享，有效调动省电大参与资源建设的积极性，使资源建设成为省电大发展的重要基础和核心竞争力。其次，要高度重视管理模式的完善创新和教学模式的推广普及。通过整合、优化本地专职教师和兼职教师队伍，充分发挥互联网的优势，为学生学习提供方便快捷、行之有效的支持服务。实践证明，高效、全方位的支持服务是确保远程教育质量的重要手段。最后，要高度重视开放教育的质量保证。在开放教育的办学规模增加时，尤其要重视提高教学质量。但是，目前在一些地方，教学模式改革和质量保证体系建设的成果没有得到及时的巩固和深化，甚至回归到以面授为主的传统远程教学模式。其原因是多方面的，既有办学指导思想的问题，也有管理环节不到位的问题；既有资源优化不力和共享不够的问题，也有师资队伍水平不高和支持服务不到位的问题。解决这些问题的关键是坚持远程教育的发展

方向，以质量为标准去确定学校的适度规模，通过内涵发展确保学校的可持续发展。

2. 处理好开放教育与多种形式办学的关系

近几年来，经教育行政部门批准，部分省电大开始举办高职学院。开展高职教育既是当地经济和社会发展的需要，也是发挥电大现有资源潜力的一种途径，对增强学校综合实力、提高教育资源综合利用效率、稳定教师队伍和学科建设能力具有一定的积极意义。但是，举办高职也可能在领导精力、资源配置等方面对远程开放教育的发展产生不利影响，甚至引发地方高等教育资源的重组，造成远程教育资源的流失。因此，需要妥善处理举办高职和坚持远程开放教育主体地位之间的矛盾与问题。省电大要坚持远程开放教育的主体地位，不仅应体现在学生的规模上，更应体现在坚持人才培养模式的改革方向上，体现在学校资源配置要向开放教育倾斜。坚持远程开放教育的主体地位，要站在国家和社会发展需要的高度上，从电大建设的核心竞争力出发，正确处理开放教育与多种形式办学的关系，充分利用电大已有的教育资源、现代信息技术和远程教育手段，提高其他形式办学的教学质量和效果。

（二）大力发展非学历教育

学习型社会建设给电大非学历教育的发展创造了广阔的发展空间。大力发展非学历教育，适应学习型社会建设背景下多样化的教育需求，是省电大主动适应经济、社会及教育发展需要、发挥远程教育作用、培育新的增长点、促进自身发展的战略性选择。"十五"期间，我国各级各类非学历教育与培训蓬勃发展，通过各种非学历教育培训的学生达40 346.72万人次，平均年培训8 069万人次。统计表明：2006年全国省电大本、专科学历教育在校生总规模达180多万人，在我国高等教育总规模中占有比较重要的位置，但同期电大非学历教育一月以上"在进修和培训中"的结业生仅71.22万人次，其规模远远不及学历教育，这与省电大在地方终身教育体系中应有的地位和作用极不相称。显然，大力发展非学历教育是省电大实现自身协调发展的客观需要。另外，随着我国社会进入工业化和后工业化阶段，非学历教育的市场需求表现出空前的旺盛。省电大要适应经济社会发展的需要，明智的选择只能是在继续抓好学历教育的同时，迅速进入非学历教育市场，通过大力发展非学历教育来增强服务社会的功能，确立自身在地方终身教育体系中的有利地位。在当前，省电大要切实提高对非学历教育的认识，确立非学历教育在学校发展总体格局中的地位，发挥系统的优势，克服各自为政、缺乏系统联动的弊端。一是认真研究学历教育与非学历教育课程内容的具体情况，推动和促进学历教育与非学历教育的沟通；二是建立与培训市场要求相适应的管理体制和运行机制，使非学历教育能及时对社会的需求做出灵敏的反应,适应由经济社会发展变化、求学者素质提升和生活质量改善带来的多样性需求,推动和促进非学历教育的发展与学历教育的发展相适应。

(三)增强服务功能,发挥本省远程教育中心的作用

1. 增强远程教育的公共服务功能

教育服务业在中国的迅速发展为电大远程教育开辟了新的发展方向,也为省电大未来的发展建立了另一个新的增长点。

首先,要切实提高对远程教育公共服务体系的认识。远程教育公共服务体系的建立,不仅是国家推进现代教育服务业发展、促进资源整合与共享的政策要求,而且是省电大办学、体制改革与机制优化的内在需要。省电大作为地方远程教育高等学校,充分发挥电大系统办学的优势,扩展和延伸电大现有的功能、服务范围和内容,广泛开展远程教育资源、传输、过程、组织服务,将有助于电大在远程教育中的主体作用的发挥、巩固与强化,有助于扩大学校的社会影响,提高服务质量、管理水平和办学效益。

其次,要处理好开放教育办学与发展远程教育公共服务体系的关系。开放教育与远程教育公共服务是两个既相互关联又相对独立的教育类型,前者通过办学培养人才,后者通过教育服务适应社会需要,两者之间互为补充、互相促进。面对新的发展机遇,省电大应做出相应的战略调整,提高认识、消除疑虑,充分发挥中央电大公共服务体系建设的先发优势和依托系统的组织优势,正确处理开放教育办学与远程教育服务的关系,采取措施切实加强远程教育服务的机构、制度、标准、规范建设,积极拓展教育服务市场,大力开展面向高校、行业、企业和个人的教育服务,推动和促进省电大服务功能的发挥。

最后,采取切实有效的措施促使远程教育公共服务成为学校新的增长点。一是从学校的发展思路上统筹远程教育(学历与非学历)与公共服务的协调发展。二是拓宽视野,加强预测,细分市场,主动出击,依托社会、行业、部门和新兴教育机构,迅速进入教育服务市场。三是加强对远程教育学习中心的管理和政策引导,提高远程教育公共服务在学校总体规模中的份额。四是整合各类教育资源,为社会各类人员提供学习、培训、认证、考试等方面的教育服务,努力把远程教育社会化公共服务培植为学校新的增长点。

2. 搭建终身学习平台

发展省域远程教育,适应终身教育体系和学习型社会建设的需要,建设覆盖全省的终身学习服务平台具有特别重要的意义。省电大要实现这一目标,首先要切实加强基层电大和教学网点的建设,通过加强基层电大建设,把办学网

络伸入到基层乡镇、社区学校、机关企业,建设起覆盖社区和农村、辐射到户、服务到人的远程学习网络。其次要不断优化远程教育网络学习环境,打造远程教育技术平台。要采取进一步的措施,加强网络环境、条件和学习资源建设,使终身学习的技术平台能够适应学习者的多样化需要。最后是抓好省电大终身学习服务平台的制度建设,规范各类办学管理服务的内容、程序、标准,搞好新的制度设计。在当前,要特别注重服务性和约束性管理制度的建立,合理利用市场运行机制改革现有管理体制,如通过省级教育行政部门建立基层电大办学的准入与退出机制、评价与反馈机制、考核与激励机制等,促进全省终身教育服务体系的早日建成。

3. 发挥当地远程教育中心的作用

把省电大建设成为当地的远程教育中心,不但是建设发展学习型社会的要求,也是省电大进入21世纪后的新目标。一方面,省电大现有总体办学实力为其成为区域性远程教育中心奠定了坚实的基础。另一方面,各种远程教育形式在地方的大发展也对省级教育行政部门提出了加强远程教育办学管理、规范办学行为、确保人才培养质量的要求,从而使省电大在当地发挥区域性远程教育中心的作用成为可能。显然,省电大应抓住有利时机,结合区域特点,积极争取省(区)人民政府批准或由省级教育行政部门授权建立各具特色的省(区)远程教育中心,根据政府或教育行政部门的授权,履行远程教育中心的规划、管理、评估、监督职能,推动省内远程教育健康发展。

4. 坚持依托系统办学,发挥省电大的重要作用

(1) 加强管理和服务,提高系统办学能力。远程教育的系统办学和社会化办学对省电大的管理能力和服务水平提出了很高的要求。要根据不同情况和区域的差异性特点,对省域电大的改革发展进行分类指导。要适应办学形式的变化和管理技术的发展,调整管理方式,明晰各层级责权,协调系统运行,提高电大系统办学能力,打造省电大的核心竞争力。继续强化省电大对省域系统各级电大的管理、服务功能,不断完善教学和管理制度,规范办学行为,保证教学工作的正常运转。要加大对教学点的监管力度,改善教学基本条件,提升师资配备和管理水平。要继续重视远程教育教学环境建设,不断提高应用多种媒体手段开展远程教育的能力。要加强教学过程的设计、组织、管理、监控和评估,重视面授导学、形成性考核、实践教学等重要教学环节,促进教学模式和教学管理模式改革的不断深入。要通过管理的规范化和不断改革,提升电大的社会品牌和社会竞争力。

在加强管理的同时,要高度重视省电大整体服务功能的发挥。省电大的整体服务功能包括社会服务功能和系统服务功能。要建立主动服务社会、服务终

身教育和学习型社会的有效机制,加强与用人单位、行业、社区和基层的合作,提供多层次、多规格、多种形式的教育服务,加强同高校、网院、自考和各种办学机构的合作,主动建立学分认证制度,满足社会需要。要确立主动服务意识,简化管理程序,建立服务规范,提高服务基层电大的效率。

(2)改革运行机制,调整利益关系。要把改革运行机制、调整利益关系作为加强系统建设的重要手段。切实转变发展方式,积极推动省电大从依赖政府和政策办学向主动开发市场的转化。确立电大系统是国家重要教育资源的理念,强化对电大办学系统重要性的认识,维护全国电大系统的完整性。在省域系统建设的管理中确立不断创新的理念,寻求加强系统建设的新方法,以发展促进系统建设,以系统建设维护和保证发展,建立规范管理、协调运作、资源共享、利益均衡的运行机制。要减少行政指令,加强项目合作,协调各方面的利益关系,建立有效的激励机制,维护基层电大的利益。

(3)发挥省电大在系统建设中的重要作用。省电大是电大远程教育系统的第二层级,在系统办学特别是在实施全国性办学项目中起着承上启下的重要枢纽作用。充分发挥省电大在系统办学中的特殊作用,对进一步办好面向全国的远程开放教育具有特别重要的意义。

一是省电大要特别注意强化远程开放教育的理念建设,坚持远程开放教育的发展模式和功能定位,按照承担的职责和全国电大远程开放教育的统一性要求,组织开展好辖区内的电大远程开放教育。

二是发挥好省电大在其省域内系统建设的领头作用。要根据不同的省情、区情和系统建设的现实状况,积极采取措施,推动省电大系统建设,促进省电大系统的健康发展。要进一步加强省电大远程教育信息化基础设施建设、网络学习环境和资源建设以及教学、管理、技术人员队伍建设,以动态管理方式增强系统的生存活力,以管理责任化明确各级电大的管理职责,为中央电大面向全国的远程开放高等学历教育的办学实施和管理服务提供保障。

三是要自觉维护中央电大在远程开放教育办学中的领头地位,积极探索项目驱动、资源共享的系统建设新机制。尤其是在电大系统利益格局发生变化,地方电大办学面临许多新的困难以及系统办学存在体制性、机制性障碍的情况下,省电大要处理好与中央电大的关系,坚定不移地依托中央电大办好远程开放教育,创造条件,积极推动中国远程开放大学的建设。

### (四)建议政府尽快制定远程教育的法规

省电大在发展过程中存在的众多重大问题不是仅凭行政手段、经济手段与政策手段就能够解决的,必须通过国家相关教育立法从根本上解决。现阶段有关远程教育的立法不能满足远程教育发展的需要。要积极提议和推动国家在终身学习立法中及时反映现代远程教育的相关内容，尽快修改《广播电视大学暂行规定》，制定和颁布《远程教育条例》，并积极推动地方性终身学习法规的建设。通过国家和地方的立法明确电大教育的定位，确保电大作为独立的大学与其他大学享有平等的地位，保护电大系统各个层级不因地方政策的变动而被合并和撤销，保证电大远程教育的政府投资和学校的办学自主权。

## 参考文献

[1] 贺松. 中国远程教育的现实观察与理性思考 [J]. 人大复印资料成人教育学刊，2007（2）：26-29.

[2] 于云秀. 树立和落实科学发展观，推动电大教育持续健康发展——在全国省级电大党委书记、校长座谈会上的讲话 [EB]. [2005-4-10]. http://www.crtvu.edu.cn.

[3] 余善云. 论中国广播电视大学的系统建设 [J]. 天津电大学报，2004（2）：9-12.

[4] 中央广播电视大学. 中央广播电视大学文件选编 [M]. 北京：中央广播电视大学出版社，1999（12）：5-191.

[5] 中央广播电视大学. 广播电视大学教育现状调查报告，2005（12）：4-34.

[6] 教育部、财政部. 关于实施高等学校本科教学质量与教学改革工程的意见. 2007（3）：11-8.

[7] 中央广播电视大学. 中国广播电视大学教育统计年鉴（2006）[M]. 北京：中央电视广播大学出版社，2007（6）：280.

# 省级电大发展走势探究[①]

## 一、问题的提出

随着我国经济社会进入战略发展机遇期,电大远程开放教育改革发展的外部环境和内在条件也发生了重大变化。我国经济社会的快速发展、高等教育改革、电大系统一些深层次矛盾的显露等各种因素的交互影响把省级电大推到了新的历史发展起点上。事实上,处于发展十字路口的省级电大也呈现出状态迥异的特征。虽然省级电大各自面临的环境和自身条件不相一致,但都面临着一系列相同的重大问题,需要予以解答或做出选择。

(1)国家构建终身教育体系、促进学习型社会建设的宏观社会发展目标要求省级电大改革发展的思路与之保持一致,省级电大当前的发展模式与路径是否体现了这一根本要求。

(2)统筹城乡协调发展、实施工业化和城镇化发展战略、建设新农村和学习型城市等当前经济社会发展出现的新热点,要求省级电大调整发展思路、迅速做出反应,省级电大的办学是否满足了这一要求。

(3)高等教育从连续多年的扩招转入全面提高教育质量后,以规模效益为基本特色的省级电大应该怎样去适应这一变化,并采取切实可行措施提高人才培养的质量,推动自身内涵发展。

(4)电大远程开放教育进入了试点后正常的管理运行阶段,省级电大又该如何结合自身特点、遵循远程开放教育规律进一步深化教学改革、展现远程开放教育的特色。

(5)面对来自非学历教育市场上境外、民营机构的竞争与挑战,省级电大应该怎样去改善在市场意识、项目开发、品牌建设等方面存在的不足,从而提升自身品质、应对新的挑战。

(6)电大办学系统的有机联系和完整结构发生变化后,省级电大应该如何创新机制优化和促进系统建设、保持和发展在远程开放教育领域的竞争优势。

要回答和解决这些问题,必须按照科学发展观的要求,采取求真务实的科学态度,探索省级电大在新的阶段的发展规律与特点,推动电大远程开放教育

---

① 本文发表于《重庆广播电视大学学报》2007年第4期,2008年3月人大复印资料《远程教育》第1期全文转载。

的持续健康发展。

## 二、电大办学的基本经验

——主动适应需求是保持发展活力的源泉。电大跌宕起伏的发展历史已充分证明,主动适应按需办学是电大适应变化保持发展的最基本的经验。只有把主动适应地方经济社会发展与人民大众求知求富的自我发展紧密结合按需办学,电大才能保持长盛不衰的发展活力。

——争取政府政策支持是发展的重要保障。政府主导教育发展是我国高等教育发展的特色之一。国家教育政策的宏观指导、地方政府的政策措施是推动电大不断发展的两个"轮子",中央和各省市政府制定的发展电大教育的政策都极大地推动和促进了省级电大不同时期的发展。

——不断跟踪技术进步是发展的重要条件。教育技术是现代远程教育产生和发展的基础。电大的建立和发展始终伴随着教育技术的进步,从最初利用广播、电视、录音、录像实施远程教学,到现在计算机技术、多媒体技术、网络技术的利用,都是电大不断跟踪教育技术进步的结果。

——系统运作是持续稳定发展的重要特色。系统是电大区别于其他高校的特色和优势所在。系统运作是保证质量的基础,没有系统的统筹规划、分工协作、上下配合的高效运行,就没有电大服务社会的规模效益和竞争优势。

——坚持教学创新是推动发展的不竭动力。电大是我国高等教育改革创新的产物和深化改革的先行者与"试验田"。坚持在改革发展中创新,努力构建人才培养的新模式,不断改革和创新课程体系、教学内容、教学手段等,才能推动电大不断向前发展。

——规模与质量并重是持续健康发展的客观要求。规模是电大社会服务能力的现实反映,质量是电大赖以存在的基础。电大在28年的办学中,坚持以规模提升效益为地方经济社会发展服务,视"质量为生命线",培养合格的应用型人才,处理好了远程开放教育的基本矛盾,为自身的发展赢得了良好的社会信誉。

## 三、省级电大发展的走势预测

21世纪前20年是我国高等教育发展的重要战略机遇期,也是省级电大改革和发展的重要战略机遇期。省级电大的未来发展走势主要表现在以下七个方面:

### (一)学校实体化

在特殊历史条件下,按照计划经济体制建立的省级电大,最先是作为附属于行政的高等教育管理机构而存在的。省级电大办学规模的不断扩大,以及作为"机构"角色的淡化、"学校"角色的强化,"实体化"被提上重要议程。

随着生存竞争的加剧和社会对高等学校办学条件的关注，为适应办学形势需要、提高人才培养质量、展示学校良好的社会形象，省级电大也必然走向"实体化"。省级电大的实体化建设将在理念上变"先上马后备鞍"为"先备鞍后上马"，条件的满足将从学历教育拓宽到非学历教育和各种教育公共服务。实体化的重点是校园、校舍、教学设施、师资队伍建设以及拥有相应的办学规模。实体化的基础设施标准应不低于国家职业技术学院设置的最低标准。

（二）模式多元化

省级电大办学模式的多元化发展走势是以电大28年办学来形成的多层次、多规格、多形式的特点为基础的，顺应了我国高等教育发展形势多元化。研究表明，省级电大办学模式的多元化发展走向将呈现出单一发展、并行发展、混合发展三种形态。其单一发展形态是将以远程开放教育为学校办学的主流形式，其他教育为补充；并行发展形态是在以电大远程开放教育为主导的前提下高职教育成长为学校办学的另一重要形式，学校实行一套班子、两块牌子的体制；混合发展形态是指学校办学的主流类型具有三种或三种以上，且各种类型的教育发展规模、水平基本相当。省级电大办学模式发展的多元化走向将逐渐呈现出比较强劲的态势。

（三）运作市场化

电大教育作为公益性事业和教育产业公共服务体系，在国家社会主义市场经济体制的基本架构中，必将引入产业理念和市场运作方式，尤其是在非学历教育领域和面向社会的学习、考试、认证、培训、远程教育等公共服务中，市场化运作将作为主要手段。大量的市场因素将被引入电大系统建设，打造利益共同体将成为电大系统建设的突出特点，诚信建设将在系统建设中占据突出位置，"服务"将作为电大的"品牌"建设，市场化管理手段将直接用于电大开展社区教育、干部教育、闲暇教育等。

（四）校园数字化

电大是信息技术发展的产物，没有广播、电视、网络等信息技术的快速发展和有效利用，就不可能有电大远程开放教育。随着信息社会的发展，省两电大基于直面办学竞争和满足自身教学、管理、办公、交流的需要，急需建设涵盖办学系统的数字化校园。省级电大数字校园建设的发展走向将呈现网络宽口径、大流量和平台网络化、数字化、普及化、时尚化的特点。

（五）办学社会化

电大教育区别于传统教育的一个显著特点是其与社会的发展联系十分紧密。

构建终身教育体系、促进学习型社会建设的时代要求为电大办学的社会化开辟了新的前景。省级电大发展的社会化主要表现为整合各类教育资源,为社会各类人员提供学习、培训、认证、考试服务;学校办学与社区、乡镇、企业、学校等社会组织联系更加紧密,办学的重心进一步下移;学校自身发展与社区建设、新农村建设等社会发展目标结合,电大教育支撑公民终身学习的作用进一步突出。

### (六)合作国际化

我国教育服务业的对外开放无疑将加快电大远程开放教育合作的国际化进程。一方面,境外教育机构、资本进入我国后,最大的可能就是利用地方电大的环境、人才、资源优势,探索与电大合作办学的途径。另一方面,一些理念先进、实力雄厚的省级电大也将把发展的目光瞄准国(境)外,把办学推向国(境)外。

### (七)发展优质化

质量是学校永恒的主题和社会关注的热点,省级电大未来的发展将按照国家高等教育"巩固、深化、提高、发展"的方针和实施"质量工程"的要求,努力提高人才培养的质量。与此相适应,省级电大在加强学校基础设施、办学队伍、网络环境、媒体资源等建设和大力提升"硬实力"的同时,将更加注意"规范""标准""品牌""服务""机制""文化"等内涵建设,大力提升学校的"软实力"。

## 四、顺应发展的对策与措施

研究和把握省级电大的未来发展走势,可以帮助我们进一步明确未来发展的方向,但并不意味着这就是事物发展的必然结果。要促进省级电大未来发展按预示的方向前进,还要采取相应的对策和措施来顺应这种走势。

### (一)发展模式要充分体现国家发展教育的指导思想

在教育发展问题上,各类教育的发展及其模式的选择都应体现国家发展教育的指导思想,电大远程开放教育的发展也不例外。电大的创办不但是世界远程教育发展的潮流使然,也是国家在"穷国办大教育"和"高等教育两条腿走路"的指导方针下,借鉴国际上开放大学的成功经验,在教育方面做出的一项重大决策。目的是利用现代化教学手段,创办具有中国特色的开放型大学,并使其在构建体现终身教育思想的中国现代远程教育体系中发挥重要骨干作用。省级电大作为从事远程教育的地方院校,在发展模式的选择上,一个基本的前提就是通过"远程"的方式和利用先进的教育技术大规模地培养经济社会发展急需的应用型高等专门人才。如果省级电大的发展模式背离了这一原则,省级电大存在的价值就将被弱化。

## (二) 坚持远程开放的发展方向不动摇

扩大办学开放，发展现代远程教育，是电大作为远程教育院校的根本任务，建立现代远程教育开放大学是历代电大人不懈追求的目标。但在远程开放教育发展方兴未艾的今天，有的地方却出现了对远程开放教育的发展缺乏信心、对远程开放教育的前途产生怀疑的现象，这不能不引起了人们的关注和思考。省级电大要顺应未来发展走势，很有必要从国家、社会和自身发展的不同层面对远程开放教育的重要意义与作用重新进行认识，通过探索远程开放教育规律，优化远程开放教育制度设计，妥善解决办学管理中存在的问题，坚持远程开放教育固有的发展方向与目标。

## (三) 进一步深化"四个面向"的内涵

省级电大未来的发展还必须根据各地经济社会发展的新特点，坚持"四个面向"的服务取向，拓展"四个面向"的服务领域，深化"四个面向"的服务内涵。一是办学更加紧密结合地方新农村建设、和谐社会建设、基层社会建设、统筹城乡发展等社会发展目标进行。二是下沉重心、拓宽领域，把服务基层的重点落实到社区、街道、企业，把服务农村的范围从地县延伸到乡镇，把对机关、企事业单位职工的教育服务扩大到广大农民。三是要发挥技术手段优势把优质资源从城市输送到农村，特别是帮助民族和边远贫困地区人民群众求知求富。

## (四) 统筹好"三个方面"的协调发展

一是统筹本、专科学历教育与非学历教育的协调发展，更加重视与构建终身教育体系和学习型社会关系更为密切的非学历教育的发展，使两者从轻重失衡、不甚协调变为基本协调。二是统筹远程开放教育与教育公共服务的协调发展。在办好开放本、专科学历教育的同时，加快发展教育公共服务，并使之成为学校新的增长点。三是统筹电大教育在城乡的协调发展，更加重视农村教育的发展，推动办学从以学历教育为主的平面形态向学历教育、非学历教育、公共服务相互沟通、相互促进、协调发展的立体架构转化。

## (五) 构建自我约束机制

自我约束是现代大学制度的重要内容，与自我发展、自我调节、自我保障、自我评价等机制一起，为现代大学的运行和发展提供保障。省级电大在促进自身改革发展的同时，还应该建立相应的自我约束机制，通过自我约束机制的运行，不但可以为学校的正常发展提供保障，而且还可以有效防止学校的盲目发展，规避市场风险，确保事业发展的方向，争取最佳的办学效益。

# 第二部分

## 开放大学建设研究

# 关于建设国家开放大学的构想[①]

《国家中长期教育改革和发展规划纲要（2010—2020年）》（以下简称《规划纲要》）明确提出，要"健全宽进严出的学习制度，办好开放大学"。积极开展建设国家开放大学的研究，提出建设国家开放大学的构想，对于推进国家开放大学的建设具有十分重要的理论和实践意义。

## 一、建设国家开放大学的必要性和基础

为适应全面建设小康社会和人力资源强国的需要，国家把教育摆在了优先发展的战略地位。建设国家开放大学可有效整合国家远程教育优质资源，使远程教育能更好地服务经济社会的发展。

从现在起到2020年是我国全面建设小康社会、加快推进社会主义现代化的关键时期。按照《规划纲要》要求，到2020年时，我国高等教育毛入学率要从2010年的24.2%提高到40%，主要劳动年龄人口接受高等教育的比例要提高到20%，高等教育大众化和普及化的任务十分繁重。建设以卫星、电视和互联网等为载体的远程开放继续教育及公共服务平台，为学习者提供方便、灵活、个性化的学习条件，不仅是促进教育公平、实现"基本形成学习型社会"战略目标的重大举措，也是国家在新时期对远程教育提出的新要求。

到2020年，我国城镇化率将达到50%至55%，人均国民收入达到3000美元；全国总人口将达15亿左右，其中劳动年龄人口达10亿左右，农村转移到城镇的人口达3亿左右，老年人口将达到2.48亿人。"随着社会结构包括人口结构的变化和职业的频繁迁移、社会老年化的加剧，终身教育的发展对远程教育的依赖会表现出极大的增长"。

办学30年来，全国电大已为社会培养输送毕业生700多万人。截至2009年，全国电大高等教育在校生285万人，非学历教育年培训量达160万人次，具备了较强的办学能力。全国电大基础设施总值227亿元，构建了"天地人网合一、三级平台互动、线上线下互补、现实学习环境与虚拟学习环境结合"的数字化远程教学平台，建设了一大批多媒体教学资源。全国电大专任教师达

---

[①] 本文发表于《重庆广播电视大学学报》2010年第6期，2012年被评为重庆市期刊好稿一等奖。

到5.09万人,形成了以专任教师为主体、专兼结合的专业化师资队伍。已形成由中央广播电视大学和44所省级电大、933所地市电大分校、1 829个教学管理工作站构成的覆盖全国城乡的远程教育体系。电大在远程开放教育办学实践中构建的人才培养新模式和形成的资源为建设国家开放大学积累了经验、奠定了基础。

由于多方面原因影响和缺乏具体的规划,中国的开放大学建设在较长一段时间里都没有启动。2010年《规划纲要》颁布实施,明确要求"办好开放大学",为贯彻落实《规划纲要》精神,教育部又决定从今年开始,在全国范围分区域、有步骤地开展改革试点,并把"探索开放大学建设模式"纳入深化教育体制改革工作的重点,确定了上海电大、北京电大、江苏电大、广东电大4所省级广播电视大学和中央广播电视大学作为"探索开放大学建设模式"改革的试点单位。国家开放大学建设已具备良好的政策环境。

## 二、建设国家开放大学的构想

建设国家开放大学,必须以党的十七大精神为指导,着眼于建设学习型社会和人力资源强国的全局,以《中华人民共和国高等教育法》有关要求为依据,认真贯彻落实《规划纲要》精神,发挥中央和地方的积极性。

### (一)国家开放大学建设的主要原则

1. 开放性原则

即以开放的理念,吸纳与整合不同类型的优质教育资源,扩大开放领域,提升开放水平。开放大学的组建要集思广益、兼顾各方利益,通过公开的程序和透明的操作实现决策的科学化和民主化。

2. 适应性原则

即以适应国家经济社会发展需要为出发点,在坚持举办高等学历教育为基础、培养高素质应用型人才的同时,为社会提供多样化的教育产品与服务,以满足个人多样化的学习和发展需要,服务学习型社会和人力资源强国的建设。

3. 共建性原则

即充分发挥中央和地方各级政府的主导作用,充分发挥中央广播电视大学的龙头作用,充分调动地方各级电大的积极性,整合全国电大系统资源,吸纳社会优质教育资源,实现共建共享。

4. 创新性原则

国家开放大学建设必须进行体制机制创新,优化开放大学的治理结构。要培育开放大学"兼容并包,开放共享"的文化精神,确立"质量立校、人才强校、彰显公平、服务大众"的办学理念,创新人才培养模式、管理模式、服务模式,打造"远程""开放"特色,提升开放大学的质量和效益。

### (二)国家开放大学的性质和任务

1. 开放大学的性质

国家开放大学是与以面授为主的传统大学相区别的高等学校,"是基于覆盖全国的办学网络,利用现代信息技术,面向大众开展远程教学的开放性大学",具有国家办学的公益性质和大众化终身教育的属性,以及远程性、开放性、社会性和一体化运行的特征。国家开放大学作为具有独立法人地位的大学,享有法律规定的本科大学地位和相应的办学自主权,包括学历教育和非学历教育的办学权,以及毕业证书发放权、学位授予权等。

2. 开放大学的任务

与其他大学一样,国家开放大学承担培养人才、科学研究和服务社会三大任务。在人才培养方面,主要面向从业人员开展高等学历教育和非学历教育培训。开展高等学历教育是国家开放大学作为"大学"最基本最重要的任务,也是国家开放大学为经济社会发展提供智力支撑和人才保障、参与人力资源强国建设最主要的形式。国家开放大学开展高等学历教育,以本科教育为基础,根据开放大学学科建设、资源建设和师资队伍等状况,经批准逐步开展硕士和博士研究生教育。并可积极拓展海外市场,面向国外、境外开展学历教育和汉语教育。非学历教育是国家开放大学拓展功能的重点和发展方向,必须着眼于构建终身教育体系和学习型社会的全局,大力发展非学历教育,适应社会不断增长并不断变化的多样化教育需求。

国家开放大学科学研究的重点方向主要包括开展对远程教育、开放教育规律的研究,对开放大学的发展模式、人才培养模式的研究,对开放大学的学科建设、资源开发、课程开发、体系建设、学习支持服务的研究,对开放大学服务全民终身学习的途径、方式、手段的研究等。

国家开放大学服务社会的方式除通过培养人才为社会提供智力支撑和人才保障外,还应包括对高校开展的远程教育提供公共服务,为人民群众多样化的终身学习提供丰富多样的教育产品和学习资源,通过对不同学习成果的认定、累积、转换构建终身学习的"立交桥"等。

### (三)开放大学的组织架构

国家开放大学的组织架构是开放大学总部、省级管理机构、地县基层学习中心的有机结合。国家开放大学总部由中央广播电视大学通过改制组建，其省级管理机构一般设在省域（省、自治区、直辖市）开放大学或省级电大，基层学习中心一般由地（市）县（市）电大分校、行业电大分校、教学管理工作站更名建立，也可设在省域开放大学地县学习中心或其他教育机构。国家开放大学可在总部所在地设立示范性学习中心。

国家开放大学应建立校务委员会、学术委员会、教学指导委员会和咨询委员会。校务委员会可由国家开放大学领导、总部负责人、省级管理机构负责人和政府有关人员组成，国家开放大学校长担任校务委员会主任。学术委员会成员可由开放大学总部、省级管理机构和校外专家教授按一定比例组成，学术委员会主任由学术委员会成员民主选举产生。教学指导委员主要由国家开放大学总部、省级管理机构的相关专家教授组成，同时吸纳优秀的基层学习中心的教授专家作为成员，教学指导委员会主任通过民主选举产生。

（四）开放大学的管理体制

国家开放大学是具有独立法人资格的高等学校，由教育部直接领导和管理，实行校务委员会领导下的校长负责制。按照现代大学制度的要求，依法制定国家开放大学章程，经教育部审核批准执行。国家开放大学实行中央和省级两级管理的体制，国家开放大学负责管理开放大学总部和省级机构，省级机构管理基层学习中心。

总部是国家开放大学的管理中心、研究中心、教学中心、资源中心和学习支持服务中心，负责吸纳本系统和社会优质教育资源，组织开展国家开放大学的学科、专业、课程、信息化管理平台建设，开发、汇集和提供教学资源，管理和指导教学业务，总结推广先进的教育教学经验等。

省级管理机构负责本区域开放大学的教学业务和对基层学习中心的教学管理、检查与指导，采用国家开放大学统一的教学、管理和服务平台开展教学和教学管理活动，向学习者提供教学信息、教学资源、教学辅导等。

基层学习中心负责本区域招生工作，创建远程学习的网络环境和条件，开展教学活动，实施开放大学学生管理，开展学习支持服务。

（五）开放大学的运行机制

1. 进入与退出机制

首先要制定国家开放大学各级机构设置的条件和标准，国家开放大学总部机构的设立和撤销按有关程序由校务委员会批准；省级机构的设置和撤销由举办方向国家开放大学提出申请，经校务委员会批准；基层学习中心的设置和撤销由举办者向本省域国家开放大学管理机构提出申请并批准,报国家开放大学备案。对不履行职责或不执行国家开放大学和省级机构管理规定的,应按国家开放大学章程的有关规定责其退出国家开放大学办学序列。

2. 财政机制

国家开放大学是具有公益性质的高等学校,学校各级机构的人员经费、设施设备经费、基本建设经费等应由同级财政按相应的编制和标准拨付;办公及业务费按高等学历教育在校学生人数和不同的标准由同级财政拨付。国家开放大学应向总部、省域管理机构、基层学习中心拨付必要的建设经费。鼓励政府机构、企事业单位和个人向国家开放大学及其各级办学机构予以资助。

3. 成本分担与合理分配机制

建立国家和学习者合理的成本分摊机制和制订开放大学各层级合理的分配方案。由国家物价部门核定开放大学收费的项目和标准向学习者收取学费;国家开放大学及其省域学院、基层学习中心应根据各自承担的责任和投入,按合理的比例进行分配。向学习者收取的学费应全部用于开放大学办学,任何单位不能侵占、截留和挪用,地方财政也不得以财政统筹的名义截留开放大学办学经费。还要建立动态的利益调整机制,向基层学习中心特别是西部地区倾斜。

4. 系统运行控制机制

要确保运行的有效性和规范性,需要对国家开放大学系统结构和系统要素进行控制。如建立基层学习中心调整合并的申报审批制度、国家开放大学各层级教育工作业绩年度考核及结果使用制度、各级新任领导干部岗位培训制度、各级机构主要负责人年度述职制度、重大失误问责制度等,以形成国家开放大学一体化办学的控制机制。

5. 质量保障和评价机制

重视教学制度建设和对教学过程的监控,加强教学过程的设计、组织、管理和评估,采取自我评价与社会评价结合等多种方式检验教学效果,构建具有开放大学特色的质量保障和评价机制。

## 三、建设国家开放大学的几个相关问题

### (一)法规保障与政策支撑

1. 开放大学的法规保障

根据《规划纲要》"加快教育法制建设进程,形成比较完善的中国特色社会主义教育法律体系"和依法行政、依法治校的要求,借鉴国际开放大学立

法经验,必须加强相关法规建设。如由全国人大制定《终身学习法》,国务院制定《现代远程教育管理条例》,教育部印发《办好开放大学的若干意见》;制定由教育部批准的《国家开放大学章程》,明确开放大学的性质、地位和功能,规定办学要素标准和相应的学位授予权等,为国家开放大学的运作提供法规保证。

2. 开放大学办学的政策支撑

(1) 高等学历教育的办学自主权。国家要开放大学本科教育的办学自主权,包括专业设置权、毕业证书颁发权、学位授予权等。

(2) 确定事业编制。应由政府编制部门按精简高效原则和核定的办学规模确定由财政拨款的事业编制,包括国家开放大学总部、省级管理机构、基层学习中心的人员编制。

(3) 确定各级财政拨款的渠道和标准。包括国家开放大学总部、省级管理机构、基层学习中心的人员经费、建设经费、经常性经费和专项经费等。

(4) 授予国家开放大学开放教育标准制订权和教学质量评估权。如制定全国开放大学的质量标准和学科建设、课程建设、资源建设标准,组织开展全国开放大学体系的办学水平评估和教学质量评价等。

(二) 理好几个方面的关系

1. 开放大学与省域开放大学的关系

国家开放大学和省域(省、自治区、直辖市)开放大学都是独立、自主办学的高等学校,具有独立的法人资格和办学自主权。参加国家开放大学建设的省域开放大学,其设立的国家开放大学管理机构和基层学习中心,通过"协议合作"方式成为国家开放大学的有机组成部分,"参与开放大学的建设和教学、管理与服务"。要处理好二者的关系,首要的是教育部要对国家开放大学和省域开放大学的开放教育的办学层次进行明确分工,在政策上避免同质竞争,同时,省域开放大学要积极参加国家开放大学的建设,从实践上避免同质竞争。其次是加强科学研究、资源建设、学科建设等方面的合作,通过办学合作、项目合作等,形成开放大学体系互相支持、合作共赢、共同发展的格局。

2. 国家开放大学与省级电大的关系

省级电大是地方政府举办的独立设置面向本省(自治区、直辖市)实施远程教育的高等学校,与国家开放大学是各自独立办学又紧密合作的关系。国家开放大学的组建并不改变省级电大办学实体地位和独立办学的体制,国家开放大学建立后,省级电大可参加国家开放大学的建设。参加由国家开放大学建设的省级电大所设立的国家开放大学省级管理机构及其基层学习中心，通过"协议合作"成为国家开放大学的有机组成部分。

3. 开放大学之间的关系

省域开放大学是由省（自治区、直辖市）级人民政府举办、具有独立法人资格和办学自主权的地方开放大学。由于省域开放大学之间在开放教育办学上的同质性，因此在办学范围的划分上应坚持属地原则，避免省域开放大学之间的无序竞争。省域开放大学之间可以在开放教育以外的办学形式开展合作，也可以在学科建设、专业建设、资源建设、科学研究等方面开展合作与交流。

## 参考文献

[1] 严冰. 若干启示 [J]. 中国远程教育, 2009 (6).

[2] 国家教育发展研究中心. 中国广播电视大学发展战略研究报告 [M]. 北京：中央广播电视大学出版社, 2008.

[3] 余善云. 走向开放的未来 [M]. 北京：中央广播电视大学出版社, 2009.

[4] 任为民, 施志毅. 建设国家开放大学的几点思考 [J]. 现代远程教育研究, 2010 (3).

# 中国开放大学建设的基本走势[①]

在国家开放大学和北京、上海、江苏、广东、云南开放大学相继建立之后,传统的电大系统似乎走到了尽头,地方电大转型发展建立新的开放大学已迫在眉睫。中国的开放大学建设将走向何方?是留下一个支离破碎的电大系统,还是尽快构建新的开放大学体系?中国开放大学内涵建设的方向与发展走势又如何?笔者在简单分析开放大学建设目标与模式选择的基础上,试对这一系列敏感问题进行探讨。

## 一、开放大学的建设目标与模式选择

研究中国开放大学建设的基本走势,需要以开放大学建设的根本目标为逻辑起点。2012年7月31日,时任国务委员的国务院副总理刘延东在国家开放大学、北京开放大学、上海开放大学揭牌仪式上指出,"在广播电视大学的基础上建设现代开放大学,是满足人民群众多样化学习需求、促进教育公平、克服应试教育弊端和落实素质教育的重要途径,是构建终身教育体系、形成学习型社会的重要支撑,是教育服务国家发展、提高全民族素质的重要措施"。由此可见,中国的开放大学建设具有三大目标,一是基于教育改革的角度,要破除应试教育的制度壁垒,促进高等教育的体制改革。二是基于学习者的角度,要为满足人民群众多样化的终身学习需要提供教育服务,履行教育服务国家发展的历史使命。三是基于国家的角度,要落实提高全民族素质、促进人的发展和社会公平的时代责任。

开放大学建设的基本走势与开放大学建设的模式选择具有必然的联系,多样化的模式选择将使开放大学的发展精彩纷呈。在社会学中,"模式是研究自然现象或社会现象的理论图式和解释方案,同时也是一种思想体系和思维方式"。我国开放大学的建设模式,是旨在实现全民终身学习的目标、整合有关资源构建开放大学体系,及开放大学各层级各类型教育的综合、运作机制和工作方略的总称。纵观国际上的开放大学,其关键在于体现开放的大学理念、学

---

[①] 本文发表于《中国远程教育》2013年第10期。基金项目:重庆市2013年高等教育教学改革项目——重庆开放大学体系构建和实现策略研究(项目编号:133161)。

术水准、办学特色、特殊任务和教学方式，也有类似的"公开大学""放送大学""放送通讯大学"等内涵基本一致、名称却有较大差异的开放大学。中国是一个经济社会发展极不平衡的国家，开放大学建设尤其是地方开放大学建设理应遵循开放大学的建设规律，但还必须具有开放大学的区域性特点，各地方开放大学需要在任务确定、服务人群、平台资源、服务体系、办学评价等方面有各自的特色和侧重点。建设地方开放大学，特别需要因地制宜，因校制宜，办出特色，避免"一个模子"同质化情况的出现，以满足不断变化且日益增长的学习者多样化的学习需要，更好地实现开放大学为学习型社会提供重要支撑、促进全民族素质提高的根本目标。

**二、开放大学建设的基本走势**

在我国新一轮的教育体制改革中，"探索开放大学建设模式"虽然还只有几颗刚刚破土而出的幼苗，但随着《国家中长期教育改革与发展规划纲要（2010—2020年）》的深入实施，我国的开放大学建设与发展必将在国家经济、社会、教育改革发展的大潮和国人终身学习的期盼中加快步伐，并呈现出十大走势。

**（一）体系建构网络化**

在开放大学体系建设问题上，存在着"破"与"立"、"多"与"少"的问题。如果"破"了广播电视大学的"体系"，而不能"立"开放大学的"体系"，显然不是国家"办好开放大学"的初衷；如果只建国家开放大学和几所地方开放大学，不但满足不了全民终身学习的需要，而且还破坏了电大固有的"体系"，将致使一些省级电大因"管理"和"指导"的缺失而难以为继，显然也不是国家"办好开放大学"改革目标使然。从教育部已批准的开放大学架构中不难看出，中国的开放大学体系显然是由国家开放大学和多元互动、各具特色、错位发展的地方开放大学及其延伸到基层的办学机构、学习中心所构成。这个体系目前已慢慢形成，其发展的趋势将形成网状结构，并逐步覆盖到全国城乡，否则开放大学就不可能承担起"服务国家发展，提高全民族素质"的历史使命。需要指出的是，中国开放大学的体系建构可能是一个曲折的过程，但无论如何，它发展的走势将不以人们的意志为转移，必将最终形成覆盖全国的开放大学的网络化体系。

**（二）建设模式多元化**

开放大学的建设模式实际上就是怎样建设开放大学的问题。传统的广播电视大学当属远程教育模式，这是毫无疑问的。进入21世纪后，我国广播电视大学的办学模式也在悄然发生变化，相当部分的省级电大在举办远程教育的同时也举办高职教育，并同时拥有一块普通高校的牌子。省级广播电视大学的办学模式出现了"单一模式和兼职模式"，并在全国44所省级电大中占有相当大的比例。基于省级广播电视大学各自不同的基础、环境和需求，对于在省级广播电视大学基础上转型建立的开放大学而言，建设模式的多元化将成为新的走势。地方开放大学建设模式的多元化，主要表现为单一模式、双元模式和混合模式三种形态。所谓的单一模式，即以单一的远程教育（包括学历教育与非学历培训）为依托进行开放大学建设。双元模式的开放大学则依托高等职业教育的学科专业和教学团队发展远程开放教育，在促进职前教育与职后教育沟通衔接、融合发展中形成自身的特色。混合模式的开放大学，其远程教育、职业教育、社会教育与服务并举，各类教育在开放的环境中融合沟通、协调发展、服务社会，充分体现了开放大学的本质特点和规律性要求，应该说这是我国开放大学建设最为理想的模式。

### （三）网络平台社会化

网络平台是开放大学向社会展示形象、传输信息、服务学习者的窗口。传统的电大网络平台，无论是中央电大还是地方电大的平台，可以说都是封闭或半封闭的，与开放大学的开放性本质要求不甚吻合。在电大的这些平台上，资源的开放与共享即使是在电大系统内部也远未实现。以服务全民终身学习为使命的开放大学，不但需要一个功能强大、技术先进、数字化的融教学、管理、服务为一体且面向社会所有成员的教学服务平台，更重要的是，开放大学的平台必须具有公益性，并向社会开放。从目前已建立的国家和地方的开放大学来看，它们都建设把面向社会大众的终身学习网络平台放在了十分突出的地位。建设开放大学服务社会的网络平台是开放大学能力建设的核心要素，通过网络平台建设，开发、吸纳、整合教育资源，面向学习者和社会大众开放服务，提供资讯、资源，使之在展示开放大学形象的同时，以社会化的定位成为学习者心灵的归宿。网络平台面向社会大众的服务定位和推动学习革命的价值取向将成为开放大学建设的一大走势。

### （四）师资队伍专业化

无论是英国开放大学，还是香港公开大学，在国际上有影响的开放大学都非常重视高水平、专业化的师资队伍建设。高校的网络教育之所以能够迅速崛起，关键在于有学校强大的学科和师资队伍在做支撑。显然，教师队伍的数量、质量和专业化水准不仅是衡量开放大学办学能力的重要指标，而且也是开放大学保障人才培养质量的前提和基础。在"先上马、后备鞍"的广播电视大学发展历程中，师资队伍建设一直是制约电大教育事业发展的"短板"，建设新型的开放大学，如果不出新招，仅仅依托社会教育资源，走"专兼结合、以兼为主"的师资队伍建设老路，这种以利益获取为特征的师资队伍建设模式在新的历史条件下显然很难适应开放大学学科建设、学术发展和保障人才培养质量的需要。我国不同区域的开放大学，无论其环境与条件如何，但在其发展中都不该把高水平、专业化的师资队伍建设摆在学校发展的突出地位。建设一支数量充足、质量可靠、结构合理、专业化水平和学术水准较高、以专职教师为主体的师资队伍，无疑将成为我国开放大学内涵建设的基本要求和重要趋势。

### （五）学科建设课程化

高等教育的学科、专业和课程具有相互联系、相互依存的关系。专业是联系学科与课程的桥梁，"学科知识的传播、改造和拓展主要是由课程来实现的"，课程内容的构成则以学科知识为基础。开放大学是新型的高等学校，有没有学科建设？需不需要重视学科建设？回答是肯定的。学科建设与人才培养目标是紧密联系在一起的，不同类型的大学因人才培养目标的不同，学科建设的方向和着力点也不同。与研究型、教学型、教学研究型大学相比，开放大学是以培养应用型、技能型人才为目标，在学科建设上，其侧重点无疑应放在课程建设上，以传播、应用学科知识为重点，通过建设高品质的课程带动学科建设，推动学科发展，营造学术环境，打造自身的学科特色。把学科建设的重点放在开发、建设、整合、提供高水平、数字化、模块化的课程上，是国际开放大学的一大特色，中国的开放大学，无论其环境和条件如何，不但要重视学科建设，而且还要加强高质量、网络化、精品化的课程建设，形成以课程建设为核心的学科发展特色。学科建设课程化不仅反映了开放大学学科建设的特点和侧重点，而且也将成为开放大学学科建设的基本走势。

### （六）支持服务信息化

支持服务是支撑远程教育的一个轮子，这是已在远程教育领域形成的共识。广播电视大学在30多年的办学中，形成了线上线下结合的教学支持服务模式，但实事求是地讲，广播电视大学教学支持服务的信息化水平还比较低，在一些地方还存在着信息孤岛、信息不对称、不兼容的情况。有学者指出，信息化将给人们的工作、学习、生活、交际带来革命性的变化。显然，信息技术在远程教育教与学的支持服务中具有的作用是不言而喻的。建设新型的开放大学，必须充分发挥信息技术方便、快捷、不受时空限制的独特作用，加强信息技术与教育、教学的深度融合，推动教学支持服务的信息化，并以此改善电大教学支持服务水平低下的状况，提升开放大学教学支持服务的质量和水平。目前，"5+1"试点的开放大学在其建设方案中都把教学信息化摆在了十分突出的位置，我们完全可以预见，随后跟进建设的地方开放大学也必将突出信息化在教学信息的互动传输、资讯服务、学业评价、管理服务中的作用，推动人才培养模式、教学模式、管理模式、服务模式的改革，并带动开放大学办学的现代化。教学支持服务信息化已成为我国开放大学建设不可逆转的重要走势。随着"宽带中国"计划的实施，支持服务信息化将在中国的开放大学建设中迸发出新的活力，引领开放大学革命性的变化。

### （七）学习模式个性化

学习模式是假定能够使个人达到最佳学习状态的方法。在电大开放教育实践中，出现了集中学习、小组协作学习、个别化自主学习等模式，极大地丰富了我国远程教育的学习实践。在这些学习方法或模式中，教师指导下的个别化自主学习，不但为学习者创造了一个开放的学习空间，而且还有利于挖掘学习者潜能、发挥学习者的主观能动性，体现了以学习者为中心的开放教育思想，因而备受关注。建设开放大学、构建个性化的学习模式，将成为人才培养模式改革的核心内容。"个性化"与"个别化"学习虽然只有一字之差，但前者强调的是内涵，要求教育者必须从教学内容的适应性和针对性上下功夫，以适应不同个体学习的需要，可以说，它是远程教育学习的最高境界，而后者强调的则是学习的方式，是区别于传统教学集中学习的一种方式。中国的开放大学将面向一切有学习要求的人，他们在学习的内容、方式、目标上都有很大的差异，只有差别化、个性化的学习才能适应多样化的学习需要。尽管个性化的学习对开放大学的教学工作和支持服务提出了更高的要求，但它无疑是开放大学不断追求，并致力于实现的重要目标。

### （八）人才质量标准化

质量是教育发展永恒的主题，远程教育、开放教育概莫能外。纵观古今中外的教育，无不都把人才培养的质量作为办学的核心内容和竞争力精心培育。远程教育虽然有自身的价值观和质量观，但并不否定人才培养要有较高的质量。广播电视大学近年来的教学质量滑坡已引起了社会的关注和诟病。建设开放大学，教学质量如何保障，特别是在各自独立办学的开放大学体系中如何保证中国开放大学的质量，不能不说是一个重要的问题。鉴于中国的开放大学体系与印度的开放大学体系在国情和结构上有类似的地方，以及人才培养质量在开放大学建设中的极端重要性，我国开放大学人才培养质量的标准化完全可以借鉴印度开放大学的模式，由国家立法或授权，或由教育部直接制订影响开放大学人才培养质量关键要素的质量标准，如学科与师资队伍建设，专业、课程和资源建设，人才质量评价等的规范和标准，构建开放大学国家质量评价、监察机制等，通过标准化的质量管理，保证开放大学人才培养质量目标的实现。对此、国家和地方开放大学都应有充分的认知和准备。

### （九）交流合作常态化

交流与合作是促进发展的一个基本方法，被广泛应用于经济、社会、教育、文化发展等各个领域。广播电视大学的交流与合作，虽然看起来比较频繁，尤其是地方广播电视大学交流更是如此，但不容讳言，广播电视大学的交流与合作在内部可以说是非常表面化的，更多的还是情感、思路、经验等的一般性交流，合作就谈不上了。可以说，在全国电大大一统的体制下，地方电大基本无合作可言。电大外部的交流与合作，除中央电大与国内高校和国际上的开放大学有一定的交流合作外，在省级电大中有外部交流合作的就犹如凤毛麟角。在我国的开放大学建设中，交流与合作将发展成为一种新的趋势，无论是国家开放大学还是地方开放大学，在从"办学机构"向"大学实体"的转型中，为自身发展计，都将不可避免地萌动出对外交流与合作的强烈愿望，通过对外交流与合作，引入先进理念，学习成熟经验，借力增强实力，提升开放大学的办学水平和学术地位。中国开放大学在国内外的交流与合作不仅呈现出常态化的趋势，而且还具有多角度、多层级的特点，既有开放大学之间的交流合作，也有开放大学与社会相关领域，如政府、部门、行业、企业等的交流与合作，开放大学的国际交流与合作将有实质性的进展。通过不同形式的交流与合作，并在交流中学习、在合作中提升，发展开放大学特色，提高开放大学的办学能力。

### （十）特色发展差异化

广播电视大学办学30多年，其最大特色就是构建了一个覆盖全国、延伸到县的办学系统。而开放大学就不一样，试想，各自独立办学的国家和地方开放大学，在追求特色发展中不可能、也不应该出现同质化的情况。为事物发展的规律所使然，国家和地方开放大学将在发展中，无可否认地要千方百计形成自身区别于他人独有的特色，特色发展差异化将成为中国开放大学建设的又一走势。一方面，国家和地方的开放大学，虽然都称之为开放大学，但各自追求的目标并不完全相同，由此决定了其特色发展具有差异性。另一方面，国家和地方开放大学建立的文化背景、发展基础、环境条件、服务方向并不完全一致，也由此决定了开放大学之间追求的发展特色具有差异性。再者，只有培育出了不同于其他高校的特色，国家和地方的开放大学才能在中国高等学校体系中有自己的立足之地。特色发展、差异发展、错位发展，将使中国开放大学建设呈现出五彩缤纷的新局面。

### 三、结束语

开放大学建设是中国经济、社会、教育改革和发展在远程教育领域的客观反映，也是中国广播电视大学在新的历史条件下实现战略转型、创新发展的必然要求和基本路径。建设什么样的开放大学？怎样建设开放大学？是建设中国开放大学需要作出明确回答的重大问题。坚持从中国国情出发，以更加开放的视野，采取多种模式建设开放大学，形成错位发展、合作发展，特色鲜明、精彩纷呈的开放大学体系，无疑将有助于开放大学履行"服务国家发展，提高全民族素质"的历史使命。为适应人们不断增长且日益多样化的终身学习需要，我国开放大学的建设与发展从外延到内涵将呈现出十大走势，这十大走势不仅在一定程度上反映了中国开放大学建设具有的规律性特点，也在一定程度上回答了怎样建设中国开放大学的一系列重大问题。

### 参考文献

[1] 刘延东. 努力办好中国特色开放大学 [OL]. 中央电大时讯网, 2012, (8).

[2] 余善云. 社区教育研究与实践 [M]. 重庆：重庆出版社, 2012.

[3] 徐美恒. 关于开放大学办学模式创新的设想 [J]. 现代远距离教育, 2011 (4): 20.

[4] 余善云. 中国开放大学的学科与师资队伍建设 [J]. 开放教育研究, 2012 (2): 47.

# 中国开放大学建设热的理性思考[①]

为贯彻落实《国家中长期教育改革和发展规划纲要（2010—2020年）》（以下简称《规划纲要》）关于"健全宽进严出的学习制度，办好开放大学"的要求，教育部决定从2010年开始，在全国范围分区域、有步骤地开展改革试点，并把"探索开放大学建设模式"纳入深化教育体制改革工作重点，确定了上海、北京、江苏、广东、云南和中央电大作为"探索开放大学建设模式"改革的试点单位，开放大学建设引起了社会的广泛关注。研究开放大学建设中的焦点、难点问题，对于加快开放大学建设进程、发挥开放大学在服务全民终身学习中的作用具有重要意义。

## 一、涌动华夏的开放大学建设热

2008年，中央启动了《规划纲要》的编制工作，同时在部分省、市开展编制省级教育改革和发展规划纲要的研究。随着《规划纲要》的颁布，为什么要建设开放大学、建设什么样的开放大学、怎样建设开放大学等问题成为整个社会，尤其是远程教育界共同关注的焦点。建设开放大学的热潮涌动在整个华夏大地。

### （一）政府层面的顶层设计

基于构建完备的继续教育体系和"人人皆学、处处可学、时时能学的学习型社会"的需要，《规划纲要》明确提出了"大力发展现代远程教育，建设以卫星、电视和互联网等为载体的远程开放继续教育及公共服务平台，为学习者提供方便、灵活、个性化的学习条件"，以及"健全宽进严出的学习制度，办好开放大学"等要求，这是党中央和国务院在总体规划使我国教育事业适应国家经济社会发展需要、推进学习型社会和人力资源强国建设、满足人民群众不断变化并日益增长的对教育产品和服务的需要上，对继续教育提出的重要任务和实现途径的制度安排，"办好开放大学"则成为这一顶层设计最直接的抓手。为了落实这一决策，教育部决定2010年把"探索开放大学建设模式"

---

[①] 本文发表于《开放教育研究》2010年第1期。

纳入深化教育体制改革的试点，开放大学建设已上升为国家教育改革发展战略的重要内容。

为适应地方经济社会发展和广大人民群众终身学习的需要，一些地方政府在编制地方教育改革和发展规划纲要时，对建设开放大学采取了更进一步的措施，既反映了发达地区政府的行动，也表达出欠发达地区政府的期盼。上海市为了创新机制建设学习型社会和终身教育体系，在《上海市中长期教育改革和发展规划纲要（2010—2020年）》中明确提出，要把上海开放大学作为"上海市民终身学习促进工程"的重要内容（人民网，2010），并率先在2010年7月成立了上海开放大学。北京市从"建设充满创新精神和发展活力的学习之都"的战略高度出发，在《北京市中长期教育改革和发展规划纲要（征求意见稿）》中提出了"建设北京开放大学，形成开放的继续教育平台，为学习者提供方便、灵活、个性化的学习服务"的要求。江苏省在《江苏省中长期教育改革和发展规划纲要（2010—2020年）（公开征求意见稿）》中，也明确提出要"以广播电视大学开放教育为基础，利用现代信息技术手段，整合各类高等教育资源建立开放大学"（江苏省政府，2010）。广东省为贯彻落实《教育规划纲要》精神，制定了《广东省教育综合改革试点总体方案》，明确提出"依托广东广播电视大学，创建广东开放大学"（叶芳，2010），以增强远程继续教育对社会发展和人们教育需求的服务能力。云南省从"构建灵活开放的终身教育体系"出发，在《云南省中长期教育改革和发展规划纲要（2010—2020年）（公开征求意见稿）》中提出了"办好云南开放大学"（云南省政府，2010）的任务。青海省在2010年9月23日颁布的《青海省中长期教育改革和发展规划纲要（2010—2020年）》，确定了"发挥广播电视大学在全省继续教育中的骨干作用，办好具有青海地方特色的开放大学"的任务。建设开放大学已成为各级政府推进教育改革和发展顶层设计总体框架的重要内容。

（二）学术领域的广泛探讨

对建设开放大学的研究，最先反映在政府层面。在中央和地方《教育规划纲要》内容的设计、起草、论证过程中，研究围绕"是否要反映某个学校的诉求""办好开放大学""利用电大开放教育资源建设开放大学""以电大为基础建设开放大学"等核心问题展开，反映了各级政府建设开放大学的路径指向，表达了各级政府的措施选择和社会对电大远程教育的认同。随着国家《教育规划纲要》的颁布实施和各地教育规划纲要的逐步颁布或向社会公开征求意见，在全社会形成了利用电大资源建设开放大学的共识。建设国家和地方开放大学的诉求已转变成政府的行为。

对于建设什么样的开放大学和怎样建设开放大学的研究，主要在电大系统内部展开。一是由中央电大和地方电大进行的科研课题立项研究,如 2010 年中央电大立项科研课题:四川电大黄霖开展的"中国开放大学办学功能定位研究",上海电大王晓楠开展的"亚洲远程开放大学的运行模式比较研究",山西电大李全贵开展的"创建山西开放大学研究"等。二是中央电大改革发展咨询委员会开展的在全国电大系统具有较大规模和影响的"国家开放大学建设"专题研究。三是电大协作组织在一定范围内开展的集中研究,如 2010 年 9 月在北京举行的京津沪渝电大协作会议上,对建设直辖市开放大学问题展开了专题研讨。四是中央电大或地方电大的研究。在推进开放大学建设的进程中,中央电大和一些地方电大从国情和不同的省情、校情出发,开展建设开放大学的前期研究,如中央电大、江苏电大、云南电大、广东电大、四川电大等。五是专家学者的自主研究,如任为民、施志毅的《建设国家开放大学的几点思考》、彭坤民的《建设省级区域开放大学的现实依据》等。上述研究通过不同层面、不同角度的深入探讨,分析建设开放大学的基础条件和社会环境,提出开放大学建设的指导思想、基本思路和原则,探索国家和地方开放大学的性质、定位、目标、任务、架构、体制、机制、治理结构,研究开放大学建设的模式和策略等,以厘清建设国家和地方开放大学的方向、目标、路径和策略。

(三)中央电大和地方电大的行动

在理论探究的同时,中央电大和"探索开放大学建设模式"改革试点的省级电大已经迈出了建设开放大学的实质性步伐。2010 年 7 月 23 日,中国第一所以开放大学命名的"上海开放大学"挂牌成立。新建立的上海开放大学,将整合上海电视大学、区县业余大学、社区学院、行业企业职工大学等继续教育资源。它还将探索建立'学分银行',为学习者提供和建立学习账户,为成人学历教育和非学历教育之间的融通创造条件(人民日报,2010)。在"探索开放大学建设模式"的行动中,中央电大正在紧紧围绕"办好开放大学"的要求进行深入调研(于知文,2010)。2010 年 10 月,中央电大成立了"国家开放大学建设工作组",统筹规划并全面启动了国家开放大学的各项建设工作,修改完善国家开放大学建设纲要和实施方案。经教育部批准的首批"探索开放大学建设模式"改革的北京电大、江苏电大、广东电大则根据各自不同省情、市情抓紧制定开放大学建设方案,加强自身条件和内涵建设,争取办学政策支持和进行必要的报批程序,全面加快建立地方开放大学的步伐。

与此同时,一些省级电大也在积极采取行动,推动建设开放大学,如安徽电大召开了 2010 年教师节座谈会,深入学习贯彻全国教育工作会议精神和《规划纲要》,号召全体教职工共同推动省开放大学建设(姜磊磊,2010),云南电大积极推进构建云南省终身教育体系,组建云南开放大学工作(刘光云,2010)。

## 二、困扰开放大学建设的焦点问题

建设开放大学是中国电大几代人的期盼。随着《规划纲要》的颁布实施,开放大学建设被提上了各级政府、教育部门、电大系统的重要议事日程。随着对开放大学的组建模式、体系建构、办学模式、管理体制、治理结构、运行机制、内涵建设、系统分工、利益表达等重大问题的深入研究和国家、地方开放大学建设实质性步伐的加快,电大在体制、机制改革和发展模式转型中的一些焦点问题不可避免地显露了出来,成为困扰开放大学建设的制约性因素,因此,必须用开放的视野、战略的眼光、理性的思维和改革的措施予以克服。这些焦点问题集中反映在以下三个方面:

### (一)"架子"与"帽子"问题

所谓"架子",是指开放大学的架构,既涉及中国开放大学的体系架构,又包含国家开放大学和地方开放大学的组织结构。在中国是建设一所开放大学还是多所开放大学,或者建设"1+N, t"所、"1+44"所开放大学;是采取英国模式还是印度模式,或者是具有中国特色的开放大学模式,一直是论争的焦点。通过对《教育规划纲要》提出的国家"办好开放大学"的目标和教育部已经确定的"探索开放大学建设模式"体制改革的情况进行分析,不难发现,在经济社会发展极不平衡、优质教育资源东中西部差异甚大的中国,开放大学不可能是一所或几所,它应该是一个体系,即由国家开放大学与地方开放大学构成的中国开放大学体系。

现代远程教育试点前,电大采取的是中央电大和省级电大分级办学的体制,中央电大更多的是作为教育部的直属机构对电大系统办学业务进行管理和指导,而并没有成为真正的大学实体。开展现代远程教育试点以来,中央电大的办学支撑是通过与省级电大的"协议"合作并借助省级电大的办学系统实现的。国家开放大学建成后,要形成由覆盖全国的远程教育体系支撑的开放大学实体,其组织架构是三级还是四级为好,国家开放大学作为办学实体需不需要在省、自治区、直辖市"落地"设置机构,设置机构的名称叫"学院"还是叫"分校",国家开放大学怎样与地方开放大学连接等,电大系统内莫衷一是,难以达成共识。此外,省(自治区、直辖市,下同)域开放大学架构由几级构成,地、县电大的规格和地位如何保障等,也都成为开放大学架构设计的焦点问题。

所谓的"帽子"问题,则集中反映在国家开放大学和省域开放大学二级机构负责人产生的机制性矛盾上。按照我国干部管理的属地化原则,各级电大的负责人由同级政府任命。同理,国家开放大学省级机构的负责人,或省域开放大学地(市)分支机构、基层学习中心的负责人,也只能由当地政府任命,但必须考虑的是，国家和地方开放大学办学任务的完成和学校在二级层级的执行力需要一种机制作保障。基于电大系统事权分离的机制性矛盾带来的上级电大对下级电大办学业务控制力弱化的反思，国家或省域开放大学对负责开放大学业务的第二层级负责人在当地政府任命后应该有一定形式的认同，在确定其是否可以从事开放大学业务管理时有表达意见的权利。解决的办法可由举办者在当地政府已任命的干部中推荐合适的人选，再由国家开放大学或省域开放大学聘任。

(二)"出路"与"活路"问题

国家开放大学是基于覆盖全国的办学网络，利用现代信息技术，面向大众开展远程教育的开放性大学（余善云，2010）。从远程教育规律和开放大学特点出发，实体化的国家开放大学需要构建一个覆盖全国的支持服务体系，才能保障远程教学的实施，并为学习者提供有效的学习支持服务。显然，国家开放大学需要寻求"出路"，以构建适合自身办学要求并覆盖全国的教学服务体系。可供选择的模式可能是多样化的，但最优化的选择无疑是依托省域开放大学或省电大建设。问题的焦点是，省域开放大学或省电大进入国家开放大学办学体系后，在国家开放大学办学方面必然成为其二级机构，这就可能改变省级电大与中央电大的传统关系，有损其独立自主办学的地方高校形象。但不可否认的是，国家开放大学实体建设寻求在地方的"出路"及其模式选择不但为远程教育规律所使然，而且不失为一种理性的考量。

客观地讲，省域开放大学作为中国开放大学体系的重要组成部分，基于其开放性大学的本质，无疑具有举办开放教育的权力。但开放教育从举办以来，教育部是将其作为中央电大的试点项目，开放教育本科和专科的办学权掌控在中央电大手中，地方电大只能以"协议合作"的方式参与办学。由于开放教育的政策优势，在发展中已逐步取代了省级电大从建校以来就举办的成人高等教育，并导致部分省级电大完全丧失了办学自主权而成为中央电大事实上的"打工者"，这对省级电大来讲或多或少存在着一些不公平。开放大学的建设为省域开放大学通过争取开放教育办学自主权寻求"活路"提供了契机。建立国家开放大学后，开放教育如何在国家和地方开放大学之间进行合理的分工，在保障国家开放大学利益的同时给地方开放大学以发展的"活路"，无疑是必须面对并需妥善解决的重大问题。

需要指出的是，"出路"与"活路"的本质是一个利益问题。建设开放大学是电大办学30年后为适应经济社会发展新的需要而进行的重大体制与机制改革，必然涉及电大远程开放教育资源的重组和各级电大利益的调整。无论是国家开放大学或省域开放大学，都应以《教育规划纲要》精神为指导，以开放的视野、理性的思维和改革的精神来处理好国家开放大学实体建设在地方的"出路"和地方开放大学在开放教育办学权上的"活路"问题。

(三)"换牌"与"铸牌"问题

"换牌"与"铸牌"讲的是建设开放大学应采取的方式和策略。基于电大创立"先上马后备鞍"的历史认知、大学建立的条件要求与开放大学建设的国际经验,对如何建设开放大学的问题也存在着"换牌"与"铸牌"两种截然不同的观点,影响着开放大学建设的决策。

所谓"换牌",就是开放大学的建设由中央电大和地方各级电大直接更名成立。以"换牌"方式建设开放大学,显然谈不上整合系统资源和吸纳优质社会教育资源,以及开展相应的大学条件和内涵建设。"换牌"建设开放大学,其有利的一面在于涉及的矛盾较少,对电大系统震荡小,操作起来简单易行。其不利的一面则可能使电大丧失难得的系统体制与机制改革的历史性机遇,势必影响开放大学的政策争取、环境改善、能力建设等,难免有"新瓶装旧酒"之嫌。

"铸牌"是指开放大学建设必须严格按照大学的标准进行,其基本点是借鉴国外建设开放大学的方式,"先备鞍,再上马",目的是把开放大学建设作为难得的发展契机,通过建设开放大学全面提升办学能力和水平。就国家开放大学而言,将以国际一流开放大学为目标,从办学理念、设施条件、学科专业、师资队伍、教学资源、学习支持服务以及政策法规支撑等方面创造条件,达到国家标准后再挂牌。就省域开放大学而言,还应设置准入"门槛",经评估后逐步建立。"铸牌"作为理想化的策略,将使开放大学建设经历一个比较长的过程,对电大把握历史性的发展机遇和开放大学作用的发挥也可能产生不利的影响。

对于建设开放大学策略的选择,"边上马边备鞍"何尝不是一种最优化的方案。在进行开放大学规划设计、方案报批的同时,加快开放大学必须的条件和内涵建设将收到事半功倍的效果。

## 三、在开放和包容中凝聚共识

进入21世纪的中国,开放和包容已成为其经济、社会、教育、文化发展的主旋律。"开放",表示张开、释放、解除限制。中国电大的产生和发展得益于国家的改革开放,电大远程教育的发展得益于教育的开放。"包容",乃宽容大度之意。2010年9月,胡锦涛同志提出了"包容性"增长的发展理念,要求在寻求社会经济可持续发展的同时,还应"使社会上尽可能广泛的人群有共同的愿望"。坚持"开放"和"包容",对建设开放大学无疑具有重要的指导意义。

### (一) 把握发展机遇,形成共建合力

"机遇"意为好的境遇和机会,"机遇"也通常被人们理解为有利的条件和环境。1993年,国务院颁布实施《中国教育改革和发展纲要》,提出要"积极发展广播电视教育",全国电大抓住机遇,开展大学基础教育和"注册视听生"教育,迅速扭转了办学长期处于低谷的被动局面。1999年,国务院批准教育部《面向21世纪教育振兴行动计划》,提出"实施现代远程教育工程",各级电大积极参与由中央电大组织实施的"人才培养模式改革和开放教育试点"项目研究,极大地推动了各级电大的实体建设,提升了电大系统的整体实力,促进了电大教育的跨越式发展,为建设开放大学奠定了基础、积累了经验。电大30年办学的历史经验已充分证明,抓住了机遇,电大教育事业就能柳暗花明,快速发展,丧失了机遇,电大的发展就必然受到影响。

2010年,国家颁布《规划纲要》,明确提出要"办好开放大学","大力发展现代远程教育,建设以卫星、电视和互联网等为载体的远程开放继续教育及公共服务平台,为学习者提供方便、灵活、个性化的学习条件"。《规划纲要》的颁布实施,为电大实现新的改革创新、增强实力创造了历史机遇。通过开放大学建设,可以推进电大体制与机制改革,优化政策环境,提升办学实力和社会服务能力,使电大在建设学习型社会和人力资源强国中发挥更大的作用,这既是国家对电大提出的新要求,也是电大必须担当的新使命。

在推进开放大学建设的过程中,中央电大和地方电大必然存在着不尽相同的利益诉求,所面对的环境、条件也存在着较大的差异,在模式、路径、方式和步骤选择等方面自然有各自不同的考量,但在抢抓发展机遇、促进事业持续发展和期望在国家和地方经济社会发展中能够发挥更大作用、做出新的贡献这一本质要求上,却具有高度的一致性。这就要求我们必须保持清醒的头脑,遵循事物发展的客观规律,以理性思维对待和处理开放大学建设中出现的焦点问题,进一步增强团结,相互理解、信任、支持,发挥系统整体优势,形成系统改革合力,才能实现共同的目标。

### (二) 着眼发展大局,凝聚改革共识

改革就是改掉旧的、不合理的部分,使之更合理完善。这就需要运用合理的制度安排,兼顾各方面的正当要求,合理分配利益,形成使广大社会成员得以可持续发展的利益保障机制(刘铮,2006)。改革也是动力,能增强发展活力,促进事业发展。电大30年办学取得了骄人的成就,为社会和远程教育界所瞩目。但不可否认的是,电大在发展中也面临许多新的问题,需要进行改革

才可能实现新的发展,如电大引以为荣的系统,它展现的是电大的优势和特色,但它又是一个缺乏约束的、松散的系统。在新的历史条件下,应该坚持什么、发展什么、改革什么,怎样才能在扬弃中得到新的发展,都值得研究。

建设开放大学从某种意义上讲也是电大发展历史上一次重大的变革,必然涉及系统内部传统的利益格局和利益关系的调整。在新的体系构建、资源重组、权利分配的过程中,无论是中央电大还是地方电大,都可能有得有失,需要共同理性面对。首先,必须坚持服务经济社会发展的大局。从现在起到2020年,是我国全面建设小康社会、加快推进社会主义现代化的关键时期。构建终身教育体系、服务学习型社会和人力资源强国建设始终是各级电大的重要任务,建设开放大学可促进电大的创新发展,也必须服从于、服务于这个大局。其次,必须凝聚改革共识,包含需不需要改革和怎样改革两个方面。面对国家促改、系统思改、事业求改的新形势,任何抱残守缺、维持现状、不求进取的思想和作风都可能使电大教育事业受到影响。建设开放大学,不但为电大推进改革和发展提供了难得的契机,而且确定了改革发展的方向和路径,无疑是电大发展的必然选择。最后,必须达成开放大学建设的基本共识,即建设开放大学,是落实《教育规划纲要》任务的要求,也是推进电大改革发展的需要;发挥系统整体优势,是建设国家和省域开放大学又好又快的途径;在开放大学建设中,必须处理好国家开放大学和省域开放大学的关系;在体系设计、资源整合、机制构建、利益调整等关键性问题上,要把握好"情感"和"理性"的平衡点等。

### (三)兼顾各方利益,促进共同发展

建设开放大学,必然涉及中央电大和地方电大利益格局的重新构建,必须坚持科学发展观的要求,顺应国家教育管理体制改革发展的基本趋势,兼顾国家开放大学和省域开放大学的利益,只有这样,才能保障国家和地方开放大学实现共同发展。一是要消除信任壁垒。中央电大和地方电大可利用多种平台,进行开放大学相关事宜的交流、沟通,以了解情况,理解意图,增进信任。二是要审时度势。深刻认识我国高等教育管理地方化的趋势、中央电大和地方电大在开放大学建设中的实体化趋势,以及国家利益调整向地方和西部倾斜的趋势,并以此作为建立开放大学利益格局指导思想的基础。三是要发扬传统友谊。在发展中国远程教育事业的历史进程中,各级电大之间建立了深厚的友谊,在开放大学的建设中,电大系统的传统友谊理应在中国开放大学体系中得到进一步的发扬。四是要宽容和大度。各级电大在推进开放大学建设时应该要有这种境界。中央电大要支持省电大建设地方开放大学,并在开放大学总体制度设计、争取国家办学政策、资源开放共享等方面给予帮助。省级电大、省域

开放大学也要支持中央电大转制建设国家开放大学，积极参与、支持国家开放大学的体系构建。五是要坚持"包容性"发展理念。在建设开放大学问题上，中央电大在政策环境、掌握的资源、所处的地位上，与省电大相比都处于优势，在转制建设国家开放大学时，要敢于破除开放教育办学的"垄断壁垒"，尽可能地使全国电大系统能够享受到开放教育发展的成果。六是要解决好办学分工。国家和省域开放大学都是构成中国开放大学体系的重要组成部分，基于开放性大学的本质要求，举办远程开放学历教育都是他们的合法权力，因此，教育部在统筹开放大学办学分工时，应坚持公平性原则，根据所具备的能力和条件，允许省域开放大学开展相应的开放式高等学历教育，以推进国家和地方开放大学的共同发展。

## 参考文献

[1] 北京市教委. 北京市中长期教育改革和发展规划纲要（征求意见稿）[EB/OL]. http：//www. bjedu. gov. cn, 2010（10），13.

[2] 江苏省政府. 江苏省中长期教育改革和发展规划纲要（2010－2020）（公开征求意见）[EB/OL]. http：//www. js. gov. ca.

[3] 姜磊磊, 安徽电大召开教师座谈会推动开放大学建设 [EB/OL]. 中安教育网, 2010－09－13.

[4] 云南电大积极推进构建云南省终身教育体系组建云南君放大学工作 [EB/OL]. 云南教育网, 2010－06－22.

[5] 刘铮. 十一五期间我国改革将着力形成合理利益分配局 [EB/OL]. http：//www. gov. cn. 2005－04－17.

[6] 上海开放大学挂牌成立 [N]. 人民日报, 2010－07－24（2）.

[7] 上海开放大学挂牌成立 [EB/OL]. 人民网·教育频道, http：//edu. people＋eom. an, 2010－07－23.

[8] 教育部. 国家中长期教育改革和发展规划纲要（2010—2020年）[EB/OL]. 教育部网站：http：//www. moe. edu. cn, 2010－07－29.

[9] 教育部. 深化教育体制改革工作重点 [EB/OL]. 中国新闻网：http：//www. chinanews. corn, 2010－05－17.

[10] 叶芳. 依托广东电大创建开放大学被纳入广东教育综合改革试点方案[EB/OL]. 中央电大时讯, 2010－09－27.

[11] 云南省政府. 云南省中长期教育改革和发展规划纲要（2010—2020年）（公开征求意见稿）[EB/OL]. http：//www. yunnan. eft, 2010－09－01.

[12] 于知文. 京津沪渝电大协作会议：聚焦开放大学建设共谋"十二五"发展 [EB/OL]. http：//www. crtvu. edu. cn/ddsx, 2010－10.

[13] 余善云. 走向开放的未来 [M]. 北京：中央广播电视大学出版社, 2009.

# 以电大为基础发挥自考优势办好开放大学①

《国家中长期教育改革和发展规划纲要（2010—2020年）》（以下简称《规划纲要》）明确提出要"健全宽进严出的学习制度，办好开放大学，改革和完善高等教育自学考试制度"，这是实现党中央和国务院"加快从教育大国向教育强国、从人力资源大国向人力资源强国迈进"，"基本形成学习型社会，进入人力资源强国行列"战略目标的重大举措。在新的历史条件下对广播电视大学（以下简称电大）和高等教育自学考试（以下简称自考）提出的新要求是电大和自考在新时期必须担当的新使命。开展以电大为基础、发挥自考优势、办好开放大学的研究，探索电大与自考的合作模式，提出相应的政策建议，增强开放大学的实践能力，对于构建完备的终身教育体系、促进学习型社会建设具有重大的理论意义和实践意义。

## 一、自学考试的状态分析

### （一）性质与组织结构

高等教育自学考试"是对自学者进行的以学历考试为主的高等教育国家考试，是个人自学、社会助学和国家考试相结合的高等教育形式"，是我国社会主义高等教育体系的重要组成部分，其本质是国家的一种考试制度。

自考的组织机构由考试机构和助学机构两大部分组成。为了确保自学考试的运行，国家建立了从中央到省（自治区、直辖市）、地（市）、县（市、区）四级考试管理机构，包括领导协调机构及其下设的办考机构，并以主考院校为载体，面向社会、个人提供高等教育的专业和课程。为了加强自考的社会助学，提高自考的成功率，自考还依托部分高校和社会办学机构，初步建立了具有社会化、网络化特征的助学服务机构。

### （二）功能与社会作用

自考虽然是我国高等教育体系的组成部分，但它所具备的功能与高等学校

---

① 本文发表于《天津电大学报》2011年第3期。基金项目：中央广播电视大学改革和发展咨询委员会研究课题"中国开放大学研究"阶段性成果之一。

相比却有很大的差别。事实上，高等学校培养人才、服务社会、科学研究的功能自考并不具备，但它具有对特定人群接受高等教育的状况进行评价和认定的功能。自考的这种功能主要表现在通过国家考试，促进广泛的个人自学和社会助学活动，推进在职专业教育和大学后继续教育，提高公民的思想道德、科学文化素质，以适应经济社会发展需要。

(三) 特点及运作模式

通过对自考的分析不难看出，自考具有开放性、适应性、灵活性、效益性以及自学方法和社会助学的多样性等特点。自学考试面向整个社会，无入学条件要求，只要是中国公民，性别、年龄、民族、种族、已受教育程度不受限制，报考专业、学习方式、地点不受限制；单门课程考试合格，即可取得该课程的单科合格证书。考试时间、考试次数不受限制，考试不及格可重复多次再考，直到合格为止。自考的运作模式，我们可以把它概括为"3＋1"模式，即（国家制度、主考院校、自学者个人）＋社会助学。

(四) 主要优势和不足

与成人高等教育、电大相比，自考的优势主要表现在政策优势、体制优势和低成本优势三个方面。就政策优势而言，自考作为国家考试制度而存在，对自学者所达到教育水准的评价和认定有相应的政策和法规作保障。就体制优势而言，自考对自学者学业水准的评价和认定，由各级政府建立的专门机构组织实施，具有较强的政府行为，这是任何其他高校都无法与之相比的。在学习投入上，自考具有低成本的优势，自学者如果不参加社会助学，所花的学习费用相对就很低。

在高等教育体系中，自考功能的发挥需要借助高校才能完成。因此它还不是一种具有独立形态的高等教育形式或大学办学实体形式，因而不可避免地存在着局限性。一是培养目标缺乏特色。适合个人自学、社会助学、国家考试教学特点和学生学习认知规律的课程教材体制并未完全建立。二是缺乏有效的学习支持服务。为学生提供自学和助学服务的体制很不健全，一些自学者因条件的限制而得不到及时有效的学习支持服务，进而导致学习的停止。三是课程教学实践缺失，与专业培养目标和课程教材要求配套的相对稳定的技术培训、教学实践、专业实习和社会实践的机构和基地不配套，人才培养存在明显的能力缺陷。四是成功率低。面向社会的"广种薄收"和反复多次的学科考试，在一定程度上存在浪费社会教育资源的问题。

## 二、电大的状态分析

### (一)性质与组织结构

广播电视大学是采用计算机网络、卫星电视等现代传媒技术,运用文字教材、音像教材、多媒体课件、网络课程等多种媒体,面向全国开展远程开放教育的教育部直属高等学校。由邓小平同志亲自倡导并批准创办的电大,经过31年的发展,已经形成由中央电大和44所省级电大、946所地市级电大分校、1 823所县级电大工作站组成,四级管理、五级办学、覆盖城乡、深入基层和行业企业,网络化的组织架构,已成为我国构建终身教育体系、建设学习型社会的骨干力量。

### (二)功能与社会作用

电大作为政府举办、有独立法人地位的高等学校,具有培养人才、服务社会、科学研究三大功能。第一,通过开展高等学历教育,培养各类专业技术人才,为国家和地方经济、教育、科技、文化发展提供智力支撑和人才保障,在促进高等教育公平中发挥特殊作用;第二,通过开展多样化的非学历教育和培训,促进从业人员知识结构改造和技能提升,推动社会生产力水平的提升;第三,广泛开展社会化的教育活动,提供远程教育公共服务、社区学习指导支持服务、多种考试与认证组织服务等,提升公民素质和生活质量。在构建完备的终身教育体系、促进学习型社会的形成中,具有不可替代的作用。

### (三)特点及运作模式

电大主要具有四个方面的特点:一是开放的学习模式。学生根据自己的情况选择课程、媒体教材、时间地点、学习形式、学习进度等,方式方法灵活多样。二是实行远程教学。以网络、卫星电视等教育技术和媒体手段为课程载体,使教与学的过程可以异地异步或异地同步进行,学生可以分散在各地自主学习。三是采用多种媒体教学。学生以文字教材为主进行自主学习,同时较多地利用音像教材、CAI课件和计算机网络等学习媒体。四是共享优秀教育资源。电大汇集了全国高校和科研院所的优秀教师和专家,由他们担任课程主讲教师和教材主编,为全国各地的学生提供了高质量的课程及其教材。目前,全国电大系统开展的远程开放教育,实行统筹规划设计、分层组织实施、一体化运行的模式。

### (四)主要优势和不足

区别于其他院校,电大具有系统优势、资源优势和经验优势。电大系统已形成的从中央到地方基层、农村覆盖全国的办学管理体系和学习支持服务体系，在满足人民群众多样化的学习需要、为社会学习提供针对性的支持服务中具有不可比拟的优势。电大构建的天地人网合一、三级平台互动、线上线下互补、现实学习环境与虚拟学习环境结合的数字化远程教学平台，比较系统和完善的优质教学资源开放、应用、评价体系和共享机制，以及海量的课程教学资源，都构成了电大远程教育独具特色的资源优势。电大确立的以学生为中心的办学理念，构建的开放式人才培养模式，适应在职从业人员特点的教学内容和课程体系改革，以及发展非学历教育培训、远程教育公共服务、参与社区教育和提升城乡居民生活质量的社会化教育培训活动等，都为服务全民终身学习积累了宝贵的经验。电大固然具有众多的优势，但也存在着明显的不足，主要表现在办学的开放性还不够，缺乏独立的开放教育办学自主权和相应的法规保障，系统办学的体制和机制不适应办学需要等，亟待改革和创新。

### 三、注册视听生的历史回顾

#### （一）背景与过程

受国际开放式远程教育发展潮流的影响，为贯彻落实《中国教育改革和发展纲要》精神，充分运用和发挥电大先进的教学手段和教学资源的作用，适应迅速发展的我国经济社会和求学者个人的需要，改革电大办学、教学模式和教学管理成为必然要求。经国家教委批准，广播电视大学从 1995 年开始，开展注册视听生教育改革试点。注册视听生教育试点是国家成人高等教育的重大改革，一方面扩大广播电视大学的开放办学，另一方面也将推动高等教育自学考试的改革和发展，是国家扩大电大开放办学和拓展自学考试功能、促进二者沟通合作的重大改革措施。按照国家教委的统一部署，1995 年，注册视听生教育首批招收 5 万人，在四川、浙江、辽宁、内蒙古、江西、福建、黑龙江、甘肃、重庆、哈尔滨 10 所省级电大试点。1996 年，根据国家教委主任办公会议"要在试点基础上逐步推广"的精神，试点单位增加青海、贵州、湖南、陕西、河南、上海、广东、江苏、安徽和新疆建设兵团 10 所省级电大。1997 年，试点扩大到北京、天津、吉林、新疆电大，1998 年，又扩大到宁夏、海南、广西、云南、湖北电大。至此，参加注册视听生教育试点的省、自治区、直辖市已达 29 个，加上作为非正式试点单位的 10 所计划单列市和独立设置的电大，试点单位已达到 39 个。到 1999 年，注册视听生教育已毕业学生 13 743 人，在册学习学生 454 605 人。同年，教育部实施现代远程教育工程，批准电大开展"人才培养模式改革和开放教育"试点项目研究，注册视听生教育试点逐渐停止。

## (二)主要经验与问题

如前所述,注册视听生教育试点是在国家教委领导下,推进电大与自考沟通、扩大电大开放办学和拓展自考功能的重大改革尝试,取得的经验主要表现在四个方面。一是推动了电大人才培养模式改革。注册视听生实行学生免试入学、不组班教学、教考分离和完全的学分制,体现了开放的教育理念和办学思想,在一定程度上对开放式人才培养模式进行了有益的探索。二是为开放教育试点进行了必要的准备。注册视听生教育试点的中心任务是改革电大办学、教学和教学管理,完善与开放办学相适应的质量保证体系,建立适应学生自主学习的多种媒体教学模式和教材体系,以及完善学生的支持服务系统,从而为电大开放教育试点打下一定基础。三是促进了中央电大的实体建设。注册视听生教育试点使中央电大真正有了可由电大自己发放毕业证书的学生,扩大了中央电大的经费来源,促进了中央电大由管理机构向办学实体的转型,并为中央电大的实体建设提供了必要的经费支撑。四是加强了电大与自考实质性的沟通与合作,在一定程度上发挥了两个系统的优势,适应了经济社会发展和学习者的需要。

注册视听生教育虽然取得了一定的成绩,为电大开放教育试点奠定了基础,但也存在由"教考分离"引起的"教考脱节"等突出问题,严重地制约了注册视听生教育的健康发展。分析其原因,一是在制度安排上,以"考"制"教"的制度安排助长了"教考分离"向"教考脱节"的发展。二是电大和自考办两大系统沟通合作的思想整合不够,直接导致了试点工作出现"两张皮"和"各唱各的调"的情况。三是一些地方的自考管理机构也通过各种方式在办学,必然涉及利益上的竞争,进而影响到两大系统在试点中的合作。

## 四、电大自考沟通合作的模式

### (一)电大自考沟通合作的基础

电大 31 年办学来,为社会培养输送高等教育毕业生 700 多万人,在校学生规模达 300 多万人。自考从开办以来,全国共有 4 200 万人参加,其中 520 万人取得专科以上毕业证书。电大和自考已成为推进我国在职成人教育和大学后继续教育的开放性最强、覆盖面最广、规模最大的两支骨干力量,在促进我国高等教育改革和教育公平、加快高等教育大众化进程、适应经济社会发展对人才的需求和个人发展需要等方面,发挥了重要的作用,做出了重大的贡献。

在新的历史条件下,电大和自考同样面临提高开放程度、拓展办学功能、优化教育结构、改革体制机制等新情况和新问题。基于电大和自考在系统的组织形态、学习者群体的特征、办学和服务的开放性特色、服务手段的信息化以及工作模式等方面具有许多相似、相同之处的实际情况，以及在实现《规划纲要》提出的"基本形成学习型社会，进入人力资源强国行列"战略目标中共同承担的新使命，以电大为基础，发挥自考优势，整合电大和自考两大系统的继续教育资源办好开放大学，不但具有现实可行性，而且对于促进电大和自考的改革发展、适应建设终身教育体系和学习型社会的需要具有特别重要的作用。

### （二）可供选择的基本模式

模式是相对固化的模型和方式。基于电大和自考沟通与合作的历史状况、现实条件，以及服务全民学习、终身学习的时代要求，以电大为基础，发挥自考优势，办好开放大学，可供选择的模式包括一体化资源整合模式和管办功能分离合作模式。

1. 一体化资源整合模式

该模式的特点是职能定位、机构合并、功能整合、一体运行。即地方电大与当地自考办进行机构合并，共同组建地方开放大学。在开放大学框架内，整合自考的考试功能和电大的学习支持服务功能，融高等教育自学考试功能和社会学习考试认证、不同学习成果认定功能为一体，进行新的职能定位，一体化运行。通过开放大学办学、服务、考试、认证等综合功能的发挥，构筑起适应全民学习、终身学习的"立交桥"。该模式的优点是有助于电大和自考的功能得到充分发挥，可有效地提高地方开放大学服务全民学习、终身学习的供给能力。

2. 管办功能分离合作模式

将自考的行政管理和教育业务功能分离，自考的部分机构合并到开放大学。自考办作为行政管理机构，负责高等教育自学考试的政策制定、规划发展、宏观管理、检查督导等工作。开放大学建立统一的考试业务中心，负责高等教育自学考试的主考院校审定、审查专业、课程设置，提供学习支持服务，组织实施课程考试，与主考院校共同颁发毕业证书等业务工作；接受委托开展面向社会和学习者个人的考试认证和职业资格认证服务；组织实施不同学习成果的认证，建立不同学习成果认定、转换、累积的制度，为全民终身学习搭建"立交桥"。该模式的特点在于管、办分离，符合现代继续教育发展的趋势。模式在运行中需要建立功能强大的数字化学习平台，整合、汇集海量的网络学习资源供学习者学习使用。由于该平台与开放大学的数字化平台和资源库建设具有高度的一致性，因而能避免重复建设，节省财政投资。与此同时，还需要建立网络化的自考助学服务体系,发挥开放大学体系特别是基层学习中心对自考助学的主体作用,进而有效解决自考学习者助学难的问题。

## 五、政策建议

以电大为基础,发挥自考优势,办好开放大学,事关我国成人高等教育体制改革的大局,并直接影响到我国终身教育体系和学习型社会的建成,必须以贯彻落实《规划纲要》精神为契机,从政策制定和组织保障等方面采取切实有效措施推进电大、自考的沟通与合作,在创新的基础上办好开放大学。

### (一)整合电大、自考资源

把电大、自考的资源整合纳入各级教育部门贯彻落实《规划纲要》精神、推动教育体制改革试点的总体规划,并将之作为继续教育发展的重大项目进行规划和设计,责成电大和自考分别提出资源整合的方案,供教育部门在推进这一改革时决策参考。

### (二)成立领导小组

建立由教育部门领导牵头、电大和自考办领导等参加的资源整合领导小组,研究和确定电大、自考整合共建开放大学的指导思想、思路和原则,制定相应的政策,决定电大和自考资源整合中的重大事项,协调处理整合共建过程中可能出现的重要问题。

### (三)抽调专门力量建立工作班子

成立电大和自考办整合资源、合作共建开放大学的工作班子,制定开放大学建设方案和资源整合、机构分离合并、职能定位和职责确定等方案,加快推动电大和自考整合资源共建开放大学的步伐。

### (四)制定相应的法律规章和实施细则

建议全国人大制定《终身学习法》、国务院制定《继续教育管理条例》、教育部制定《关于发挥电大自考优势办好开放大学的实施意见》《社会学习成果评价认定实施办法》等法律和规章,明确开放大学的性质、地位和功能,确定开放大学的组织构架和治理结构,确定经费投入的渠道和标准,明确开放大学的办学和服务功能,提出为终身学习以及其他远程教育机构进行社会化服务的任务、途径和方式,为开放大学的运行提供法规保证。

## （五）有序推进各层级的职能整合

基于电大和自考都已形成从中央到省（自治区、直辖市）、地（市）、县（市、区）的办学和考试服务机构的实际情况，建立各级电大和自考整合资源办好开放大学工作领导小组，按自上而下的原则，精心设计、精心准备、有序推进各层级电大和自考职能整合与机构分离合并的相关事宜，确保电大和自考体制改革的平稳过渡。

## 参考文献

[1] 余善云. 以学生为中心构建开放式远距离教学模式 [J]. 中国远程教育, 1998(5).

[2] 王明达. 努力做好"注册视听生"教育的试点工作 [J]. 中国远程教育, 1995(6).

[3] 中央电大. 中国广播电视大学教育统计年鉴 [Z]. 中央电视广播大学出版社, 2000.

[4] 蓝玉. 论高等教育自学考试发展现状及体制创新 [J]. 经济与社会发展, 2008(6).

# 略论开放大学的学科建设[①]

学科建设是高等学校的重要支撑,也是办好开放大学的重要条件。坚持高等教育规律,结合开放大学办学特点,加强开放大学学科建设,对于提升开放大学的科研水平和办学水平具有重要意义。

## 一、高等学校学科建设的相关考察

学科即学术的分类,指一定科学领域或一门科学的分支,它既是学术分类的名称,又是教学科目设置的基础。通常情况下,人们判别一个知识研究领域是否成为学科,往往是以美国科学史家托马斯·库恩的范式理论为依据。库恩理论中的范式是指科学研究中某些被公认的范例,包括定律、理论、应用以及仪器设备统统在内的范例,为某一种科学研究传统的出现提供模型。在广泛研究学科内涵基础上,我国学者提出了学科成立的"三独立"标准,即独立的概念体系、独立的研究方法和独立的研究对象。

学科与大学设置的专业虽然不能等同,但它们之间存在着紧密的联系。《现代汉语词典》把"专业"解释为"高等学校的一个系里,根据科学分工或生产部门的分工把学业分成的门类"。专业是联系学科与课程的桥梁。有学者把学科与专业的关系比作土壤与植物的关系,学科是土壤,专业是植物,有了肥沃的土壤,植物才能根深叶茂、果实丰硕。作为知识体系的科目和分支,学科与专业的联系还更多地表现为相互交叉,即学科即专业,如化学学科与化学专业,或多学科知识在专业中的综合应用。由此,我们完全可以"把专业看作是对学科知识的切块和组织,即构成一定的专业,满足社会对人才的需要"。

课程与学科同样也存在着紧密的联系。学科与课程的联系体现在:学科知识是构成课程的元素,学科的人才培养功能要以课程为中介来实现;课程不仅是对学科知识的传播、改造和拓展,同时也是新兴学科的生长点。除此之外,课程和学科的含义也有一致的地方,一门课程可能就是一门学科,或有可能发展成为一门新的学科。课程建设必须以学科为基础,没有高水平的学科作支撑,课程建设的水平就难以提高。学科、专业和课程是构成高等学校的三个基

---

① 本文发表于《开放教育研究》2010年第1期。

本要素。"学科、专业、课程三者之间存在着既相互区别、又密切联系的辩证关系,决定了学科建设、专业建设与课程建设之间的关系,也是互有异同、对立统一的"。

影响高校学科建设的还有学位制度。譬如我国学位制度的建立和发展对学科建设产生了十分重大的影响。"学位制度的建立,带动了学科建设、师资队伍建设和教育教学改革,促进了科学研究与人才培养的紧密结合。"

## 二、国际开放大学学科建设的特点

以完善的学位制度带动学科发展,是国际开放大学学科建设的共同特点。依据皇家法令成立的英国开放大学,是一所具有学士、硕士、博士学位授予权的独立的自治大学。早在2004年,英国开放大学就设学士科目19个、硕士科目20个、博士科目9个,印度英迪拉·甘地国立开放大学也是一所多学科的开放大学,设有学士科目14个、硕士科目12个、博士科目8个。我国的香港公开大学,有学士科目91个、硕士科目28个、博士科目28个。

根据学生和社会的实际需要灵活地设置专业,是国际开放大学学科建设的一个特点。美国凤凰城大学的专业设置主要集中在会计、行政、商务、管理、教育、市场营销、护理/卫生保健、技术等适合市场需要的8个学科领域。英国开放大学已开设艺术与人文、环境发展与国际关系、健康与社会保健、科学与社会科学等14个学科门类。灵活的专业选择与转换制度十分有利于成人参加开放大学学习。

注重课程建设和开发高品质的课程资源,是国际开放大学学科建设的重要特色。英国开放大学的课程建设以课程组模式进行,每个课程组由4~20名多种技能的专业人员组成。除学科专家外,课程组还包括媒体设计和制作方面的专业人员、编辑人员、电视和录音制作人员、美工设计者、软件专家和学术考核等方面的专家。"高质量的媒体教材和模块化的课程内容,不仅在英国本土深受好评,而且还得到国际远程教育机构的推崇。"印度英迪拉·甘地国立开放大学充分发挥其作为"印度开放大学领导机构"和资源中心的作用,统筹制定全国开放大学的远程教育标准和开展课程教学资源建设,协调课程资源的应用,使课程资源的质量得到保证。香港公开大学在课程开发中非常重视教学设计,其课程发展小组由校外评审专家、编辑人员及制作人员组成,以团队攻关的形式完成从课程到媒体的专业开发。

结合远程教育特点开展科学研究,凝练新的学科方向,促进特色学科的形成,提升开放大学学术水平,也成为国际开放大学学科建设的特色。英国开放大学在教育技术和知识媒体两个方面的研究成为英国在这两个领域的最高学术权威，其有效的质量保证体系和科研实力已跻身全英大学前10名，教学质量跃居全英大学前5名。香港公开大学对远程学习者和学习媒体的研究也独树一帜。

高水平的师资队伍是开放大学维持学科高水准的保障。英国开放大学拥有1 600名左右的专职教师，其中有60%的人具有博士学位，其师资质量之高、实力之雄厚在英国名列第三，仅次于牛津和剑桥大学。通过严格选拔的近万名开放大学兼职教师大多是博士生或教授，他们不但具有较高的专业知识水平、丰富的教学经验，而且具有一定的教学组织能力、极强的责任心和献身精神。香港公开大学虽然以兼职教师为主，但专职教师却是在世界范围内聘任，从而保证了教师队伍的高水准。

综上考察，国际开放大学在传播学科知识、拓展学科领域、提升学科水平、促进学科发展等方面已经形成鲜明特色。

### 三、中国广播电视大学的学科建设状况

广播电视大学办学30多年来，前20年主要是利用普通高校的学科资源。自1999年教育部批准电大开展人才培养模式改革和开放教育试点以来，尽管学科专业设置、学位颁发仍然离不开合作高校，但电大在制定学科建设规划和开展专业、课程、教学资源建设、学科教学、学术与特色学科研究等方面都取得了一定的进展。

"十一五"期间，电大已形成本科与专科并重、专业教育与证书教育互补、结构优化、协调发展的学科专业门类，竭力打造具有远程教育特点和较强市场竞争力的优势学科和特色专业，建设精品课程，形成了多种媒体教学资源。并把制定学科研究规划、建设学科研究平台、建立学科指导机构、开展学科研究、办好学术刊物、建设高水平的师资队伍等提上了重要的议事日程，而且已取得明显的进展。

当前，一些省级广播电视大学已制定了未来学科建设规划，确定了学科建设目标，提出了学科建设的具体措施。譬如，河南电大提出要使计算机科学与技术、汉语言文学、法学、工商管理、数学与应用数学和园艺学等6个学科专业建设进入全国电大系统前列的目标，并争取创办专业硕士学位教育。湖南电大提出要制定学科建设与学科研究规划，组建学科专业教学团队与科研团队，深入开展教学研究与学科研究，提升教师的教学水平与科研能力的要求。广西电大提出要加强特色专业和重点学科建设，拓展新专业的要求。山东电大制定了培养学科带头人的具体措施和政策。山西电大提出要构建学科梯队，选拔培养一定数量的学科带头人的目标。新疆建设兵团电大提出要形成覆盖和衍生人

文、理工、财经、师范、农医等专业门类及关联学科的"T型"学科结构群的目标。远程教育学、教育技术学等特色学科的研究和实践已取得重大进展。不少专家、学者都对远程教育学的学科理论进行了研究和学术阐释，远程教育学的知识领域和理论体系正在逐渐形成。广播电视大学各级远程教育学会、远程教育专业期刊、科研机构、专门出版机构、图书馆等都在各自领域得到较大发展。从学科建制的视角来看，远程教育学、教育技术学有望成为我国开放大学最早的特色学科。

## 四、加强中国开放大学学科建设的途径

我国广播电视大学正在转型为开放大学。我国开放大学的学科建设应遵循高等学校学科建设的一般规律，同时借鉴国际开放大学学科建设的成功经验，充分考虑我国开放大学远程、开放、面向成人在职学习等特点，从以下方面努力探索实践。

### （一）落实办学自主权，为学科建设奠定基础

任何一所高校的学科建设，首先必须争取获得独立的本科办学自主权，并具有独立的学位授予权，并以学位授予带动学科建设。无论是国家开放大学，还是省、自治区、直辖市开放大学，只有争取获得独立的本科办学自主权和学位授予权，才能进行学科建设，发展学术，提升水平。

### （二）制定规划，有序推进学科建设

学科建设事关开放大学发展大局，开放大学必须制定规划，绘制开放大学学科建设的蓝图，强化学科意识，明确学科建设的指导思想、目标与方向、布局与结构以及路径和措施。尤其要按照面向需求、突出重点、彰显优势、强化特色的原则，明确重点学科与一般学科、特色学科与优势学科的区别，使之形成合理的学科结构。

### （三）整合现有学科资源，构筑新的学科发展基础

电大在多年实施开放教育办学过程中，与普通高校合作办学，已经为形成一些优势学科奠定了较好的基础。电大转型建设开放大学，应对现有学科、专业、课程、教学资源进行全面梳理，充分考虑社会需求、专业基础、课程资源、师资结构以及发展前景等因素，采取保留、调整、合并、新建、培育等方式，进一步构筑起开放大学学科发展的基础。

## (四)打造优势特色学科,突出学科发展特色

改变传统的一味强调知识理论体系的办学思路,从教学型大学和继续教育发展的实际出发,更多地体现理论与岗位实践相结合,发挥已有专业和课程建设的优势,加强特色学科建设。重点培育远程教育学、教育技术学、信息传播学等具有开放大学特色的学科;加大对学科建设的投入,加快理论研究与知识体系重构的步伐,优化学科体系,倾力打造开放大学的学科亮点。

## (五)加强人才队伍建设,优化学术发展环境

必须把人才队伍建设放在十分重要的地位,抓紧培养和引进学科带头人、教学、科研和技术骨干,构建高水平的开放大学学科队伍。要注重营造尊重人才、尊重知识、推崇学术、倡导学术自由的氛围,为开放大学学科建设和学术发展创造良好的环境。

## 参考文献

[1] 刘小燕,曾晓红. 学科与专业、学科建设与专业建设辨析 [J]. 高等教育研究学报,2007(12).

[2] 罗云. 关于学科、专业与课程三大基本建设关系的思考 [J]. 现代教育科学,2004(3).

[3] 刘延东. 新中国教育史上的重要里程碑 [N]. 人民日报,2011-03-25(6).

[4] 余善云. 走向开放的未来 [M]. 北京:中央广播电视大学出版社,2009.

[5] 王承绪,徐辉. 战后英国教育研究 [M]. 南昌:江西教育出版社,1992.

# 中国开放大学的学科与师资队伍建设[①]

为贯彻落实《国家中长期教育改革和发展规划纲要（2010—2020 年）》（以下简称《规划纲要》）关于"办好开放大学"的要求，教育部决定"在全国范围分区域、有步骤地开展改革试点"，并把建设国家和地方开放大学纳入深化教育体制改革的范畴。开放大学作为中国高等教育体系中的新型大学，它需不需要进行学科建设？怎样进行学科建设？师资队伍建设的方向和途径又是什么？这些问题已引起社会的广泛关注。

## 一、高等学校的学科与师资队伍建设

### （一）关于高等学校的学科

简言之，学科就是学术的分类，它既是学术分类的名称，又是教学科目设置的基础。根据不同研究对象、方法和学科派生来源等要素，国家标准（GB T13735-92）把学科分成"自然科学、农业科学、医药科学、工程与技术科学、人文与社会科学"五个门类，下设一、二、三级学科，共有58个一级学科。到20世纪80年代，学科在中观层次上已发展出约5 500个，其中非交叉学科2 969个，交叉学科2 581个。判断学科是否成立，人们通常是以范式理论为依据。范式理论由美国科学史家托马斯·库恩提出，是指"科学研究中某些被公认的范例，包括定律、理论、应用以及仪器设备统统在内的范例，为某一种科学研究传统的出现提供模型"（转引自：明人忧天，2011）。目前，范式理论已成为社会科学追求学科独立的金科玉律。荣尼克尔（Christa Jung Nickel）和麦考马克（Russell Mc Cormack）则指出，大学学科需要三样东西：公认的科学家在进行科研、通过卷入科研对学生进行科研训练、一套综合的学习课程（明人忧天，2011）。

对于学科能否成立，我国学者也提出了独立的概念体系、独立的研究方法和独立的研究对象的"三独立"判别标准。从学科建制的视角来评判学科的

---

[①] 本文发表于《开放教育研究》2012年第2期。基金项目：重庆市国家统筹城乡教育综合改革省部共建项目（项目文号：渝教办〔2009〕10号）；中央广播电视大学改革发展咨询委员重点课题"开放大学之路"研究成果之一。

独立性，也是我国学术界普遍认同的一种观点。费孝通认为，一门学科的社会建制大体上包括学会、专业研究机构、大学的学系、图书资料中心、专门的出版机构等（明人忧天，2011）。

事实上，学科的独立有赖于其内部建制和外部建制的共同发展，上面提及的仅仅是外部建制，而内部建制则是指知识领域的基本理论体系的构建。一个知识领域能否成为学科，主要是由知识发展的成熟度，即内部建制所决定的。

大学的专业与学科具有十分紧密的联系。《现代汉语词典》把专业解释为"根据科学或生产部门分工对学业分成的门类"，《高等教育学》（厦门大学编）则把它解释为"课程的一种组织形式"。从这个意义上讲，专业就成了联系学科与课程的桥梁。

学科与专业的联系，还存在着相互之间的交叉。某一专业可能就是学科，或者某一专业本身就是多学科知识的综合应用。"把专业看作是对学科知识的切块和组织"（刘小燕等，2007），这就充分说明了学科与专业的内在联系。

学科与课程的联系也十分紧密。一方面，学科知识的传播、改造和拓展，主要是由课程来实现的。在某种程度上，课程还是实现学科人才培养功能的中介。另一方面，课程内容的构成则要以相应的学科知识为基础，同时课程还是新兴学科的生长点。同专业与学科的联系一样，某一门课程还可能是一门学科，或者在一定条件下，它可以发展成为一门新的学科。

高等学校学科建设的主要任务包括确定学科方向、建设学科梯队、开展科学研究与基地建设。课程建设的任务则是明确、规范课程教学内容，探索课程内容的发展规律，确定教学目的、要求和实践环节，开展教学研究，探索教学规律，改革教学方法、手段等。由此可见，两者也存在着明显的区别。

高等学校的基本建设，说到底就是学科、专业和课程的三大建设。由于学科、专业和课程存在着既密切联系、又相互区别的辩证关系，决定了学科建设、专业建设与课程建设之间的关系，也是互有异同、对立统一的。（罗云，2004）

在我国已实行30多年的学位制度，对高等学校的学科建设也具有特别重大的影响。国务委员刘延东（2011）在纪念《中华人民共和国学位条例》实施三十周年纪念大会上的讲话中明确指出："学位制度的建立，带动了学科建设、师资队伍建设和教育教学改革，促进了科学研究与人才培养的紧密结合。"

## （二）学科建设中的师资队伍

学科是大学的基本要素，学科建设也是高校的基础性工作，学科建设的关键，无疑是以师资为核心的队伍建设。"教育大计，教师为本。有好的教师，才有好的教育。"这就充分说明，教师在促进学科发展以及在提高人才培养质量、提升学术水平和办学水平中，具有不可取代的重要地位和作用。

2010年5月，在国务院召开的全国人才工作会议上，胡锦涛总书记和温家宝总理分别发表了重要讲话，就做好当前和今后一个时期的人才工作做出了部署。高等学校作为人才汇聚的高地，其从事教学、科研的教师就是高校人才队伍的主体。显然，高校贯彻落实国家人才工作会议精神，首要的任务就是加强师资队伍建设，实施人才强校战略。

在高校师资队伍建设上，应确立师资队伍和学科这两大建设相互依存、相互促进的指导思想，落实学科和师资队伍建设在学校科学发展中的核心地位，建立起层次分明、重点突出、目标可行、运行有序、投入有保障的人才引进和培养机制，全面实施"以人为本，人才兴校"的发展战略，努力开创师资队伍建设的新局面。

虽然师资队伍建设是高校的共同任务，但不同类型的高校，师资队伍建设也存在明显的差异。进入21世纪后，我国大学发展出现了一些新特点，产生了以科研为主或者科研与教学并重的研究型大学，以教学为主要任务的教学型大学，以及以在职成人为主要对象的成人高等学校等。由于学科门类、功能特征、办学层次、服务对象、基础条件等存在差异，师资队伍建设也各有特点。

研究型大学的突出特点是学科门类齐全、师资队伍规模大、专业化程度高、科研能力强，许多新兴学科在这里孵化、产生，国家和地方的大批基础性、战略性、前瞻性的科研项目在这里完成，为国家知识创新发挥了十分重要的作用。由于研究型大学在国家知识创新体系中的这种重要地位，以及在创造性人才培养上承担的责无旁贷的崇高使命（赵文波等，2001），促使这类学校把师资队伍建设摆到了非常突出的位置，成了推动学校科学发展十分重要的工作。

教学型大学的任务是以教学为核心，同时兼顾科学研究，但研究的层次和方向则是以应用为主。基于"教学型大学是以培养本科生为主，以教学为主要任务，以培养复合型应用型人才为主要目标，以向受教育者传授技术和培养能力为己任，以服务地方经济建设为主要发展方向的大学，履行人才培养和教育教学研究的职能"（朱文等，2010），其学科建设的任务，与研究型大学相比，则有不同的侧重点。根据教学型大学的任务，教师在承担教学工作的同时，还要结合学科发展方向和课程教学特点，开展技术研究、应用研究和教学研究，并在教学和科研中凝练学科发展方向，带动学科发展，培养社会需要的应用型、复合型、技能型人才。显然，建设一支高水平的师资队伍，并通过师资队伍建设带动学科发展，是教学型大学内涵建设的重要任务。

作为我国高等教育重要组成部分的成人高等学校,教师队伍以社会兼职为主,其专职教师队伍普遍存在数量不足、学历层次偏低、科研缺乏、总体水平不高等问题。师资队伍建设滞后和办学层次较低的状况,严重制约了学校的学科建设。《教育规划纲要》颁布后,继续教育的地位迅速提升,建立高素质的师资队伍,推动学科发展,提升办学水平,已成为包括开放大学在内的我国成人高校的重要任务。

## 二、开放大学的学科与师资队伍建设

20世纪70年代,以英国开放大学为代表的世界各国开放大学的出现,使高等学校的学科与师资队伍建设出现了新的特点。基于开放大学独特的办学理念、教学模式、服务模式及其人才培养模式,与其学科建设紧密联系的科学研究、专业建设、课程建设和师资队伍建设也出现了新的特点。

### (一)国际开放大学的学科与师资队伍建设

世界各国开放大学的学科建设虽然各有侧重,但也有共同的特点:

一是以完善的学位制度带动学科发展。国际上的开放大学,无论是身处发达国家,还是发展中国家,无一例外地建立了学位制度,并以学位制度带动学科发展。2004年,英国开放大学设立的博士、硕士、学士科目已达48个。印度英迪拉·甘地国立开放大学的博士、硕士和学士科目达到了34个。创办时间稍晚的香港公开大学,其学科数量的发展,还明显快于英国和印度的开放大学,2004年,该校的博士、硕士、学士科目就高达147个。

二是紧密结合社会需要,灵活设置专业。英国开放大学开设的专业涵盖了环境发展与国际关系等14个学科门类,其设计、计算机、发展研究、地球系统及环境、教育、数学、技术、社会政策、人文学等学科领域的研究具有世界一流水平。美国凤凰城大学的专业设置主要集中在与市场适应度高的管理、市场营销、护理/卫生保健、技术等学科领域,而且构成专业的所有课程都涉及五大学习目标:专业能力和职业价值、批判性思考与解决问题的能力、沟通能力、信息利用能力、协作能力。

三是课程体系与课程教学改革力度大。英国开放大学把英国高校传统的课程结构改变为易于入门的课程体系,提供较为灵活的课程组合,以提高学生学习信心和学习能力,并实施以课程为单元的教学组织形式,减少了学习障碍,保证学生学业有成。在改革课程教学内容方面,其努力改变英国大学传统的知识密集而难以自学的文字教材形式,以课程学习活动为基础,组成学习单元,建设优质的课程教学资源,其中包括文字教材和配套的多媒体教学材料,构成具有开放大学特色的多媒体一体化组合资源包。这种把教的过程体现于学的过程的做法,不仅有助于学生的自学和理解,而且大大提高了教学效果。英国开放大学"高质量的媒体教材和模块化的课程内容,不仅在英国本土深受好评,而且还得到国际远程教育机构的推崇"(余善云,2009)。印度英迪拉·甘地国立开放大学建立了全国开放大学协调发展的相应机制,统筹制定全国远程教育的课程、资源和质量标准,并根据相关法律的规定,对课程体系和资源质量进行评价,并协调课程资源在不同层级开放大学中的应用。香港公开大学的课程开发往往是以团队攻关的形式完成的,其教学设计在课程开发中的有效应用保证了课程开发的高质量。

此外,在师资队伍建设上,英国开放大学教师的数量配置充分适应了远程教育的特点和需要。"英国开放大学拥有1 600名左右的专职教师,其中有60%的人具有博士学位"(王承绪等,1992)。2008年,英国开放大学包括专职、兼职教师在内的生师比达到24.8∶1,如果把远程教育的在校生数以3∶1折合为全日制高校的在校生数的话,则生师比达到8.3∶1。兼职辅导教师辅导学生的数量规定不超过25人,工作量不超过本人工作量的10%。学校不仅在数量上而且在教师素质上也有高标准要求,学校从筹建开始就建有一套严格标准和操作程序的人才招聘、录用制度,坚持不断引进具有世界级大师水平的学科、专业领军人才,从而汇聚起学科、专业的优势和提升教学、科研水平的实力。

以学位制度带动学科和师资队伍建设,以一流的师资支撑学科发展,以及灵活设置市场需要的专业、精心打造的课程和富有特色的科学研究,形成了国外开放大学传播学科知识、提升学科水平、促进学科发展的鲜明特色。

(二)中国广播电视大学系统的学科与师资队伍建设

在中国广播电视大学系统三十多年的办学中,学科和师资队伍建设经历了一个从利用社会资源到自我发展、逐步深入的过程。在电大创办后的前20年,电大主要是利用高校、科研机构的学科资源和社会的师资力量办学。从1999年开始,全国电大参与"中央电大人才培养模式改革和开放教育试点项目研究",尽管这时电大的学科专业与师资队伍还离不开普通高校和社会,但从适应经济社会发展和电大自身发展的现实需要出发,电大的学科与师资队伍建设已开始启动,如制定专业发展和师资队伍建设规划,开展"专业、学科、资源、师资"四大建设与学术研究,根据远程教育特点指导学科教学等不同的方面。

开放教育试点总结性评估后,电大的学科与师资队伍建设得到了进一步的重视和加强。中央电大在其"十一五"发展规划纲要中明确提出要竭力打造具有应用型人才培养特点，适应市场人才需要和远程学习者个别化自主学习需求的优势学科和特色专业；要修改和完善电大沿用多年的课程建设规则与相关流程，吸纳、整合、利用社会优质教育资源，大力建设网络精品课程，并把制定学科建设规划、建设学科研究平台和指导机构、开展学科研究、办好专业性学术刊物、建设专业化的师资队伍、引进知名专家和学科带头人、实施队伍素质提升工程等作为这一时期的重要任务。2010年，"中央电大已基本形成多学科并举、本科与专科并重、专业教育与证书教育互补，结构优化、协调发展的学科专业和证书体系"（余善云，2011）。远程教育学、教育技术学等特色学科的实践已取得重大进展。从学科建制的视角来说，远程教育学成为一门新的学科已指日可待。教育技术学已开始招收学生，如果倾力打造，完全可以成为开放大学的特色学科。

截至2010年，电大开放教育已形成管理学、法学、工学、教育学、经济学、医学、农学、理学等共25个二级学科和75个专业。法学、管理学、文学、经济学、理学、医学、社会学、教育学8个学科在校本科生已超过80万人。经济学、法学、教育学、文学、哲学、史学、理学、工学、农学、医学、管理学11个学科的专职教师已达到5.71万人，其中具有高级职称的教师2.126万人（教授660人），占总数的37.2%，具有硕士、博士学位的教师6 500人，占总数的11.6%。可见，电大的学科覆盖面、社会适应度、学科队伍建设都已取得显著的进展。

与此同时，省级电大的学科建设也迈出了一定的步伐，不少省级电大已制定了学科建设规划，确定了学科建设目标，提出了学科建设的相应措施。例如，重庆广播电视大学在全系统建立了包括计算机科学与技术、汉语言文学、法学、工商管理等在内的9个学科团队；河南广播电视大学提出数学与应用数学园艺学等6个学科专业要名列全国电大系统前茅；山西广播电视大学提出要构建学科梯队，选拔培养一定数量的学科带头人；新疆建设兵团电大提出要在建设基础、文史、法学、财经、英语、计算机6个学科群基础上，建设11个一级学科，26个二级学科，形成"T型"学科结构群。

毋庸讳言，电大在学科和师资队伍建设上，无论是和国外开放大学相比，还是相较于适应电大转型发展建设开放大学的现实需要，都还存在着很大的差距。由于受到本科办学权和学位授予权缺失、办学层次较低以及学科梯队、高水平师资队伍建设相对滞后等原因的影响，电大的学科建设任重道远。

### 三、加强开放大学学科与师资队伍建设的必要性

由中央电大和省级电大通过战略转型建立的国家或地方开放大学，与其他

任何高校一样，都必须把学科和师资队伍建设放在学校内涵建设十分突出的地位。有专家指出，学科建设实质上就是以教师为核心的人才队伍建设。而师资队伍的学科结构、学历结构、年龄结构、学缘结构又是组成学科、建设学科的关键，要抓好学科建设，归根结底，就是要抓好师资队伍建设（赵曙，2004）。

### （一）学科和师资队伍是大学内涵建设的核心要素

如前所述，学科和师资是支撑大学发展的基本要素，学科建设和师资队伍建设则是大学建设的核心任务，也是提高大学教学科研水平、保证人才培养质量的关键，更是衡量一所大学学术水平和知名度的标志。进入21世纪以来，我国不同类型、层次的大学，都把学科和师资队伍建设摆在学校改革、建设和发展十分突出的地位，纷纷制定学科和师资队伍建设规划。事实已充分证明，学科和师资队伍建设已成为大学内涵建设的核心要素，无论是研究型大学，还是教学型、应用型大学，凡是学科和师资队伍建设力度大、效果好的高校，学校的办学水平和学术地位上升就快，社会影响也大。

### （二）建设开放大学必须以学科和师资队伍为支撑

国家或地方开放大学是中国高等教育体系中的新型大学，作为"大学"，首要的就是要遵循"大学"建设和发展的一般规律，进行与自身发展相适应的学科和师资队伍建设。如果没有学科和师资队伍，无论是国家开放大学，还是地方开放大学，就可能"沦落"为机构，只有大学的"名"而无大学的"实"。如果不抓学科和师资队伍建设，中国开放大学的发展也难以持久。纵观世界各国的开放大学，无不重视学科和师资队伍建设，并取得了显著成绩。英国开放大学之所以能够成为国际开放大学的一面旗帜，在于其不仅有与传统大学相媲美的学科、高品质的课程资源，还有一大批高学历、高职称的专职教师，其"实力之雄厚在英国名列第三，仅次于牛津和剑桥大学"（余善云，2009）。日本开放大学特别注重师资队伍建设，除积极引进人才组建专职教师队伍外，还从日本国内各大学聘请大量的资深教授和学者，担任课程的兼职主讲教师。香港公开大学更是从全球招聘专职教师，从而保证了教师队伍的高水准。显然，国家或地方开放大学作为我国大学的成员，毫无例外地都需要进行学科和师资队伍建设，并通过建设取得的成效为自身的持续发展提供有力支撑。

### （三）按照开放大学的特点开展学科和师资队伍建设

基于开放大学是中国高等学校中的新型大学、世界开放大学体系中富有中国特色的大学,也是国家或地方终身教育体系和学习型社会建设的重要支柱,国家或地方开放大学的学科和师资队伍建设既不能走普通高校的路子,也不能照搬国外开放大学的模式,必须充分考虑我国开放大学具体的特点和环境条件,创新理念,科学定位,走出一条与国家或地方开放大学办学相适应的学科和师资队伍建设的新路来。在学科建设上,绝不能沿用普通高校的思维和模式,即刻意追求知识体系的完整性,必须以培养应用型人才为宗旨,充分考虑面向从业人员开展大众化教育的实际,确定学科建设的目标、重点和路径。在师资队伍建设上,既要反对一味强调"高精尖"的想法,也要吸取电大"先上马后备鞍"、忽视师资队伍专业化建设的历史教训,更不能不顾电大系统目前已经形成的以专职教师为主体、专兼职教师相结合的师资队伍构成现状,而要实事求是地进行师资队伍建设。

### 四、开放大学学科与师资队伍建设的目标

目标就是在一定时间范围内要达到的目的。目标的制定应符合 SMART 原则,即具有明确性、可测量性、行动导向性、务实性和时间性等特征。制定国家或地方开放大学学科和师资队伍建设的目标,既要考虑已有基础,还要考虑环境与条件,要可操作,如此才能使目标真正发挥引领作用。

(一)学科建设目标

一般来说,国家或地方开放大学学科建设的目标应包括学科水平、队伍结构、研究能力、人才培养、基地建设、合作交流等内容。基于国家或地方开放大学是由中央电大或省级电大转型建立的实际情况,学科建设目标体现在以下几个方面:

(1)学科水平明显提高。中央电大和省级电大原有的基础较好的管理学、法学、工学、文学、教育学、经济学、哲学、医学、农学、理学、历史学这11大学科的建设应各有侧重。即使是地方开放大学,也应至少建设学科性专业30个,设置行业急需的专业和区域性特征明显的专业20个,建成优质课程300门以上;远程教育学、教育技术学等特色专业建设在一些学校应取得明显进展;形成具有开放大学特征和自身特点的学科梯队、专业梯队、课程梯队。

(2)师资队伍稳定,结构合理。由电大系统转入开放大学的师资队伍要保持稳定;形成一支适应开放大学需要、业务精湛、结构合理、特色鲜明的学科队伍;国家或地方开放大学的总部、分部、学院、基层学习中心各层级师资队伍的职称、年龄、知识结构要更趋合理。

（3）研究能力明显增强。科学研究是推动学科建设最活跃的因素，也是体现学科发展最重要的指标。国家或地方开放大学的总部在目标期内承担的科研项目、获得的科研经费以及科研成果的数量均应有显著增加；学术刊物得到良好发展；科研投入明显加大，学术氛围明显提升，学科研究取得重大进展。

（4）人才培养有新进展。人才培养模式改革取得重大进展，总体规模在电大现有基础上有较大幅度上升，硕士、博士学位的高层次人才培养有突破性进展，国家或地方开放大学的教育质量得到社会认同。

（5）基地建设成绩显著。学科基地的建设为学科发展提供了良好的教学、科研和人才培养的条件，增强了学科服务社会的能力。可以直属学院、行业学院和条件较好的地方学院为基础，从实际出发，加强国家或地方开放大学的学科基地建设。

（6）合作交流不断拓展。学科建设应注重国内外学术交流与合作，通过多层次、多渠道、多形式的合作与交流，使一批优秀的学术骨干能及时了解学科领域的国际学术前沿，提高学术水平，扩大开放大学优势学科、特色学科的社会影响。

（二）师资队伍建设目标

《规划纲要》指出："教育大计，教师为本。有好的教师，才有好的教育。"开放大学师资队伍建设目标的确定，应根据国家或地方开放大学在规划期内承担的人才培养任务、远程开放教育的运行特点以及开放大学教师多层级的体系架构，按照专职为主、专兼结合、动态开放的原则予以确定。

1. 总体目标

到2020年时，应建成一支理念先进、数量适度、结构合理、专兼结合、业务精湛、师德高尚、治学严谨、特色鲜明的国家或地方开放大学的专业化师资队伍。以学科（专业）建设为龙头，以远程教育名师、学科（专业）和学术带头人建设为重点，优化师资队伍结构，整体性开发与利用人才资源，引进与稳定并举，培养与补充并重，全面提高教师队伍的专业化素养，构筑开放大学学科、专业、课程、资源建设人才高地。

2. 具体目标

（1）规模目标。基于开放大学的特点，参照国际开放大学的相关标准，应有计划地逐年增加开放大学专职教师的数量，争取到2020年时国家和地方开放大学的教师总量达到15万人，在电大现有专兼职教师9.41万人的基础上增加5.5万余人，生师比保持在30∶1左右。

(2) 结构目标。专兼职结构：为有利于开放大学师资队伍的专业化建设，教师队伍的专兼职比可保持在6：4左右，专职教师应该是开放大学师资队伍的主体。学历结构：专职教师中具有硕士、博士学位的比例应大幅度提高，硕士以上学位的教师不得低于专职教师总数的80%，具有博士学位的教师不低于专职教师总数的20%。职称结构：专职教师中高级职称应达30%以上，课程主讲、专业主持教师中，正高职称的应达60%以上。年龄结构：持续而有计划地补充中青年教师，形成老、中、青合理的结构比例。到2020年时，专兼职高级职称教师的平均年龄应控制在45岁左右，专职教师中50岁以下的教授应占教授总数的40%以上。学缘结构：打破地域界限，拓展师资来源渠道，多元化、多途径补充师资，优化教师队伍的学缘结构。专业结构：优先保证主体学科、优势学科、重点专业、特色专业的教师需求，加快引进短缺专业师资人才，优化师资队伍专业结构。

(3) 层次目标。形成关于国家或地方开放大学总部、分部、学院、学习中心间教师合理的层次比例结构。通过实施不同类别的高层次人才建设工程，造就一批在远程教育领域有影响的学术带头人，培育和发展中青年学术骨干，形成结构合理的学术梯队。提高教师的专业素养和远程教学能力，加快教师专业知识的更新，大力提高教师的从业经验与实践能力。

## 五、开放大学学科与师资队伍建设的途径

学科和师资队伍建设是一流开放大学建设的基础性工程。可通过建立富有特色的学位制度、统筹制定规划、整合利用存量资源、开展特色学科（专业）建设、强化专业化师资队伍建设、加强科学研究提升学术水平等途径，推动国家或地方开放大学的学科与师资队伍建设。

### （一）建立学位制度带动学科和师资队伍建设

学位制度是"针对学位授予的级别、学位获得者的资格、学位评定、学位管理而设立的制度"（百度百科，2011）。学位制度的实施对包括开放大学在内的高等学校的学科和师资队伍建设都将产生十分重大的影响。

电大在开放教育办学中，学位的授予依托合作高校，而合作高校对电大开放教育学生的学位授予又依附于传统教育。从国外开放大学来看，无论是英国开放大学，还是印度的英迪拉·甘地国立开放大学、美国的凤凰城大学，无一例外地都实行了学位制度。在国家和地方开放大学实行学位制度，可有效推动人才培养模式的改革，促进学科、专业、课程的科学研究，稳定专职教师队伍，推进学科梯队和教学团队建设，进而带动开放大学的学科和师资队伍建

设，提升开放大学的学术水平。

### (二) 加强对学科和师资队伍建设的统筹规划

规划是比较全面的长远发展计划，是对未来整体性、长期性、基本性问题的思考和设计的整套行动方案。基于学科和师资队伍在开放大学建设全局中的重要地位，国家和地方开放大学要提升自身水平、实现科学发展，就必须制定具有自身特点的学科与师资队伍建设规划。

通过规划的制定，明确国家和地方开放大学学科（专业）与师资队伍建设的指导思想、发展目标、建设思路、布局结构、侧重点、路径和措施等。可按照适应需求、突出重点、强化特色、彰显优势的原则，处理好一般学科（专业）与主要学科（专业）、特色学科（专业）与优势学科（专业）的关系，形成合理的结构。应制定引进学术带头人和高水平教学骨干、建设远程教学团队和学习支持服务团队、开展教师专业化培训的政策。提出对教师参加科学研究、教学研究、学术研究的要求，并采取一定的激励措施。落实相关机构的管理责任，根据事业发展需要做好年度安排等。开放大学的学科与师资队伍建设规划还应与学校的事业发展规划相衔接。

### (三) 整合利用好学科和师资队伍的存量资源

电大开放教育办学十余年，虽然是与普通高校合作，但在这个过程中也形成了一些优势学科（专业），并建立起一支熟悉远程教育教学规律、以专职教师为主体、专兼结合的师资队伍。由电大转型建立的国家或地方开放大学，应充分利用好已有的存量资源，可在全面清查、梳理开放教育学科、专业、课程、资源和师资存量的基础上，充分考虑各地的社会需求，以及自身的专业、课程、师资等现状与发展前景，采取保留、调整、撤分、合并、新建、培育等方式构建学科梯队、专业梯队、课程梯队，使之成为开放大学学科（专业）发展的基础。对专职教师进行有效的系统化整合，形成专业化的学科梯队和比较稳定的教学团队，使之成为国家和地方开放大学师资队伍的基本力量。

### (四) 根据开放大学的特点开展学科(专业)建设

(1) 开放大学是以现代教育技术为支撑，面向从业人员实施远程教育并以应用为主的教学型大学，在学科建设下，必须充分考虑其远程、开放、面向从业人员在职学习等特点，准确定位，整合资源，突出重点，构建起结构合理、特色鲜明的学科体系。应根据国家和地方开放大学承担的任务、培养对象、教学特点和应用的信息技术手段，按照教学应用型大学的基本要求，以培养应用型、技能型人才为目标,以传播、应用学科知识为重点,以实用性、针对性、富有特色的专业和高品质的课程资源为核心,带动学科建设,创建学科特色,推动学科发展,提升学科的学术水平。

(2)体现理论与岗位实践的结合,发挥专业和课程的基础作用,按照学历教育与非学历教育互通、学科与专业有机衔接的原则,花大力气建设好社会需求量大、有广泛社会影响力的重点学科和优势学科。从师资配备、学术研究、资源供给、资金投入等方面,倾力打造发展潜力大、已有一定基础的学科与特色专业。要把远程教育学、教育技术学、信息传播学等具有开放大学特色的学科进行重点培育"着眼于国家发展战略和经济结构转型的大背景,高起点、快速度地建设一批权威的新型学科专业"。

(3)以国家和地方产业结构调整升级、经济发展方式转型为导向,结合区域、行业、产业经济布局、特点及发展需要,以学科性骨干专业为核心,以行业性、区域性特征突出的专业为主体,科学、灵活地设置专业,形成国家或地方开放大学专业设置及人才培养的特点和竞争优势。加强适合远程教育的法学、金融、会计、工商管理、行政管理、物流管理、社会工作、外语、汉语言文学、计算机科学、水利、土木工程、教育技术、学前教育等特色专业建设,构建科学的专业评价体系,创建国家或地方开放大学的专业品牌。

(五)加强开放大学专业化师资队伍建设

建设一流的开放大学,必须坚持以教师为本。根据国家或地方开放大学学科、专业、课程建设态势和远程教育的规律与特点,加强专兼职师资队伍建设,打造高水平的教学团队,是开放大学建设和发展的根本要求。

(1)按照"以专为主、专兼结合、动态开放、持续发展"的原则,着力建设一支业务过硬、结构合理、特色鲜明、专业化水平较高的开放大学师资队伍。吸纳学科、专业、课程的领军人物和学术骨干,引进、聘用社会高端人才和名师,充实国家和地方开放大学专职师资队伍。实施高层次人才引进计划、开放大学学者计划、中青年骨干教师培养计划等,打造开放大学教学骨干团队。

(2)以优势学科、特色专业、重点课程为基础,遴选学科、专业、课程带头人,组建系统化的、以团队运作为基本特征的学科、专业建设和课程教学团队。培养精通远程教育教学设计、数字化课程资源开发、教学组织及远程学习支持服务的专业化程度较高的专职教师队伍,发挥好国家和地方开放大学体系师资队伍的整体性作用。

(3)聘请大批教授、学者、教学名师,以及具有丰富实践经验和较高理论素养的行业专家参加国家或地方开放大学的学科、专业建设,担任课程主讲、教材主编，形成具有强大竞争力的学术支撑。根据开放大学教学需要，聘请大批量的高校教师和行业、企业一线技术专家担任课程辅导教师，主持基于网络的导学、助学活动。建立开放大学师资联盟，实行师资互用、课程共建、资源共享。创新教师共享机制，凝聚远程教育人才资源。

（4）采取校内培训与校外培训、学历补偿与素质提升、专业知识学习与远程教学技能培训相结合等方式，加强教师的专业化培训。可定期和不定期地选送教师到国内外高校、远程教育机构培训进修和开展学术访问，提升教师远程教学能力和教育技术应用水平，促进教师专业化素养的发展。

（5）建立教师竞争上岗制度，实行教师培训和上岗证制度，建立教师培训、进修登记和补偿制度。积极探索并制定科学、有效、可行的教师考核办法和指标体系，使教师考核工作制度化、规范化、科学化。把教师参加教学科研、学习支持服务、学习培训取得的实际效果，同教师专业技术职务晋升和参加专业、课程、资源等项目建设结合起来。

（六）加强科学研究提升开放大学学术水平

（1）强化科研意识，加强科研工作，根据国家和地方开放大学承担的任务进行科研定位。建立开放大学研究机构，在国家和地方开放大学设立若干特色学科研究中心，根据合作研究的需要，在境内外合作建立网络研究中心，建立和完善国家和地右开放大学科研机构。

（2）建立、健全开放大学科研管理制度和科研评价与激励机制，调动教师和科研人员参加远程教育研究，新媒体、新技术应用研究，特色学科、优势专业、优质资源研究，以及开展人才培养模式改革、远程学习支持服务研究的积极性，促进科研成果的生产与应用。

（3）建立一支熟悉现代远程教育理论和教育技术、专兼结合的科研队伍，加强科研工作培训，不断提升开放大学的科研水平。办好开放大学学报，培育远程教育学术期刊。利用各级远程教育学会、论坛、协会等平台，广泛开展远程教育学术活动，形成开放大学浓厚的学术氛围。以特色鲜明的科学研究促进开放大学的学科和师资队伍建设，提升国家或地方开放大学的办学水平和学术水平。

## 参考文献

[1] 人民出版社. 国家中长期教育改革和发展规划纲要（2010—2020）[M]. 北京：人民出版社，2010.

[2] 教育部. 深化教育体制改革工作重点[EB/OL]. 中国新闻网，2010-05-17.

[3] 明人优天. 关于我国高等教育学科建设的若干思考 [J]. 百度空间, 2011 (3): 18.

[4] 刘小燕, 曾晓红. 学科与专业、学科建设与专业建设辨析 [J]. 高等教育研究学报, 2007, 30 (4): 12.

[5] 罗云. 关于学科、专业与课程三大基本建设关系的思考 [J]. 现代教育科学, 2004 (3).

[6] 刘延东. 新中国教育史上的重要里程碑 [OL]. 人民网, 2011 (3): 25.

[7] 赵文波, 金娟琴. 试论研究型大学的师资队伍建设 [J]. 中国高教研究, 2001 (7).

[8] 朱文, 范志辉. 西部欠发达地区教学型高校师资队伍建设刍议 [J]. 中国人力资源管理网, 2010 (11): 8.

[9] 余善云. 走向开放的未来 [M]. 北京: 中央电视广播大学出版社, 2009 (8).

[10] 王承绪, 徐辉. 战后英国教育研究 [M]. 南昌: 江西教育出版社, 1992.

[11] 赵曙. 学科和师资队伍建设是办好高校的关键 [J]. 云南民族大学学报: 哲学社会科学版, 2004 (3).

# 相互依存视角下
# 国家开放大学组织体系建构研究[①]

国家开放大学组织体系的各行为主体之间存在着相互依存而又不对称的互动影响和制约关系。以相互依存理论为指导，深入研究以广播电视大学系统为基础、转型建立的国家开放大学总部、分部、学院和学习中心在国家开放大学体系中的相互依存度。分析不同主体与国家开放大学组织体系依存关系变化的规律与特点，采取切实有效措施，构建国家开放大学组织体系内不同主体之间的新型关系，推动国家开放大学的体系建设。

## 一、相互依存视角下广播电视大学系统的关系

相互依存理论作为研究国际政治经济学的重要理论，因其唯物辩证的思维本质和对决策的重要参考作用，已广泛应用于社会系统的各个方面。我国广播电视大学系统各行为主体客观上存在着相互依存关系。在转型构建国家开放大学组织体系的过程中，其依存度也出现了新的变化特征。

### （一）相互依存理论的基本内涵

从古希腊到今天都有人试图解释相互依存（interdependence）的概念，马基雅弗利、孟德斯鸠、卢梭、斯密、马克思的作品中都包含相互依存的观点，现代学者如阿尔伯特、赫希曼赫、理查德、库珀、肯尼斯、华尔兹、罗伯特、基欧汉和约瑟夫·奈等，都对相互依存理论的发展做出了很大的贡献。

基欧汉和奈认为，"相互依存是指国际社会中不同角色之间互动的影响和制约关系，这种互动的影响和制约关系可以是对称的或不对称的，其程度取决于角色对外部的'敏感性'和'脆弱性'的大小"（百度百科，2013）。敏感性（sensitivity）相互依存是指在某种政策框架范围内作出反应的程度，即一个主体发生的变化导致另一个主体发生变化速度的快慢和付出代价的大小。脆

---

[①] 基金项目：重庆市教育委员会 2014 年人文社会科学研究项目"创建新型重庆开放大学服务五大功能发展的研究"（项目编号：14SKS33）；国家开放大学 2014 年规划课题"基于国家开放大学体系建构的研究"（课题编号：G14G3503Y）。

弱性（vulnerability）相互依存是指每一主体试图改变政策以减少外部事件强加的代价而减少损失的程度。相互依存的脆弱性程度取决于各种行为体获得替代选择的相对能力及其付出的代价。从长期而言，相互依存的脆弱性程度取决于主体意愿、政府能力和资源能力。

相互依存理论最早应用于经济，研究国家之间的相互关系以及国际体系的发展变化，"在演变的过程中，这个概念从经济相互依存扩大到军事、社会、政治、教育、文化、生态相互依存直至今天的全球化"（范博伟，2011）。在早期，相互依存理论主要以理查德·库珀（Riichard Cooper）及其相互依赖经济学为代表，综合国际关系现实主义和自由主义国际政治经济学，研究国家之间的相互关系和国际社会的发展变化，是一种新的国际政治经济学的理论。

相互依存的问题及与此相联系的世界市场、世界经济一体化等范畴，长期以来一直是中外国际关系学界的热点问题，当然也存在着诸多的争论和分歧。不管人们对相互依存这一概念有多少争论，人们不得不面对这样一个现实，当今世界各个国家、各个主体的相互依存，当然首先是经济的相互依存，这已成为不争的事实（任开蕾，2004）。在现代社会，相互依存并不局限于国与国之间的经济、政治关系，它已经深入到社会生活的方方面面，如金融系统、公安系统、中国的广播电视大学系统，以及正在建设的国家开放大学组织体系，等等。

(二) 广播电视大学系统的相互依存关系

广播电视大学（简称电大）是一个由中央电大、省级电大和地县基层电大结组成，按照"统筹规划、分级办学、分级管理、分工协作"的要求，开展现代远程教育的办学系统。在这个系统中，各主体之间存在着相互联系、相互依存、相互促进、共同发展的紧密关系。处于高端的中央电大或省级电大，其办学目标的实现需要基层电大的支撑，而基层电大的生存和发展在很大程度上又要依赖于中央电大和省级电大的教育资源，这种各自独立的办学主体在一个体系内相互依存的现象在国际远程教育界十分罕见，具有鲜明的中国特色。

我国广播电视大学的办学系统在相互依存中也同样存在着"敏感性"与"脆弱性"问题。无论是处于系统高端的中央电大和省级电大，还是基层的电大分校、电大工作站，都对国家教育发展政策和办学环境的变化十分敏感，并在不同时期以自身利益诉求为目标，采取不同方式做出快速反应，如中央电大对建设实体化的远程开放大学的不懈追求；省级电大在多元化发展中，千方百计增强办学的核心竞争力，谋求新型高等学校的名至实归；基层电大在多元化、实体化、社会化办学中不断拓展自身的发展空间，提升组织的生存能力。这些都已充分表明，电大办学系统在相互依存中的"脆弱性"特征。

广播电视大学系统不同主体之间在办学中既相互影响，也相互制约，尽管这种影响和制约是不对称的，但对电大系统的发展却都是致命的。如果基层电大的覆盖面十分狭小，或者被其他教育类型同化，或者发生了异化，就可能影响中央电大或省级电大的办学，"终端制胜"的论断已充分说明基层电大在电大系统办学中的战略性地位。同样，如果中央电大或者省级电大在办学中出现了大的偏差，基层电大的生存和发展也要受到致命的影响，甚至被迫转向或者停止办学。广播电视大学系统各主体之间相互依存的影响和制约是客观存在并显而易见的。

（三）转型发展中电大系统依存关系的变化

2010年，《国家中长期教育改革和发展规划纲要（2010—2020年）》颁布实施，提出了"办好开放大学"的要求。2012年7月到12月，以中央电大为基础建立的国家开放大学（简称开大）和北京、上海、江苏、广东、云南开放大学相继挂牌成立，电大系统传统的依存关系面临着重大调整，一个由总部、分部、学院、学习中心结构而成的国家开放大学组织体系将随之在电大系统的基础之上建立起来。国家开放大学组织体系的建立，同时也意味着电大系统组织结构的调整变化，全国电大系统在30多年办学中形成的相互依存关系也要随之发生新的重大变化。

电大系统传统的依存关系因适应转型需要向国家开放大学组织体系转化，涉及体制改革、机制优化、组织重构、利益调整等一系列重大问题，必然需要政策依据、政府许可、主体意愿等多种因素作支撑。研究和分析构成国家开放大学组织体系的总部、分部、学院、学习中心的生态环境、价值取向、多元结构、办学能力等，尤其是研究和分析分部、学院、学习中心在实体化、多元化、社会化办学条件下对国家开放大学体系依存的变化特征，并以此为依据制定相应的政策和策略，这既是国家开放大学组织体系建设的现实需要，也是国家开放大学发展的必然要求。

## 二、国家开放大学组织体系依存的生态环境

国家开放大学组织体系的生态环境，是指由国家开放大学组织体系中各行为主体相互依存的要素链条构成的系统环境。由于影响和制约国家开放大学组织体系依存关系的因素十分复杂，本文仅通过对总部、分部办学服务能力的变化，以及基层学院或学习中心生存发展环境的变化，来分析国家开放大学组织体系各主体之间依存关系的变化。

## (一)总部与分部办学服务能力的变化

国家开放大学体系建设"实际上就是对国家开放大学系统内总部、分部、学院和学习中心之间关系的协调、维护、保障和拓展"(赵珂苑、牛慧,2012)。在总部、分部、学院、学习中心不同层级中,总部和分部的办学服务能力变化将对国家开放大学组织体系依存关系的变化产生重大影响。

在中央电大基础上改制建立的国家开放大学总部,在开放教育办学中基本完成了由管理机构到大学实体的转化,办学服务能力有了较大提升,主要表现在三个方面:一是办学队伍。1999 年,中央电大有教职工 382 人,其中专任教师 134 人,在专任教师中,有教授 10 人,副教授 83 人[①]。到了2011 年,教职工增加到 487 人,专任教师增加到 150 人,其中正高 19 人,副高 66 人。二是办学机构。在 1999 年时,中央电大是一个没有学生的远程教育管理机构,到 2011 年,中央电大直属院校发展到 12 所,开放教育在校生达 90 100 人,有教职工 487 人,其中专任教师 178 人,正高 11 人,副高51 人。三是专业设置。1999 年,中央电大设置开放教育本科专业 4 个,专科专业 3 个,2011 年时,已设置囊括理学、工学、农学、医学、文学、法学、经济学、管理学、教育学 9 大学科,本科、专科、"一村一"开放教育专业共 101 个。

在国家开放大学组织体系链条中,办学服务能力变化最大的是以省级电大/开大为依托建立的分部。分部办学服务能力的提升主要表现在四个方面:一是人才队伍。截止到 2011 年,全国 44 所省级电大/开大的校本部,有教职工 13 498 人,在 7 106 名专任教师中,高级技术职称的教师有 2 276 人,已占总数的 32%。武汉、四川、辽宁、重庆、广东、宁夏、湖南、湖北、江苏、福建 10 所省级电大的专职教师均达到 200 人以上,尤其是武汉、四川、辽宁 3 所省级电大,专任教师都达到了 400 人以上。依照教育部本科院校设置标准,即专任教师总数达到 280 人,其中 30% 达到副高以上,有 10名教授,2011 年时就已有 8 所省级电大达到了国家设置普通本科院校对教师提出的要求。二是基础设施。1999 年,全国 44 所省级电大中,固定资产超过 3 000 万元人民币的仅黑龙江、上海、河南、湖北、江苏、武汉、湖南、四川电大 8 所学校,校园占地面积超过 5 万平方米的仅四川、湖北、湖南、厦门 4 所电大,到 2011 年时,重庆、贵州、江苏、武汉 4 所电大的固定资产都超过了 5 亿元人民币,学校产权建筑面积超过 10 万平方米的学校达到了 10 所,其中武汉、重庆、河南 3 所电大分别达到了 36 万、28.8 万、

---

[①] 1999 年数据来源:中国广播电视大学教育统计年鉴(1999),中央广播电视大学出版社,2000 (10)。

20万平方米①。三是内涵提升。为适应办学需要，不少省级电大/开大加强了内涵建设，其学科建设、专业建设、课程资源的开发能力和水平大为增强，科学研究和服务社会的能力迅速提升。上海开放大学获得了国家教学成果一等奖，重庆电大、贵州电大等都获得了省级教学成果一等奖。继上海电大之后，四川、浙江、黑龙江电大主办的学术期刊进入了CSSIC期刊的行列。四是结构优化。"在全国44所省级电大中有27所拥有全日制的普通中等、高等职业技术学院"（王一兵，2012）。作为国家开放大学分部的省级电大和地方开放大学，办学结构逐步多元化，不少学校除举办开放式本、专科教育外，还独立举办了高（中）等职业教育、成人专科教育等。办学结构的变化使学校的收入结构发生了重大变化，不少学校远程开放式教育的收入份额在学校总收入中已大幅下降，有的还不到四分之一。

（二）学院与学习中心生存发展环境的变化

在开放大学组织体系生态链中，生存发展环境变化最大的当属基层电大。由地县（行业、企业）电大分校、教学管理工作站构成的基层电大，它们是电大系统办学的基石。转型进入国家开放大学体系之后，它们不仅是开放教育办学服务的"终端"，而且还是开放大学服务终身学习的窗口，在开放大学组织体系中具有基础性的战略地位。

在开放教育试点之前，基层电大主要是依赖中央电大和省级电大办学，在系统中的"依存性"十分脆弱，时刻都面临着生存危机。随着地方教育资源整合，不少基层电大在拓展办学空间的同时形成了多元化发展的格局。虽然"山东、云南等省份三分之二以上的基层电大都失去了法人主体地位，成为其他教育机构的附属机构"（姚文建，2013），但从另外一个角度来看，地方教育资源的整合，也拓展了基层电大的生存空间，降低了基层电大单一办学所带来的生存风险。

据调查，重庆市现有区县、行业、企业举办的基层电大45所，在地方教育资源整合中，独立设置的基层电大目前仅有12所，与教师进修校、党校、成教中心、职教中心等教育机构合并的有33所，占总数的73%，其中占三个以上单位合并的有4所，最多的巫山电大分校与7个教育机构合并。在45所电大分校、电大教学管理工作站中，具有法人地位的仅有27所，有16所只保留了电大的机构名称和办学功能。基层电大的大量合并，使电大系统受到严重的损伤，但从运行效果来看，合并后的基层电大比独立设置的基层电大发展更

---

① 2011年据来源：中国广播电视大学教育统计年鉴（2011），中央广播电视大学出版社，2012（12）

快,发展的空间和服务地方终身学习的能力明显增强,生存和发展的压力明显降低。

影响基层电大与系统依存关系的还有环境因素和调节机制等,如绩效工资制度的实施解决了不少基层电大长期以来没有解决好的财政拨款问题,激励机制的调整使许多基层电大失去了生存的压力,但同时又失去了发展的动力。此外,网络学院、奥鹏等远程教育机构竟相依托基层电大设立学习中心,办学的便捷和服务的周到使一些基层电大在比较中趋之若鹜,无形中使它们的生存空间得到了进一步拓展,但同时也降低了其对电大系统的依存度。

### (三)不同主体对国家开放大学体系的依存度

衡量相互依存程度的指标是依存度。依存度是 W. A. Brown 在《对1914—1943 年国际金本位制度的再解释》中提出的一个概念,其全称是"相互依存度",它反映的是一个主体与其他主体相互依赖的程度。就一般而言,计算依存度的方法是,用在某一方面获得的收益与单位总收益之比乘以百分之百求得,其数值越大表明依赖程度越高,也反映出相关主体对产品、服务或体系的认可程度高,如计算外贸出口依存度,就可用外贸出口额与国内生产总值之比再乘以百分之百求得(百度百科,2014),如数值很高,就说明对外贸出口的依存度高。

要了解不同主体对国家开放大学组织体系的依存度,可用两种方法获得。一个是分别以总部、分部、学院、学习中心在依靠国家开放大学体系办学获得的收益与本单位同期的总收益进行比较,再乘以百分之百求得。假如用 S 代表依存度,用 M 代表不同利益主体的年收益,用 N 代表同一主体同一时期依赖国家开放大学体系办学获得的年收益,其依存度的计算公式为:

$$S = M/N \times 100\%$$

计算不同主体对国家开放大学体系的依存度也可以将办学规模(非学历培训进行折算)进行比较求得,如以开放教育办学规模为例,2011 年电大系统开放教育在校生总人数为 2 941 525 人,减去中央电大直属院校在校生 90 100 人,用剩下的 2 851 425 除以 2 941 525,再乘以 100%,等于 96.9%,就可以大体上知道在开放教育办学上,中央电大对全国电大系统的依存度是 96.9%。

利用依存度的计算方法计算总部、分部、学院、学习中心对国家开放大学体系的依存度,总体而言是可行的。测量总部对国家开放大学体系的依存度,可用总部为办学体系提供办学和服务获得的收益除以总部同期获得的总收入,如国家财政拨款、总部的其他收入等,通过计算获得。就分部而言,因其办学已呈多元状态,参与国家开放大学的办学只是其办学的一部分,要了解其对国家开放大学体系的依存度,可用本单位参与国家开放大学办学获得的收益与学校同期的总收益之比,再乘以百分之百获得。同样,国家开放大学分布在各地区、行业、企业的学院或学习中心都可以利用依存度计算方法了解自身对国家开放大学体系的依存度。

从总体上看,国家开放大学组织体系的相互依存度呈现两大特点:一是总部、分部、学院和学习中心因参与国家开放大学办学的程度不同,其依存度呈由大到小的下降趋势,即总部对整个体系的依存度最高,处在最基层的学习中心最低。二是以参与国家开放大学办学为主、办学形式比较单一的分部、学院或学习中心,对国家开放大学体系的依存度转高,反之转低。

需要指出的是,以参与国家开放大学办学获得的收益来衡量不同主体对国家开放大学体系的依存度,虽然是一个刚性指标,但也不是完全绝对的。必须看到,依存度是一个动态的指标,在不同主体的不同时期,或者受到不同因素影响,它都可能发生变化。即在收益依存度一定的情况下,体系内外的调节机制和发展环境对不同主体依存度的影响都很大,如体系内部的国家开放大学治理结构变化,利益机制的调整变化,激励措施、社会影响力的变化等,体系外部的政府教育政策调整变化,资源整合带来的主体构成要素变化,不同主体发展取向变化,合作伙伴的选择与变化等,都可以从正面或负面影响各行为主体对国家开放大学组织体系依存度的变化。

对国家开放大学组织体系不同主体的办学结构、生态环境、依存度进行分析,可以使我们更加清楚地了解它们在国家开放大学组织体系中的地位作用、生态环境及其变化规律,同时也可以帮助我们深入了解事物发展的本质,明确调整各主体与国家开放大学组织体系的关系、改善相互依存度的着力方向,进而厘清思路,调整策略,采取措施,加快推进国家开放大学体系建设。

## 三、加快推进国家开放大学组织体系建设

由于开放大学组织体系建设涉及地方各级政府、相关利益群体和社会有关方面的利益诉求,建设国家开放大学组织体系既不能采取电大传统的纯粹依靠政府行为的行政化模式,也不能采用传统大学内部治理的结构模式,而是要把握不同主体相互依存的规律,采取既能体现政府行为、反映不同主体利益诉求,又符合开放大学治理要求的措施,通过构建相互依存、合作发展的新型关系,以创新的思维和举措,加快推进国家开放大学体系建设。

### (一)提高对体系建设复杂性的认识

依托电大系统建设国家开放大学体系,这是国家开放大学组织体系建设的

既定方针和原则，也是各级政府、教育行政主管部门和学术界形成的共识，但怎样以电大为基础构建开放大学的组织体系？尽管中央电大已改制建立国家开放大学总部，国家开放大学分部已依托省电大/开大运行，但必须看到，国家开放大学组织体系建设还存在着诸多方面的问题。

（1）缺乏政府政策支持。迄今为止，教育部都还没有出台国家开放大学组织体系建设的指导性意见，分部的建立与基层电大转型进入国家开放大学组织体系缺乏国家、地方政府和教育行政部门必要的政策基础。

（2）基层组织建设职责不清。学院、学习中心是国家开放大学组织体系的基石，《国家开放大学建设方案》把学院、学习中心建设的任务交给了分部，但分部应如何运作？总部进行指导的原则和要求是什么？在学院、学习中心建设中，分部与总部各应负什么责任？如何进行检查、督导、评估？等等，尚未明确。

（3）对体系建设复杂性认识不足。国家开放大学的组织体系既不同于省电大系统和地方开放大学的体系——总部与分部及其基层学院、学习中心在组织管理体制上是脱节的，也不同于高校的网络学院——总部可以直接到任何地方、按照自身的设想建立学习中心，而要通过分部这个中间环节来实现。地方各级电大或开大的不同主体对国家开放大学组织体系建设还存在着诸多疑虑等。

（4）不同主体环境变化的影响。在我国教育体制改革发展的历史进程中，无论是中央电大（国开大总部）、省级电大（分部），还是基层电大（学院、学习中心）的办学结构、发展模式、依存关系、生存环境都已发生了重大的变化，存在着不同的利益诉求，国家开放大学组织体系的建构无疑应与不同主体的生态环境相适应。

需要充分认识到的是，"国家开放大学建设是一个长远目标，也是一项复杂的系统工程"，必须立足长远发展，兼顾现实情况，发挥总部和分部两个积极性，采取符合客观实际的策略和步骤，平稳有序，扎实推进。

（二）构建主体之间的新型依存关系

广播电视大学系统实行的是科层制的组织结构体制，这种体制已明显不适合国家开放大学的组织体系建设。科层制建立在马克斯·韦伯的组织社会学基础上，是一种权力按照职能和职位进行分工和分层，以规则为管理主体的组织体系和管理方式（闻丽，2005）。在科层制管理中，电大系统按照"统筹规划、分级办学、分级管理、分工协作"的机制运行，有效地保证了教学质量和办学效益，"但这种制度缺乏弹性化管理和人性化管理以及对环境的调适能力"，尤其是电大系统的层级管理，滋长了电大办学与服务的"官僚习气"和

"衙门作风"，禁锢了系统的发展活力。

构建国家开放大学组织体系，必须以不同主体对开放大学体系的依存度为依据，区分总部、分部、学院、学习中心作为各自独立的办学主体在远程教育办学上合作发展的伙伴关系、在开放式教育这一特定教育方式上的相互依存关系。

在国家开放大学总部和分部的关系问题上，必须明确的是，这是两个具有独立法人地位和高等教育办学权的高等学校，在发展远程教育和构建终身教育体系、促进学习型社会建设问题上，既相互依存又相互独立，它们之间没有行政上的隶属关系，应该是我国发展远程教育的战略合作伙伴。分部应按照合作协议，为国家开放大学在地方的办学提供组织体系支撑，总部也要为分部的多元化发展提供帮助和支持，可在学科建设、专业建设、课程建设、项目提供等方面开展合作，互利共赢。

从我国教育改革的发展趋势来看，处于开放大学组织体系链条末端的学院或学习中心，它们还是地方高等教育机构和终身学习的指导服务中心，开放教育的办学与服务只是它们办学服务的一部分。因而在国家开放大学体系建设问题上，总部和分部只能采取"不为所有，但为所用"的策略，重点是在开放教育办学业务管理上坚持制度化、标准化、一体化的运行管理与服务，使它们在开放教育办学运行与质量控制上符合国家开放大学的治理要求。

### （三）建立合作发展的共同价值观

价值观是人们对客观世界及行为结果的评价和看法，是推动并指引人们采取决定和行动的原则、标准。"价值观对人们自身行为的定向和调节起着非常重要的作用"（2014，黄欣），直接影响和决定人们的理想、信念、生活目标和追求方向的性质。在广播电视大学发展的历史进程中，电大系统形成了"全国电大是一家"的价值观，但必须看到，这种价值观是建立在共同追求和目标一致的基础之上的，反映了电大系统各层级之间十分紧密的依存关系。正是由于"全国电大是一家"对电大系统理想、信念的影响，才使电大系统保持了较好的凝聚力和向心力。

在利益诉求多元化的新形势下，如果还在国家开放大学组织体系建构中提出"全国开大是一家"的理念，恐怕没有多少人会认同，但是，作为一种新的远程教育办学体系的国家开放大学组织体系，也应该有一种能够得到人们广泛认同的价值取向，作为事业发展的共同价值观，来影响、调节、引导各行为主体在国家开放大学体系中的共同发展。

基于国家开放大学组织体系不同主体的利益所求、组织结构特点、发展模式选择与目标取向，我们可以把"合作发展"作为国家开放大学组织体系的共同价值观,并以此建立总部、分部、学院、学习中心在国家开放大学组织体系中的依存关系和行为准则,这将有助于国家开放大学的组织体系建设。

合作发展是个人与个人、群体与群体之间为达到共同目的,彼此相互配合、争取进步的连续不断的变化过程。就其本质而言,合作发展是具有平等的法人地位的各方,为实现各自不同的发展目标,在自愿、互利的基础上,实现的不同程度的联合发展。"合作发展"是当今世界的潮流,也是重要的方法论和世界观,其核心是平等互利、共同发展。在国家开放大学组织体系内倡导、培育"合作发展"的价值观,对于提升国家开放大学组织体系的信任度、依存度具有十分重要的意义。

### (四)把体系建设的重点放在基层

国家开放大学组织体系建构的重点和难点都在基层学院和学习中心。通常情况下,学院和学习中心的功能没有大的差别,但学习中心覆盖面最广,情况更为复杂,建设好学习中心显然是国家开放大学体系建设最为重要的任务。基于学习中心的战略地位和生态环境,可采取"政策保障、功能整合、多元互动、一体运行"的思路,与地方开放大学学习中心一体运行。

(1)政策保障。基于国家开放大学组织体系建设的需要,教育部应尽快制定国家开放大学组织体系建设的指导意见,对学习中心的管理体制、构成要素、职责任务、运行机制等作出原则性规定。省级政府应依据教育部的指导意见,从各地实际出发制定开放大学体系建设的实施意见,重点是明确地县政府、行业主管部门、企业在开放大学学习中心建设中的职责,制定准入与退出的条件、程序,确定学习中心构成要素、管理与投入体制等,为学习中心建设提供政策保障。

(2)功能整合。开放大学设在县域的学习中心,也是本区域的终身学习指导服务中心、社区教育管理服务中心等,在承担开放大学办学任务的同时,还要履行发展当地继续教育、服务终身学习的职责,显然,开放大学的学习中心具有办学、培训、服务三大职能。学习中心的功能整合,应坚持继续教育属性和开放教育主导地位,挂开放大学学习中心的牌子,整合当地学历继续教育、师资和社会培训、社区教育指导服务功能,使学习中心的建设与当地成人教育、继续教育体制、机制改革有机结合起来,推进县域继续教育体制改革。

(3)多元互动。在终身学习体系建设逐步成为基层政府重要任务而终身教育资源又有限的情况下,在县级区域独立设置开放大学学习中心已很不现实,"多元一体"将成为县域开放大学学习中心建构的主要形式。在"多元一体"框架内,开放大学的学历教育,教育部门和社会各行业的职业技能培训、与城乡居民"接地"的社区教育等,都将在这里汇合融通,可以说开放大学的县域学习中心既要履行提高民众素质的职责,还要履行教化民众、改善民生的社会责任。通过学习中心的"多元互动",可实现资源共享,降低办学成本,促进不同类型的教育、培训与服务共同发展,进而提高学习中心办学与服务的效益。这也是地方政府所期望的。

(4) 一体运行。在开放大学的学习中心,"一体运行"有两个方面的含义。一是开放式教育的一体运行,要求学习中心严格按照总部和分部的办学管理和教学实施要求,面向学习者履行学习管理和支持服务的功能,发挥"终端制胜"的作用。二是学习中心内部的一体运行。由多种资源整合构建的学习中心,必然具有办学、服务的多种功能,甚至还涉及多个机构或利益实体。加强学习中心办学与服务的统筹、实行"一体运行"的机制,可避免资源浪费和组织内耗,提高办学效益与水平,有利于开放大学学习中心的巩固和发展。

## 参考文献

[1] 范博伟. 理解相互依存理论 [J]. 理论界, 2011 (1).

[2] 任开蕾. 相互依存理论概述 [J]. 社会科学论坛, 2004 (16).

[3] 赵珂苑、牛慧. 国家开放大学体系建设中的基层电大转型对策探析 [J]. 广播电视大学学报: 哲学社会科学版, 2012 (3).

[4] 王一兵. 开放大学建设和发展的三个根本问题——国际比较的视角 [J]. 南京: 江苏广播电视大学学报, 2012 (5).

[5] 姚文建. 自组织理论下的国家开放大学办学体系建设探索 [J]. 北京: 中国教育, 2013 (5).

[6] 闻丽. 科层化: 科层制组织的理性与非理性 [J]: 武汉: 理论月刊, 2005 (12).

[7] 黄欣. 文明的核心是价值观 [N]. 珠海特区报, 2014-05-26.

# 开放大学办学体系的基层建构与策略研究[①]

我国已经建立和正在创建的开放大学,其办学体系通常由总部分部、学院(分院)和学习中心构成。在开放大学办学体系的组织架构中,学院和学习中心具有基础性的战略地位。依托基层电大(地县级电大分校和电大工作站)转型升级建立开放大学的学院和学习中心有多种途径可供选择。因此,研究开放大学基层学院和学习中心建立的基本途径、实现策略与主要原则将对开放大学办学体系建设产生重大影响。本文试对这一问题进行探讨。

## 一、开放大学体系建设与电大系统转型升级的必然联系

### (一)关于开放大学的办学体系

体系是若干有关事物互相联系、互相制约而构成的一个整体(辞海,1980)。开放大学的办学体系,是开放大学基于办学目标的实现,由相互联系的办学机构按照一定原则、结构而组成的组织体系,它是开放大学的独有特色和实施远程教育规模化办学的重要保障。开放大学办学体系的组织架构因国情条件、文化背景、环境因素的不同而具有较大差别。国际开放大学的办学体系当以英国开放大学和印度的开放大学最具代表性。英国开放大学的办学体系由学校总部和地区学习中心组成,学校总部直接管理和指导地区学习中心的办学,其组织体系被称为海星结构(有的称之为环形结构)。印度的开放大学体系由具有独立办学权的英迪拉·甘地国立开放大学和多所邦立开放大学组成,英迪拉·甘地国立开放大学作为指导中心,制定远程教育标准,统筹教学资源,协调邦立开放大学的关系,其组织体系被称为树状结构。"英国模式和印度模式的开放大学办学体系各有优点,但也各有不足"。(叶文华,2011)

### (二)电大办学体系的特点与不适应性

我国广播电视大学的办学体系是由政府行为构建起来的行政化的系统办学

---

[①] 本文发表于《开放教育研究》2013年第3期。基金项目:2012年重庆市重大软科学课题"重庆市成人高等教育城乡一体化指标体系研究"(KJTC201201-12);国家开放大学2012年重点课题"国家开放大学基层教学点发展研究"(Q3501A)。

体系，具有明显的科层制组织结构特征和二元交叉管理的特点。由中央电大、省级电大、地级电大、县级电大构成的办学体系，"其管理结构的设置与行政机构的设置相联系，并按行政系统自上而下划分为不同的等级层次"（余善云等，2012）。不可否认的是，电大系统的运行模式与组织体系在推动我国电大教育事业不断发展、为电大规模化办学提供保障等方面发挥了十分重要的作用，并形成了系统办学的重要特色和突出优势。随着我国继续教育体制的不断变革和市场要素的影响，电大的办学体系在地方各级政府教育结构调整、教育资源重组以及办学主体功利化趋势影响下被不断异化和弱化。在不同利益主体的博弈中，这种缺乏法律法规和制度保障的二元交叉科层制组织结构体系使电大系统办学的运行与控制变得越来越困难，办学质量和运行效率显然也受到了一定程度的影响。

### （三）电大系统转型升级与创新发展的新契机

"办好开放大学"是国家教育发展战略提出的新要求，构建与现代大学治理结构相适应的开放大学办学体系是"办好开放大学"的必要保障。在教育部已经批准建立的国家开放大学和五所地方开放大学，以及还在努力争取进入国家"开放大学体制改革试点"、建立地方开放大学的省级广播电视大学，都把开放大学的办学体系建设摆在了十分突出的地位，并在顶层设计中提出了大学本部（分部）—学院（分院）—学习中心的组织架构，形成了依托电大系统构建开放大学办学体系的格局。但在开放大学体系建设中，也存在着开放大学体系建设不能是电大系统简单"翻牌"的认识，认为"开放大学体系建设应当对广播电视大学的系统进行借鉴，而不能进行直接的'翻牌'"（陈鲁雁，2012）。显然，电大在30多年时间里建立起来的办学系统为开放大学办学体系的建设奠定了坚实的基础，开放大学办学体系的建设也为电大系统的转型升级、创新发展提供了新的契机。

### （四）电大系统与开放大学办学体系的联系

以电大为基础建设开放大学的顶层设计为依托电大系统构建开放大学办学体系提供了客观依据，但对于建立开放大学的基层学院和学习中心，电大办学系统的基层分校和工作站却并不是唯一的选择。事实上，组织结构已经发生异化，情况千差万别的电大基层组织不可能承担起开放大学基层组织的办学使命，即使是独立设置的电大分校或电大工作站也难以适应开放大学的办学要求。显然，开放大学办学体系建设可以依托电大系统，但不能依赖电大系统。依托电大系统构建开放大学办学体系，理应是在总结电大系统建设经验、传承电大系统发展文化、发扬电大系统特色和优势的基础上革故鼎新，并通过在观念更新、体制改革、机制创新、模式选择、利益调整等方面的重大突破,来实现电大系统的转型升级,进而实现开放大学的办学体系源于电大办学系统且又新于、优于、高于、强于电大办学系统的目标。显然,电大办学系统与开放大学办学体系具有不可分割的联系,这种联系就是事物发展的一种扬弃,有继承,更是继承基础上的发展。以电大为基础建立的开放大学,其办学体系在基层的组织建构既是整个办学体系建设的重点,也是办学体系建设的难点,涉及广播电视大学和开放大学这两大体系的基层组织结构"破"和"立"的问题,牵一发而动全身,尤其是要对组织结构迥异的基层电大进行改造和升级,其难度可想而知。对开放大学办学体系建设的研究,其着力点显然应该放在基层学院和学习中心建设上。

## 二、实现途径与策略

构成开放大学基层办学体系的组织一般是指设在总部(或分部)以外的开放大学学院(分院)和学习中心,其组织机构的设置更多的是从有利于开放大学内部治理的角度和推进电大基层办学机构体制改革的目标进行考量。在我国政府主导教育事业发展、市场要素已进入继续教育领域的条件下,可供选择的开放大学学院或学习中心建设途径主要有政府主导、市场主导、大学主导、合作共建等方式。

### (一)政府主导

"政府主导"是地方政府利用行政权力推动开放大学在其行政管辖区域办学的一种方式。这种方式的特点可以概括为"法人实体、政策支撑、契约管理、双向评价"。由基层人民政府(地市县区)主导设立的开放大学基层学院或学习中心,是在当地拥有办学基地和人员队伍的教育实体机构,其办学的基本属性属于政府行为,学院或学习中心具有开放大学办学机构独立的法人地位,即以开放大学学院或学习中心的名称进行法人注册,独立承担民事责任,事业发展纳入当地经济社会发展和教育事业发展规划。运用这一方式构建开放大学的基层学院或学习中心,可以从根本上改变一些基层电大分校、电大工作站长期以来存在的有机构无法人的状况。学院或学习中心承担开放大学的办学业务,当地政府在机构设置、干部配置、人员编制、财政拨款、项目支持、职工待遇等方面都应有明确的政策支撑。

在办学业务上,开放大学总部(或分部)对学院或学习中心参与开放大学的办学行为实行契约管理,双方签订明确的办学合同和协议,通过合同和协议明确双方的责任、权利、义务和要求,并得到当地政府的认同。开放大学学院或学习中心的办学运行情况由当地政府和开放大学总部（或分部）共同进行评价，双向进行，即把开放大学总部（或分部）对基层学院或学习中心的年度考核和办学评价纳入当地政府对开放大学学院或学习中心的绩效考核；当地政府应将对开放大学学院或学习中心服务社会的考核情况及时函告开放大学总部（或分部），并作为开放大学考核基层学院或学习中心办学业绩的重要内容。以政府主导方式构建的开放大学基层学院或学习中心，可通过改造现行独立设置的电大分校、电大工作站来设立，也可以开放大学学院或学习中心为法人单位，进行资源整合构建，如整合当地职工培训中心、教师进修学校、成人教育中心、社区教育学院和其他教育机构等。其优点是有利于电大系统的基层组织在开放大学办学体系中延续，可有效实现基层电大分校、电大工作站在开放大学体系建设中的平稳过渡和转型升级，其不利因素是难以克服电大系统较长时间以来形成的政府行政管理和电大业务管理二元交叉的弊端，可能会对开放大学办学的一体化运行产生一定的不利影响，需要开放大学总部（或分部）建立相应的控制机制进行约束。

## （二）市场主导

"市场主导"是社会组织利用市场要素和机制举办开放大学业务的一种办学方式。随着我国社会主义市场经济体制的确立，市场机制已广泛应用于科研、出版、广播、电视等事业单位，包括继续教育领域。利用市场主导方式构建开放大学基层办学体系，并不等同于开放大学办学体系的市场化。在我国远程教育公共服务体系中，奥鹏远程教育中心实行的连锁经营模式实际上就是一种市场主导的教育服务方式。

开放大学基层办学体系建构的市场主导方式，其主要特点可以概括为"需求推动、自主办学、效率优先、大学约束"。以市场为动因建立的开放大学基层学院或学习中心，必须具备三个前提条件：一是机构所在地有参加开放大学学习的现实的和潜在的社会需求；二是当地有开放大学基层学院或学习中心发展的空间和环境；三是举办者具有开放大学基层组织办学与服务必需的条件和自身发展的强烈愿望。在社会需求和自身需求的双重作用下，依托某一具有从事教育或培训资质的教育机构建立开放大学的基层学院或学习中心就成为可能。

运用市场主导方式建立的开放大学基层学院或学习中心，利用自身的教育资源或整合当地的社会教育资源，独立自主开展开放大学的办学业务，在管理体制上不受当地政府的支配和约束。在履行开放大学基层办学机构的职责中，他们更加注重办学的效益和社会声誉，开放大学总部（或分部）对其实施契约管理，以严格的协议和合同规范和约束其举办开放大学业务的行为，并把它们的办学和服务质量以及在社会上可能产生的不利影响置于可控范围。采取市场主导方式建立开放大学基层学院或学习中心,是对电大系统基层组织由政府举办这一传统方式的巨大变革,反映了教育体制改革的客观要求。《国家中长期教育改革和发展规划纲要(2010—2020年)》明确提出,要"深化公办学校办学体制改革,积极鼓励行业、企业等社会力量参与公办学校办学"。虽然开放大学都是中央和地方政府举办的公办学校,但社会教育机构参与开放大学基层学院或学习中心的办学无疑也是国家的要求,受到国家的鼓励。

实际上,电大系统在一些地县建立的办学机构,其组织形态在地方政府教育资源整合、重组中早已名存实亡,有的甚至已经成为其他教育机构的附庸,它们除继续开展一些电大的办学业务外,已处于无法人地位、无机构编制、无干部任命的"三无"状态,上级电大的约束和办学系统的正常运行,受到了严峻的挑战。采取市场主导方式建立开放大学的基层学院和学习中心,不仅为开放大学办学体系建设开辟了一条可供选择的路径,增强了开放大学办学体系建设的活力,而且还为电大基层组织在开放大学旗帜下的改造升级和转型发展提供了可行的解决方案。

运用市场主导方式建立的开放大学基层学院或学习中心,具有更加灵活的办学体制和机制,它们可及时反映社会对开放大学办学的多样化需求,有利于开放大学功能的拓展。但其对利润最大化的追求往往又给开放大学的质量控制和信誉带来了一些不可控的风险,开放大学总部(或分部)对其忠诚度和社会责任感不但要有准确的评估,而且还应制定防范风险的预案。

### (三)大学主导

"大学主导"是由开放大学总部(或分部)直接设置、管理基层学院或学习中心办学的一种方式,这种方式的主要特点可以概括为"拾遗补缺、异地设置、大学直管、相对独立"。在广播电视大学的办学实践中,因种种原因影响,仍然存在着基层电大覆盖不充分或一些地方的电大基层组织不作为的情况。基于开放大学服务全民终身学习和充分发挥开放大学办学育人功能的需要,构建充分覆盖城乡区域、适应人民群众终身学习需要的开放大学基层办学体系,采取大学主导方式推进开放大学学院或学习中心的建立,就显得十分必要。采取大学主导方式建立开放大学的基层学院或学习中心,并不意味着开放大学总部(或分部)在办学体系构建中要实行全面的垂直管理,而是根据开放大学体系建设的实际情况,在一些缺乏举办开放大学积极性的地方,或者开放大学基层组织的建立难以推进的地方,在已影响到开放大学体系建设全局的情况下采取的一种补救性措施,发挥拾遗补缺的作用。

以大学主导方式建立的开放大学基层学院或学习中心与开放大学本部

远程教育创新研究

（或分部）建立的学科学院或学习中心虽然都是开放大学直属的二级办学机构，却具有较大的区别：一是在区域布局上，它可以在开放大学办学范围的所有区域设置，而不仅仅局限在开放大学的本部（或分部）；二是它一般不承担开放大学学科学院对面上教学工作的指导与服务职责；三是相对独立办学，与开放大学区域学院或学习中心的功能基本一致；四是开放大学总部（或分部）对其所进行的管理通常采取目标责任制的方式。采取大学主导方式建立开放大学的基层学院或学习中心，是对电大系统基层机构设置统一由政府主导的僵化模式和有区域限制等体制弊端的突破，有利于激励开放大学区域学院或学习中心开拓进取。对开放大学实现办学运行的有效控制、增强开放大学办学体系的凝聚力、充分发挥开放大学服务终身学习的功能等都具有独特的作用。

### （四）合作共建

"合作共建"是开放大学根据办学体系建设和发展的需要，以育人为目标，与地方政府、部门机构、大型企业、行业协会等合作共建学院或学习中心的开放大学基层组织建构方式。这种方式的主要特点可以概括为"合作育人、共担责任、目标管理、共同发展"。合作共建的具体形式包括校地合作（与基层政府）、校行合作（与行业部门）、校企合作（与大型企业合作）、校校合作（与各类学校）等。通过共建开放大学基层学院或学习中心，合作培养社会与合作需要的人才，以促进合作各方的共同发展。

电大从创办伊始，就以开放的策略利用社会教育资源办学，社会利用电大教育功能培养人才，通过合作办学促进了电大与合作方的共同发展。进入21世纪后，电大与普通高校、国家部委、社会单位、企业行业广泛开展合作，促进了学校办学和远程教育的发展，"合作"已作为电大独特的文化在电大发展史上留下了深深的印记。

开放大学以合作共建方式建立基层学院或学习中心，不但是电大合作文化在开放大学体系建设中的继承和发展，而且这种以开放办学理念为支撑、以培养人才为目的、以促进共同发展为愿景的合作共建方式，将为开放大学搭建适应全民终身学习的"立交桥"提供帮助，促进开放大学办学体系的建设，使开放大学在适应社会多方面的需要中发挥独特的作用。

利用合作共建方式建设开放大学基层学院或学习中心，应特别注意与企业、行业、职业院校的合作共建，这不仅可以拓展开放大学的服务领域，而且还可以为开放大学的办学提供行业背景、企业文化、教育资源，推动开放大学人才培养模式改革不断深化，为开放大学实现中高职教育衔接和远程教育与职业教育、学校教育与社会教育的沟通创造条件。

需要说明的是，开放大学基层学院或学习中心的构建方式各有其特点，开放大学总部(或分部)应在实践中根据不同情况进行合理选择和运用。几种方式虽各有相对明确的指向,但也可以转化应用,如大学主导方式也可以在发展中转化为政府主导方式。需要坚持的一个重要原则就是,开放大学的办学体系能够覆盖所有愿意参加开放大学学习的学习者,体系的运行具有较高的效率,运行的质量能够得到有效的控制。

### 三、需要遵循的原则

开放大学基层学院和学习中心的构建不但是开放大学体系建设的重点和难点,也涉及开放大学的资源配置、网点布局和基层电大固有结构的调整,与地方政府、基层电大、合作单位和开放大学自身的利益密切相关,需要决心、智慧和韧性。采用恰当的原则指导开放大学基层学院或学习中心的建立不但可以收到事半功倍的效果,而且还有助于开放大学体系建设整体目标的实现。

#### (一)更新观念

观念是人们在实践中形成的对事物的认识和看法,对实践具有重要的指导和引领作用。更新开放大学办学体系建设的观念,首先是要确立依托电大系统并不等于依赖电大系统构建开放大学基层办学组织的观念,为以多种途径建立开放大学基层学院或学习中心消除思想障碍;二是要以更加开放的心态消除电大系统在建设、发展中长期存在的"地盘意识""层级规格""独此一家,别无'分店'"等传统观念的约束,为从实际出发布局开放大学基层办学网络开辟道路;三是确立多种途径和方式建设开放大学基层学院或学习中心的新观念,防止电大传统的系统建设思维定势的影响。

#### (二)统筹规划

"统筹"是科学发展观的基本方法,"规划"是进行科学的谋划。建设开放大学基层学院或学习中心,应根据区域经济社会发展需要和开放大学体系建设的全局统筹谋划、合理布局。一是深入调查研究,即对相关区域工业化、城镇化、老年化、城乡一体化发展态势,产业布局、人口流动、教育需求状况,以及基层电大的布局结构、能力特色、运行状况等进行调查研究,分析需求,预测发展,为统筹规划提供依据。二是精心编制规划,即以需求为导向,以构建覆盖城乡的开放大学办学体系为目标,区别不同情况,选择不同方式,布局开放大学的基层学院或学习中心。三是处理好三大关系,即处理好国家开放大学和地方开放大学体系建设的关系,开放大学基层组织创新建设和基层电大转型升级的关系,开放大学本部的发展与基层办学机构发展的关系。

### (三)建立制度

制度是指要求大家共同遵守的法律、规范、办事规程或行动准则。开放大学基层学院和学习中心的建立也必须以制度为保障。对于开放大学基层组织建设,关键是要制定好三项制度。一是按照《国家中长期教育改革和发展规划纲要(2010—2020年)》的要求"依法制定章程",并在"开放大学章程"中明确基层学院或学习中心的设置标准、管理体制、运行机制等,使基层学院或学习中心的建立有可靠的法理依据。二是制定基层学院或学习中心的设置标准,通过标准的制定,明确开放大学基层学院或学习中心必需的规模结构、基础设施、网络环境,以及教学、管理、技术三支队伍的数量、结构和专业化水平等。三是建立准入和退出机制,不但要设定基层学院或学习中心准入或退出条件,还应有明确的准入或退出程序,尤其是退出机制的建立应设定退出的"黄线"和"红线",并使其具有可操作性。

### (四)坚持标准

标准也称规范,是用以衡量人或事物的依据或准则。基于对电大基层组织建设的反思和确保开放大学办学质量的要求,开放大学基层学院和学习中心的建设必须坚持标准。一是坚持标准的全面性,即基层学院和学习中心的准入既要考察其办学场地、基础设施、网络环境、师资和管理队伍等"硬件"的具备程度,还要考察其办学理念、质量意识、系统意识、忠诚度和社会信誉等"软件"的状况,真正把基层学院或学习中心作为开放大学的根基来建设。二是坚持标准的同一性。开放大学基层学院或学习中心的建设虽然在东部和西部、中心城市和地县可能有一定差异,但在同一区域必须一视同仁,执行一个标准。三是坚持标准执行的一致性,即坚持准入标准和退出标准执行的一致性,不能在准入时"严"而在退出时"宽",尤其是在机构的"退出"可能影响办学规模时更应该坚持标准。四是推进办学体系建设的标准化,通过坚持基层学院或学习中心建立的标准促进开放大学办学体系建设的标准化。

### (五)加强协调

开放大学基层学院和学习中心的构建虽然属于大学内部治理结构的范畴,但它又不同于一般的大学内部治理结构,涉及政策支撑、体制改革和利益调整,特别是相当部分的机构需要依托基层电大来建立,因而就有一个传统利益格局调整的问题。加强协调,可减少系统上下左右之间的矛盾,容易形成共识,有利于开放大学办学体系的建设。一是政策协调。众所周知,电大基层机构设置一般都是由政府审批,有的电大分校还是省级政府在审批。要落实开放大学的办学自主权,其基层学院或学习中心的设置理应由开放大学批准,这是以电大为基础建设开放大学在体制上的重大突破。由于涉及政府的权力转移,需要进行相应的政策协调。二是关系协调。以行政化方式建立起来的基层电大,涉及地方政府、行业主管部门、教育行政部门,有的还涉及依托建立的企业或学会,开放大学基层学院或学习中心的构建不可能只采取一种方式,因而就存在与举办者的协调和电大基层体制变化遗留问题的处理协调等问题。三是利益协调。在电大系统建设中,中央电大和地方电大、基层电大和省级电大之间客观上存在着利益分配有所失衡的问题,这已是不争的事实,如何在开放大学办学体系建设中调整好相关各方的利益关系,无疑也是开放大学基层学院或学习中心建设需要处理好的重大问题。

(六)有序推进

如前所述,开放大学基层学院或学习中心的建立不可能也不能是电大分校或电大工作站的简单"翻牌",也不可能继续利用政府的行政手段一蹴而就,必须坚持有序推进的策略。一是严格程序,可按照"自愿申报、专家评审、大学审批、政府备案"的程序,推进开放大学基层学院或学校中心的建立。二是坚持条件。开放大学总部(或分部)对提出申办基层学院或学习中心的机构,应及时组织专家评审,坚持设置条件,成熟一个审批一个,绝不能不顾条件"一哄而上"。三是稳步推进,应把开放大学基层学院或学习中心的建立当作办学体系建设的一个过程,按照开放大学体系建设的规划和举办者的条件有序推进,以尽快形成新的办学体系和网络。四是开发建设。和其他工作一样,开放大学基层学院或学习中心的建设不可能一呼百诺,也可能存在一定的"死角",需要开放大学总部(或分部)有意识地进行开发,采取有效措施推进基层办学体系的建设。

(七)平稳过渡

以基层电大为依托建立开放大学基层学院或学习中心,可以说是电大建立30多年来最为深刻的体制变更,在推进的过程中也可能出现一些意想不到的问题,若处理不当就可能影响办学系统的稳定,必须把坚持平稳过渡作为开放大学基层学院或学习中心构建的一个重要方针。一是要制定好预案。对开放大学基层学院或学习中心建设过程中可能出现的问题进行梳理,尤其是涉及机构和人员整合、调整的地方,都应分别提出应对的措施和办法,一旦出现意外情况,可进行有序处理。二是要特别关注学习者。"电大"变"开大"的过程涉及数以百万计学生的切身利益,学校的教学、管理、服务包括学籍、考试等工作,都不能出现任何的乱象。对此,开放大学的相关业务机构要有切实的措施和办法,以保障学生权益在转型过程中不受到损害。

## 四、结束语

办学体系是远程教育的重要特色和突出优势,远程教育的基层组织则是办学体系的基石。以适应终身学习为目标的我国开放大学的建立,为广播电视大学在新的历史条件下的转型发展提供了历史性机遇,以电大为基础建立开放大学的政府决策为开放大学构建办学体系规划了实践路径。

以电大为基础建设开放大学为依托电大系统构建开放大学办学体系提供了依据,但开放大学的办学体系建设,尤其是具有战略性、基础性地位的开放大学基层学院或学习中心的建立,并不等于电大基层组织的简单"翻牌",而是要按照现代大学治理的内在要求进行结构调整和转型升级,在继承和发展中适应开放大学办学与发展的需要。

依托电大系统构建开放大学的办学体系,涉及观念更新、体制改革、利益调整等问题,采取政府主导为主的多种途径建立开放大学基层学院和学习中心,不但是高等学校体制改革的要求,而且还能克服电大系统单一的行政化模式的弊端,增添了开放大学办学体系的活力,有利于开放大学内部治理结构的优化和系统办学的运行管理。在恰当的原则指导下采取正确的方法和策略,依法、规范、灵活、有序地推进开放大学基层学院和学习中心的建立,将有助于开放大学办学体系建设整体目标的实现。

## 参考文献

[2] 叶文华. 开放大学建设:理念先导、路径选择与体制创新 [J]. 现代远距离教育, 2011 (3): 7-9.

[3] 余善云,苏飞跃,刘建生,郭庆. 社区教育研究与实践 [M]. 重庆:重庆出版社, 2012.

[4] 陈鲁雁. 探索区域性开放大学的建设发展模式 [J]. 云南广播电视大学学报, 2012 (2): 5-8.

# 开放大学学习中心建设的思考[①]

学习中心在开放大学（简称开大）办学体系中具有十分重要的战略地位，学习中心建设是开放大学能力建设的基础性建设。我国开放大学在学习中心建设中遭遇的观念制约、体制束缚、机制障碍和利益羁绊难题已在一定程度上影响了开放大学办学体系建设的历史进程，"终端制胜"引发的思考，再度引起了社会对开放大学学习中心建设的高度关注。依托广播电视大学（简称电大）基层分校、教学管理工作站"转型发展"建设开放大学的学习中心，是电大建立30多年来最为深刻的体制变革，深入研究开放大学学习中心的战略定位，在历史反思与理性回归的基础上，深化基层电大"转型发展""转什么"和"怎样转"的认识，采取符合客观实际的政策和策略，无疑将有助于推进开放大学学习中心的建设。

## 一、学习中心的战略定位

简而言之，定位就是确定位置。一所大学的发展，需要进行科学的定位，通过定位，明确学校的职责、任务与目标，以凝聚人心、引领发展。学习中心作为开放大学办学体系的重要组成部分，仍然需要进行科学的定位，解决"是什么"的问题，这样才不至于迷失方向。学习中心的战略定位主要表现在其服务当地终身学习中的功能定位和在开放大学组织体系中的使命（角色）定位两个方面。

### （一）学习中心的内涵

自1969年英国开放大学成立以来，目前全世界以"开放大学"命名的学校有近60所（孙福万，2011）。进入21世纪后，开放大学作为终身教育体系建构的重要支撑和学习型社会实践的重要平台，因其"开放"性契合了数字化时代的学习特点和人们日益增长的教育需要而得到了迅速的发展。

---

① 基金项目：国家开放大学2014年规划课题"基于国家开放大学体系建构的研究"（课题编号：G14G3503Y）；重庆市教育委员会2014年人文社会科学研究项目"创建新型重庆开放大学服务五大功能发展的研究"（项目编号：14SKS33）。

开放大学的学习中心实际上就是远程教育院校的校外学习中心。对远程教育学习中心的范围界定，教育部办公厅早在 2002 年 1 月发布的《关于现代远程教育校外学习中心（点）建设和管理的原则意见》（试行）的通知中，就对远程教育校外学习中心的作用、基本构成、建设条件、主要职责等做出了相应的界定与规定。这个意见所指的学习中心既包括普通高等学校网络学院的校外学习中心，也包括广播电视大学设在基层的分校或教学管理工作站。

对远程教育学习中心内涵的界定，虽然目前在我国学术界还没有形成共识，但丁兴富教授的定义，即"学习中心是远程教育院校在各地区建设的学生学习支持服务体系的基层组织机构"（丁兴富，2001），却具有一定的代表性。无论是高校网络学院还是广播电视大学系统，远程教育学习中心都在"代表远程教育院校，直接面向学生开展招生、管理、教学、辅导、信息沟通、支持服务等活动"（丁兴富，2001）。显然，学习中心就是远程教育院校的教学活动基地和信息资源集散地，开放大学的学习中心还扮演着办学体系生态链中的"终端"角色，是学习者认识、感知开放大学文化的窗口。

另外，基于开放大学履行"服务国家发展、提高全民族素质"的国家使命的需要，学习中心还要代表开放大学的总部或分部在当地履行发展终身教育、服务终身学习、促进学习型社会建设的职责，发挥引领和促进公民终身学习的重要作用。从这个意义上讲，学习中心还是开放大学构筑在地县（市）域、企业、行业里服务社会大众终身学习的主要阵地。

（二）学习中心的建设

基于学习中心在开放大学办学体系中的战略地位，无论是国外的开放大学，还是我国从事远程教育的普通高等学校网络学院、广播电视大学、或者国家和地方的开放大学，都十分重视学习中心的建设。于 1969 年 7 月依据皇家特许状（Charter）成立的英国开放大学（The Open University），目前已"拥有 13 个地区教育中心和 352 个学习中心，这些中心分布于全英国乃至整个欧洲"（黄同华，2014），成为支撑英国开放大学办学的重要基石。成立于 1985 年的印度英迪拉·甘地国立开放大学（Indira Gandhi National Open University）已在印度建立了 58 个地区中心和 1 804 个学习中心，同时还在海外的 32 个国家建立了 49 个合作中心（李亚婉，2010）。1989 年开始运营的美国凤凰城网络大学已在全美建立了 100 多个学习中心，并通过互联网提供学位课程（张晓梅、钟志贤，2013）。在我国现代远程教育办学实践中，普通高等学校网络学院、广播电视大学和远程教育公共服务体系已在全国建立了 8 000 多个校外学习中心，这些学习中心利用网络平台、电子邮件、BBS、双向视频会议系统和电话中心，向学习者提供信息、资源、教学、技术和管理等服务（郭炯等，

2009)。透过这些学习中心,社会就可以看到开放大学的运行方式和教学质量。

2010年,《国家中长期教育改革和发展规划纲要(2010—2020年)》颁布实施,明确提出了"办好开放大学"的重要任务。随着国家开放大学和北京、上海、江苏、广东、云南开放大学的相继建立,开放大学学习中心的建设,作为开放大学组织体系建设的战略重点和难点,引起了远程教育系统内外的广泛关注。如何以广播电视大学的基层分校、教学管理工作站为基础,通过改造、重组、升级"转型"建设开放大学的学习中心,已成了开放大学一项具有基础性、现实性和紧迫性的战略任务。

(三)学习中心的创新

学习中心是开放大学实施远程教育必不可少的基础设施,它是传递教学内容、实现远程教学过程的重要保证;是开放大学提高管理效率、加强对学生的支持服务的重要手段;也是增进教师与学生、学生与学生之间的人际交流和营造教书育人环境的重要渠道。学习中心的建设,可以说是开放大学组织体系建设中当前最为紧迫和现实的任务,但如何建设开放大学的学习中心,尤其是建设国家开放大学的学习中心,不仅在学术界众说纷纭、热议不断,而且在实践推进上效果也并不乐观。

基于广播电视大学系统"管理结构的设置与行政机构的设置相联系,并按行政系统自上而下划分为不同的等级层次"(余善云等,2012)的状况,作为广播电视大学的基层分校和教学管理工作站,也不可避免地打上了地方教育"机构"的烙印,在"转型发展"中,客观上也存在着观念制约、体制束缚、机制障碍和利益羁绊等问题。以它们为基础建设开放大学的学习中心,就有一个体制机制创新的问题,通过体制机制创新,使其发生"脱胎换骨"的变化。

以广播电视人学分校、教学管理工作站为依托建立开放大学的学习中心,可以说是电大建立30多年来最为深刻的体制变革,"应当对广播电视大学的系统进行借鉴,而不能进行直接的'翻牌'"(陈鲁雁,2012)。按照现代大学治理的内在要求进行结构调整和转型升级,在继承和发展中创新开放大学学习中心的体制、机制和模式。通过学习中心的创新性建设,促进终身教育资源在区县(市)域、企业、行业的重组和结构优化,推进区域性和企业、行业终身学习指导服务中心的形成,进而促进不同区域、不同行业、不同企业终身学习体系的建设。

## 二、转型发展的理性思考

"转型发展"是在"电大"变"开大"过程中提出的全新命题,也是开放大学学习中心建设对电大分校、教学管理工作站提出的准入要求。尽管学术界和广播电视大学以及新建立的开放大学对基层电大的"转型发展"都十分期待,但就基层电大而言,似乎还没有引起其过多的重视,不少的基层电大对"转型发展""转什么""怎样转"也不甚明了。基层电大在"转型发展"建立开放大学学习中心的过程中还存在着一些困惑。

(一)理性回归与反思

在哲学中,理性是指人类能够运用理智的能力。它通常指人类在审慎思考后以推理方式推导出结论的思考方式。教育是培养人的活动,远程教育和开放大学也不例外。在广播电视大学培养人才的活动中,其主要特色表现在开放性、信息化、人才培养质量这几个方面,作为基层电大,其"转型发展"在很大程度上就是要通过历史反思和理性回归把广播电视大学在近年来失去了的一些东西重新找回来。

1. 开放性

开放性是具有开放性质的措施和形式,是开放大学的本质属性。在广播电视大学创办之初,电大基层组织秉承的办学宗旨和开放办学理念就曾让人耳目一新,可以说这一时期的中国没有任何的教育机构和组织的办学有电大的办学开放,而且电大的办学开放还得到了社会的广泛认同。在电大发展的历史进程中,1986年的黄山会议针对电大办学走向封闭的趋势重新提出了"开放性"这一重大命题,并作为开放教育试点的理论根基,引领开放教育从1999年开始的"试点"走向了成功。基层电大的"转型发展"实质上就是在反思和进行理性思考之后对"开放"自信的重拾,坚守服务终身学习、促进办学更加开放的价值取向。

2. 信息化

信息化(informatization)是充分利用信息技术和资源提高人才培养质量、促进人才培养模式改革的历史进程。电大在开办之初就充分利用广播、电视、网络等信息技术发展的最新成果实施远程教学,极大地推动了我国高等教育教学模式、学习模式的改革。1996年召开的黄山会议针对电大信息技术应用明显滞后的状况,再次提出了"教学现代化"命题,该命题是根据信息技术的快速发展对电大办学提出的适应性要求。"电大"向"开大"的"转型发展",反映在信息技术利用上就是要促进远程教育与信息技术的深度融合。基层电大的"转型"发展需要我们重拾追踪信息技术进步的执着,在信息技术日新月异的动态发展中继承与创新,站立在信息技术应用的潮头,保持信息技术在办学、管理、服务中的先进性和引领教育改革的时代特征。

### 3. 人才质量

质量就其本质来说是某种客观事物具有某种能力的属性。人才质量是一切学校的生命线，也是教育发展永恒的主题。英国开放大学人才培养的质量举世公认，我国广播电视大学在创办之初，其人才培养的质量也得到了社会的广泛认同。但随着社会环境的变化和自身对规模的追求，电大人才培养的质量出现了"滑坡"的现象，引起了社会的关注。保证人才培养的质量，是电大"转型发展"的一种理性回归和质量坚守。基层电大在向开放大学学习中心的"转型发展"中，就必须处理好规模与质量、当前和长远、经济效益与社会效益的关系，通过强化人才培养的质量意识，落实人才培养的质量管理措施，发挥"终端制胜"的重要作用。

## （二）与政府的关系处理

发展教育是政府的职责，这是不言而喻的。广播电视大学的诞生和发展无处不表现出政府的行为。可以说，没有政府行为就不可能在中国的大地上建立起覆盖全国城乡的电大远程教育系统，但也正是由于政府行为，使电大的办学系统发生了部分"异化"和弱化。建设开放大学的学习中心，是坚持政府主导还是大学主导，是用政府的"一只手"还是用政府、市场、大学的"三只手"，是一个十分纠结的问题。显然，在学习中心建设问题上，如何处理好与政府的关系至关重要。

### 1. 依靠政府发展

无论是广播电视大学还是开放大学，都是我国国民教育体系的重要载体和公益性教育事业单位。基于我国政府主导教育事业发展的国情使然，以及开放大学所承载的服务终身学习的时代使命，开放大学办学体系的建设不可能脱离政府行为的控制。纵观广播电视大学设立在地县（市）的 2 000 多所分校和教学管理工作站，无不都是由当地政府建立的高等教育事业单位。以电大分校、教学管理工作站为基础建设开放大学学习中心，涉及与政府相关的管理体制、投入机制等一系列重大问题，尤其是学习中心还肩负着服务区域终身学习的时代使命，可以说，无论体制机制怎么改革，开放大学的学习中心建设都离不开政府的行为。

### 2. 约束政府行为

依靠政府行为建设开放大学的学习中心，并不意味着放任政府行为在开放大学学习中心建设问题上的滥用。不少基层电大过去被不按规律随心所欲地整合，法人地位丧失，沦落为二级机构，或者职能被严重削弱，其根源也在当地的政府。可以说，基层电大的建设与发展，当地政府是"成也萧何，败也萧何"。在我国开放大学办学体系建设法规缺失的情况下，要按照现代大学治理结构要求建立学习中心,除不少人提出的建立"准入与退出"等机制外,还必须从强化政策基础着手,通过中央和省级政府的政策顶层设计,约束基层政府的一些不当行为,使开放大学的学习中心不至于因基层政府换届、或者领导人的变化而被"异化"、弱化,重蹈一些基层电大的"覆辙"。

3. 呼唤转变方式

2013年11月,党的十八届三中全会作出《关于全面深化改革若干重大问题的决定》,明确要求各级政府"创新行政管理方式"。这不但为地方政府转变对开放大学学习中心的管理方式提供了重要的政策支撑,也为开放大学在学习中心建设问题上处理好与政府的关系指明了方向。开放大学学习中心建设需要处理好与当地政府的关系,实质上就是呼唤地方政府转变对学习中心的管理方式,要求他们按照开放大学的办学规律和特点管理开放大学的学习中心。贯彻落实党的十八届三中全会精神,建设开放大学学习中心,也必须促进政府行为向大学行为的转化,这不仅是时代发展的要求,也是建立现代大学制度、改善开放大学内部治理、确保开放大学办学运行的要求。

(三)学习中心的社会化

"转型发展"建设开放大学学习中心,是坚持独立设置还是促进学习中心的社会化(specialization),对此也存在着不同的看法。在调查中发现,有的地(市)级电大分校担忧转型建立开放大学的学习中心会丢掉已得到的"大学"牌子,失去已有的"位子"(级别),加速开放大学办学机构的"异化",不利于开放大学体系的办学运行与管理。但也有的认为,社会化是开放大学学习中心建设和发展的趋势,社会化的开放大学学习中心具有更加开放的特质,更利于服务终身学习。

事实上,近年来在地方教育资源整合中,不少"多元一体"的分校和教学管理工作站的办学实力明显强于独立设置的分校或工作站。同样,一些独立设置的电大分校或教学管理工作站,由于观念落后、思想保守、办学墨守成规,几十年来无变化,发展的能力、空间都十分受限。其实,采取什么样的模式建立开放大学的学习中心,关键不在于是否是"独立设置"或者"社会化",而应根据不同的环境、条件、取向,采取不同的方式、因地制宜。

需要指出的是,在地方教育资源整合中,不少基层电大与其他机构的合并并不都是政府行为所使然,而是自身发展的客观要求。从某种意义上讲,社会化的学习中心是合作发展意识的自我觉醒,体现了合作发展的时代潮流,通过社会化的过程获得新的资源和空间,能够使自己得到快速的发展。早在2002年,教育部办公厅在发布的《关于现代远程教育校外学习中心(点)建设和管理的原则意见》中,就明确指出"国家鼓励发展共建共享型和社会化公共服务的学习中心",显然也是基于这一原因。

不可否认的是,社会化是开放大学学习中心建设的重要趋势,但也并不意味着学习中心的社会化程度越高就越好,必须按照事物发展的规律和开放大学肩负的使命,因地制宜地推进学习中心建设的社会化,并防止学习中心建设的过度社会化。

## 三、学习中心的建设策略

开放大学的学习中心是没有大学办学自主权的十分特殊的法人实体,学习中心的建设与发展必然受到传统习惯、生态环境、政府行为、大学行为等多种因素的制约和影响。充分认识学习中心"终端制胜"的战略作用和"复杂多变"的转型因素,以改革和创新的精神破除体制壁垒,采取转化政府行为、整体转型调适、构建利益共同体、打造文化影响力等策略和措施,大力推进开放大学学习中心的建设。

### (一)破除体制壁垒

在开放大学学习中心建设问题上,不少的研究都是从开放大学组织体系的内部着手提出相应的对策和措施,如分析学习中心的"构成要素、功能作用、建设模式、运行机制、呈现形态、评价体系"(2013,姜玉莲),强调学习中心在开放大学体系中"终端制胜"的战略地位等,却忽视了影响学习中心建设最为重要的体制壁垒等生态环境问题。事实上,由基层电大"转型"建设开放大学的学习中心,不仅国家开放大学缺乏相应的政策支撑,就是已由教育部批准建立的地方开放大学都还没有找到比较好的解决方案。要破除学习中心建设的体制壁垒,应发挥政府和市场两个作用。一方面,教育部要尽快出台开放大学体系建设的指导意见,明确学习中心的领导体制、管理体制、组织原则、审批程序、投入机制、评价机制、退出机制等等,为地市县电大分校、教学管理工作站"转型发展",建立开放大学学习中心提供政策依据,发挥好政府主导远程教育发展的作用。另一方面,要发挥市场机制的作用,对需要新建的企业、行业学习中心,以及打破常规需要在电大基层组织发展缓慢、薄弱的区域建立的新的学习中心,可以按照现代大学治理的结构要求,采取市场主导、合作共建、大学直建等多种方式进行。破除体制壁垒是开放大学学习中心建设不可回避的重大问题。

### (二)转化政府行为

开放大学学习中心的建设与地方各级政府有着紧密联系,这也是开放大学不同于其他大学的特点。一方面,主要依托广播电视大学基层组织建立的开放大学学习中心,因历史的原因已深深地打上了地市县政府管理的烙印,政府行为还将继续反映在开放大学学习中心建设的审批权限、机构设置、人员编制、经费投入等一系列的问题上。另一方面,开放大学学习中心还要履行区域性、行业性终身学习指导、服务中心的职责,还将接受当地政府或行业主管部门的领导和指导,需要政府的政策保障和社会部门、行业主管部门的大力支持,显然,政府行为还将继续发挥作用。但必须认识到的是,建设开放大学的学习中心,必须改善学习中心建设的政策环境,促进政府行为向大学行为的转化。具体地讲,就是要减少和弱化地方基层政府的干预。要通过省级政府的政策措施,加强对地县(市)政府在当地终身教育资源整合中随意性的约束,减少因资源调整、人事安排对开放大学学习中心的正常运行带来的冲击和影响。同时,还要强化开放大学对基层学习中心的办学控制,促进学习中心在准入、管理、退出中的政府行为向大学行为转化。政府行为转化的关键是要变管理为服务,地方政府应将学习中心审批权还给开放大学,并建立起校地、校企共建学习中心的政策保障和共管干部的制度等,这也是我国教育体制改革提出的新要求。

### (三)整体转型调适

理想化的开放大学学习中心,显然是一个适应现代大学治理要求和开放大学办学内涵要求的基层教学与管理实体。客观而言,在开放大学学习中心建设问题上,国家和地方开放大学都面临着不同的选择,如"另启炉灶",依靠开放大学自身的力量直接伸入区县、行业、企业,大规模地建设学习中心,这可能减少学习中心建设过程中基层电大"转型"的制约因素,降低电大和"开大"基层机构在"破"和"立"中的风险。但就国家和地方开放大学现阶段所具有的能力而言,这显然是不现实的。如果依托广播电视大学的基层组织进行改造、重构,必然要受到众多因素的制约,不但要付出很多的精力和智慧,开放大学自身可能还要做出适应性的调整或者某些"让步",尤其是要革除电大在办学中产生的不适应开放大学办学体系建设的思想观念和行为方式。就基层电大而言,在电大变"开大"的过程中,也有一个选择问题,要么沿袭电大基层办学机构的"传统",保持原有的行为习惯而退出开放大学的办学,要么加快转型"脱胎换骨",按照开放大学的办学理念和治理要求,创造条件进入开放大学办学体系,成为真正意义上的具有大学内涵和文化特征的远程教育区域性学习中心。在学习中心建设问题上,无论是高端或终端,都有一个"转型"调整的问题。通过共同调整,达到相互适应的目的,这是开放大学学习中心建设的客观要求。

## (四)构建利益共同体

学习中心建设不仅仅是开放大学办学体系建设的组织结构问题,还涉及开放大学内部治理模式及其机制建构的众多方面。建立责任共担、利益共享、责权利相匹配的开放大学利益共同体,将非常有助于学习中心的建设和发展。电大分级办学、分级管理、分工协作的运行机制,一定程度上适应了电大教育在发展时期规模化系统办学的需要,而围绕中央电大开放教育的办学,也形成了整个系统的利益链条,电大系统实质上也是一个利益共同体。但随着各级电大对利益期盼的增长和市场要素的影响,以及利益分配中出现的异常现象,在一定程度上又导致了系统的凝聚力下降。开放大学办学是一个整体性的体系办学,建立利益共同体也应该是总部、分部、学院、学习中心的共同目标。只有建立起责任共担、利益共享,责权利相匹配的利益共同体,开放大学办学的整体目标才能实现。在开放大学利益共同体建设中,国家和地方开放大学的总部,在政策设计、资源配置、利益分配、人文关怀等诸多方面,应把学习中心真正视为整体不可分割的重要部分,切实予以倾斜,让利于学习中心,反哺于学习中心,这样不但有利于学习中心的能力建设,还将提高学习中心对开放大学体系的依存度,增强学习中心对开放大学体系的向心力。

## (五)打造文化影响力

大学文化是一种追求真理、追求理想和人生抱负、崇尚学术、严谨求是、具有强烈批判精神的文化(2011,刘平昌)。大学文化和大学精神是现代大学建设的两大要素,而大学精神则是大学文化的核心和灵魂,是大学独特的价值判断和理性诉求。打造开放大学的文化影响力,关键是要培育开放大学办学体系良好的文化生态,形成开放大学的精神文化和学术文化,并通过精神文化和学术文化影响办学体系建设,促进学习中心健康发展。

培养开放大学的精神文化,在学习中心建设问题上,就是要继承广播电视大学团结、奋斗的精神文化,着力挖掘、凝练、培育、宣传开放大学的价值观,并在开放大学从业人员中确立服务终身学习、献身终身教育的价值取向,形成"服务国家发展、提高全民族素质"(2012,刘延东)的共同志向。

学术文化作为知识体系与理论体系,"担负着认识世界、传承文明、创新理论、咨政育人、服务社会的文化使命"(2011,邓辉林)。开放大学承载着服务全民终身学习的重大历史使命,拥有庞大的教学科研人员队伍,聚集了大批的学科专家和远程教育学者,具有发展大学文化的坚实基础。在开放大学办学体系建设中,理应发展具有自身特色的学术文化。可在开放大学的办学中,广泛开展吸纳基层学习中心教师、管理人员、技术人员参加的学术活动,学习、研究和传播终身教育、终身学习的理论，营造开放大学的学术氛围，培养远程教育和各学科、专业及各层次的专家与学术人才。培育中国开放大学的学术文化，打造中国开放大学的学术影响力，并使之成为开放合作、团结奋进、开拓创新的奋斗精神，引导、推动、形成开放大学的发展合力。增强提升开放大学的整体办学能力与水平，尤其是提升学习中心服务终身学习的能力，进而形成以文化影响力为支撑的开放大学学习中心建设模式，夯实开放大学办学体系建设的基础。

## 参考文献

[1] 孙福万. 开放大学建设的国际视野与本土特色 [J]. 广东广播电视大学学报，2011 (1).

[2] 丁兴富. 远程教育学 [M]. 北京：北京师范大学出版社，2001.

[3] 黄同华. 中心城市电大学习中心建设研究 [J]. 中国远程教育，2014 (2).

[4] 李亚婉. 印度远程教育的发展及其借鉴意义 [J]. 中国远程教育，2010 (11).

[5] 张晓梅，钟志贤. 开放大学的组织结构比较分析——以英、印、澳、美四国为例 [J]. 电化教育研究，2013 (1).

[6] 郭炯，黄荣怀，陈庚. 我国现代远程教育运行现状及质量保证措施 [J]. 开放教育研究，2009 (2).

[7] 余善云，苏飞跃，刘建生，郭庆. 社区教育研究与实践 [M]. 重庆：重庆出版社，2012：2.

[8] 陈鲁雁. 探索区域性开放大学的建设发展模式 [J]. 云南广播电视大学学报，2012 (2).

[9] 姜玉莲. 终端制胜——国家开放大学学习中心建设与运行 [J]. 中国远程教育，2013 (8).

[10] 刘平昌. 大学文化、大学精神及其关系 [J]. 江淮工学院学报：社会科学版，2011 (2).

[11] 邓辉林. 学术文化何以顶天立地 [N]. 深圳特区报，2011-11-28.

# 基于开放大学混合体制学习中心的研究[①]

我国开放大学学习中心建设面临的一个重大问题就是如何突破管理体制所带来的羁绊。在教育体制改革不断深化的大背景下,从资本组织和办学要素着手,采取开放大学与地方政府、准入机构多元投入的组织形式,整合开放大学资源配置权、地方政府事业发展管理权、准入机构资产使用权,在混合体制框架内实现学习中心办学、服务效益最大化和开放大学运行治理最优化,不失为可供开放大学学习中心建设探索的一条途径。

## 一、学习中心的战略地位

学习中心是远程教育院校在各地建立的教学机构,它代表远程教育院校直接面向学生开展招生、管理、教学、辅导、信息沟通、支持服务等活动。学习中心在开放大学办学体系架构中具有十分重要的战略地位,其重要性主要表现在以下三个方面:

### (一)承载开放大学的基石

衡量传统大学人才培养的能力,除了专业学科、人才队伍、科研创新等的规模和水平外,其校园的大小也是一个重要的条件。在一般情况下,高水平的大学不仅有大师、大楼,也有环境优美的大校园。大师、大楼、大校园,是传统大学人才培养、科学研究、服务社会、文化传承和创新的条件和保障。与传统大学不同的是,开放大学要履行大学的职能,不仅需要建设能够满足自身办学需要的大学校园,更重要的是要构建起一个立体化网状结构的办学体系,如果没有这个体系,开放大学不但不是"开放"的大学,而且也没有存在的任何价值,这是由开放大学的本质所决定的。

我国开放大学办学体系的组织架构与广播电视大学的系统结构没有本质的区别。从现已建立的开放大学的组织结构来看,各个层级的构建仍然沿袭了科

---

① 基金项目:重庆广播电视大学 2014 年科学研究改革项目"远程开放教育转化发展及其与高职教育融合研究"(项目编号:GG2014-01);国家开放大学 2014—2015 科研课题"基于国家开放大学体系建构的研究"(课题编号:CQGJ13B765)。

层制的模式，只不过在称谓上发生了变化，前者叫大学、学院、学习中心，后者称为大学、分校、工作站。无论是开放大学还是广播电视大学，在办学体系建构中都把最"接地"的学习中心（或基层电大）建设摆在了最突出、最重要的位置。国内外开放大学的办学实践已充分证明，谁建立的学习中心（基层组织）多，谁的学习中心区域覆盖范围广，谁的学习中心办学能力强，谁服务社会的能力和办学竞争力就强，在国家或区域的地位就高。学习中心在开放大学办学体系中具有十分重要的战略地位。

学习中心在开放大学办学体系中的战略地位决定于它在办学体系中所发挥出的"基石"作用。无论是国家开放大学还是地方开放大学，其办学体系的组织形态都是宝塔形的，总部（分部）在塔尖上，学习中心在最基层，并以牢固的基础支撑着整个"塔身"。没有基层的学习中心，开放大学就犹如建立在沙滩上的高楼大厦，随时都有坍塌的危险。因此，建设好学习中心，实际上也是在夯实支撑开放大学这个"大厦"的基础。在开放大学建设的初期，把学习中心建设摆在与学科专业、师资队伍、资源平台建设同等重要的地位是开放大学建设的内在要求。

（二）办学体系运行的终端

开放大学的办学体系由高端、中端、终端构成。其高端显然是国家和地方开放大学的总部，负责开放大学发展规划、方针政策、工作规程、质量标准的制定，设计人才培养方案、流程，组织实施人才培养计划，设置专业学科，开发、建设课程和学习资源，开展教学、科研、服务、质量评估和国际交流合作等。终端就是开放大学分布在地县（市）、企业、行业的学习中心，是开放大学直接面向学习者的教学实体，其职责是按照开放大学人才培养的总体设计和提供的专业、课程、资源与服务落实开放大学人才培养的要求，完成人才培养的过程。中端则介于高端和终端之间，发挥桥梁纽带和监督保障的作用，主要是由具有一定管理职能的国家开放大学分部、被地方开放大学赋予一定管理职能的学院所构成。随着开放大学办学体系建设的全面展开，"终端"建设将会越来越引起各方的高度重视。

学习中心在开放大学办学体系中的战略地位是不容置疑的，现已建立的国家和地方开放大学，对学习中心的建设都进行了制度性的安排，如国家开放大学提出要设置学习中心建设标准，上海开放大学要建立"权责明晰的运行机制"，北京开放大学要制定学习中心评价指标体系等。学习中心的办学体制、运行机制、教学管理、服务能力将直接影响开放大学办学体系的运行质量和水平尤其是在教学"扁平化"条件下，学习中心所具备的教学管理、服务能力和水平，将对开放大学的教学质量和管理运行产生重大影响。构建开放大学办学体系,必须建设好开放大学的"终端",也只有建设好了"终端","终端制胜"才可能真正实现,否则,"终端"不但不能"制胜",反而还可能拖累开放大学整体的办学与发展,这就是事物发展的辩证法。

### (三)服务终身学习的窗口

"在广播电视大学基础上建设现代开放大学,是满足人民群众多样化学习需求、促进教育公平、克服应试教育弊端和落实素质教育的重要途径,是构建终身教育体系、形成学习型社会的重要支撑,是教育服务国家发展、提高全民族素质的重要措施。"由此可见,开放大学的任务不仅仅是办好学历教育,还要服务人民群众多样化的终身学习需要。

"我国开放大学将面向一切有学习要求的人,他们在学习的内容、方式、目标上都有很大的差异。"在服务人民群众多样化的终身学习中,仅靠国家和地方开放大学总部的力量"满足一切有学习要求的人"显然是不现实的,即使开放大学总部能够在学历教育之外提供部分非学历教育的产品或资源服务,但完全可以想象,这与不同区域、不同文化背景的人群不断增长、不断变化的学习需求还有很大的差距。开放大学要实现"满足一切有学习要求的人"终身学习的目标,就必须充分依靠分布在广大基层、农村、企业、行业的学习中心;否则,开放大学服务全民终身学习就是一句空话。

学习中心作为开放大学服务全民终身学习的"窗口",一方面,可以充分利用自身与当地经济社会发展联系紧密、了解社会教育需求、办学"接地气"的优势,把开放大学开设的专业、课程、服务与自身开发的教育产品结合起来,面向社会不同人群开展多样化、特色化、差异化、个性化的办学与服务,可有效解决大学办学与基层、农村需求脱节的矛盾,进而满足人民群众不断增长、不断变化的终身学习需要。另一方面,学习中心代表国家和地方开放大学,把教育从学校延伸到了整个社会,这不但彰显了开放大学服务全民终身学习的价值取向,还可培育开放大学区别于其他高等学校和远程教育机构的鲜活特色,树立开放大学服务全民终身学习的良好形象,进而夯实开放大学服务学习型社会建设的基础。学习中心在服务终身学习中发挥出来的独特作用,将进一步强化其在开放大学办学体系中的战略地位。

## 二、学习中心建设模式选择

在社会学中,"模式是研究自然现象或社会现象的理论图式和解释方案,同时也是一种思想体系和思维方式"。学习中心建设模式,是旨在实现开放大学办学目标、整合有关资源建设开放大学基层组织的管理体制、运作机制和工作方略的总称。开放大学学习中心建设有多种模式可供选择,其关键在于管理体制的创新。

(一)远程教育学习中心的不同模式

在我国,开展远程教育办学与服务的主要有广播电视大学、开放大学、高等学校网络学院以及奥鹏远程教育中心,从组织方式看,其学习中心建设主要有"依托型"和"实体型"两种模式。

"依托型"的学习中心,主要是高等学校网络学院和奥鹏远程教育中心采取的学习中心组建模式。它们采取市场化方式,主要依托基层电大、各地的教育、培训机构、甚至民办教育机构等建立。"依托型"学习中心的最大特点在于"不为所有,只为所用"。学习中心与高等学校网络学院、奥鹏远程教育中心的关系通过契约的方式确立,其任务是为高等学校网络学院的办学提供服务。依托型"的学习中心不受地方政府约束和管理体制限制,运行机制比较灵活,其劣势则在于稳定性不够,服务终身学习的能力有限。

"实体型"的学习中心,主要是广播电视大学和开放大学的学习中心。广播电视大学履行学习中心职责的分校、教学管理工作站既是电大系统办学的基层组织,又是当地的高等教育事业单位,其机构设置纳入了当地政府的事业编制,受地方政府行政管理体制约束,因而在机构调整、干部任免、人员配备等方面,中央和地方电大几乎没有发言权。以行政化方式建立的基层电大,虽然实体化程度较高,但由于体制原因,往往又容易产生大学办学自主权与地方政府教育事业管理权的冲突,这也是电大系统凝聚力下降、系统办学控制力不断弱化的症结所在。以基层电大为代表的行政化学习中心组建模式,已明显不适应现代大学的治理要求和开放大学的办学需要。

从参加教育部开放大学体制改革试点的国家开放大学和北京、上海、江苏、广东、云南开放大学的情况来看,虽然都在顶层设计中对学习中心建设进行了相应安排,并形成了依托基层电大建设实体化学习中心的共识,但如何突破现行体制障碍,选择既符合客观实际又有利于开放大学体系建设的模式与路径,目前仍在探索试点中。

(二)开放大学学习中心建设的模式选择

从 2012 年以来,无论是国家和地方开放大学,还是准备建设开放大学的省级广播电视大学,都在采取多种方式探索开放大学学习中心建设的路径,不少远程教育专家学者也从理论和实践两个维度探索开放大学学习中心的建设模式,其代表性的观点主要有转型再造、多种模式、机制倒逼等。

转型再造开放大学学习中心，即依托基层电大，通过基层电大办学转型、资源重组、组织再造等方式建立开放大学学习中心。依托基层电大转型再造开放大学学习中心并不等于基层电大的简单"翻牌"，而是要通过观念转变、组织改造、机制调整、功能拓展等方式建设开放大学学习中心，以实现依托基层电大，但又不依赖基层电大，高于、优于、强于基层电大的学习中心建设目标。转型再造给开放大学学习中心建设提供了一个基本的思路，体现了继承与创新相统一的学习中心建设原则，兼顾了电大转型发展和开放大学体系创新的诉求，也有利于基层电大向开放大学学习中心的平稳过渡，应该说是一种"改良"的学习中心建设策略。

多种模式建设开放大学学习中心，是一种以更大的气魄、更加开放的视野建设学习中心的策略，如"政府主导、市场主导、大学主导、合作共建"等不同的方式。"政府主导"仍然是希冀利用政府行为、采取行政手段来建设开放大学的学习中心。基于电大基层组织建设的传统和服务区域终身学习的需要，可以说这是开放大学学习中心建设的主要模式。"市场主导"是利用市场行为建立学习中心的行为模式，它吸收了高等学校网络学院学习中心机制灵活、不受体制约束的特点，但其追求利益最大化的行为方式、也将不利于学习中心履行服务终身学习的使命。"大学主导""合作共建"模式的共同特点就是开放大学在学习中心建设上具有支配地位，但前者有悖开放大学体系建设的初衷，只能个别性试点；后者强化了开放大学的行为，应从体制上予以突破。

以转型再造、多种模式、机制倒逼等方式建设开放大学学习中心，在一定程度上触及了开放大学学习中心建设的体制问题，无疑是在广播电视大学基层组织建设模式上的进步。开放大学学习中心建设，从本质上讲，就是基层电大的体制改革，涉及学习中心与当地政府、开放大学总部、相关利益团体的关系和利益。要解决开放大学学习中心建设的深层次问题，就必须从管理体制改革入手，而以混合体制建设开放大学的学习中心，不失为一种可供选择的新途径。

(三)混合体制学习中心模式的创新突破

混合体制是经济学的一个概念，即投资主体多元化的企业资本组织形式。在深入贯彻落实中共十八大三中全会精神、继续教育体制改革不断深化、以政府财政为主的继续教育投资多元化已见端倪的新形势下，完全可以采取混合体制模式，从资本组织、办学要素入手改革学习中心的管理体制，探索开放大学学习中心建设新模式。

从资本组织和办学要素入手，探索构建开放大学混合体制学习中心新模式，得到了国家教育政策的有力支持。2010年，《国家中长期教育改革和发展规划纲要（2010—2020年）》颁布实施，明确提出的"探索适应不同类型教育和人才成长的学校管理体制与办学模式"的要求，为多种方式投入、发挥办学要素作用建设开放大学混合体制的学习中心提供了重要的政策支撑。2013年，中共中共作出了《关于全面深化改革若干重大问题的决定》，也要求"坚决破除各方面体制机制弊端"。以混合体制建设开放大学学习中心，允许当地政府以外的资金投入和教育要素进入开放大学办学体系基层组织的建设和管理，既是对传统的基层电大行政化管理体制的突破，又是办学管理体制在开放大学学习中心建设上的创新。有利于淡化政府在管理开放大学学习中心中的行政行为，增强开放大学的内涵要素与学术色彩，促进学习中心管理的科学化、民主化，进而提升开放大学办学体系运行的质量和效益。

以资本组织和办学要素为核心构建开放大学混合体制的学习中心，是在坚持国有资产占主导地位和服务终身学习公益性的前提下，由当地政府、开放大学总部、相关准入机构共同投入，充分考虑不同主体教育要素进入开放大学学习中心运行管理的结构模式。在管理体制上，通过委托管理、介入管理、吸纳管理等多种方式，把当地政府对教育事业发展的管理权与开放大学的资源配置权以及准入学习中心办学机构的资产所有权结合起来，形成学习中心科学管理、民主管理的合力和氛围，以确保开放大学和当地政府促进终身学习这一共同目标的实现。

### 三、混合体制学习中心的建构

开放大学混合体制学习中心由事业发展管理权、资源配置权、资产所有权及其各自支撑的教育要素组合而成，即当地政府（如区县政府）事业发展的管理权及其支撑的机构人员编制、事业发展拨款、促进终身教育发展的政策等要素，开放大学资源配置权及其支撑的大学品牌、人才培养计划、专业课程资源、终身学习服务等要素，准入机构（如基层电大等）的资产所有权及其支撑的办学场地、教学设施设备等要素，在保持利益各方管理权、配置权、所有权性质不变的前提下，建构学习中心多元化投入的结构模式。

#### （一）混合体制学习中心建设可行性分析

开放大学混合体制学习中心的建构模式的一个最大的特点就是立足于处理好当地政府、开放大学、准入机构（如基层电大、教师进修校、成教中心等）三者之间的关系。在三者中，政府担负着发展当地继续教育事业、促进终身学习的责任，开放大学进入当地办学，是继续教育优质资源的流入，其投入的机构人员编制、事业发展拨款等也是基于发展当地教育事业的需要，对当地经济、社会、教育的发展具有重要的促进作用，应该说政府是开放大学学习中心建设最大的获益者。与电大办学模式不同的是，混合体制学习中心的建构模式明晰了当地政府、开放大学、准入机构三者的责任，把政府对事业发展的管理权适当予以"政事分离"，不但没有削弱政府发展教育事业的管理权，还推动了教育管理体制改革，有利于促进当地继续教育事业和终身学习的发展。

在混合体制学习中心建设中，开放大学把办学延伸到基层，其本质是终身教育资源的有效配置。开放大学作为一种优质教育资源，对地方经济、社会、教育的发展都是一种支持。从电大的办学情况看，凡是办学有一定规模的区县基层电大，不但在当地的智力改造和人才支撑方面发挥了重要的作用，而且还带动了其他一些面临困境的教育机构的发展，这也是许多地方电大被合并的原因。电大30多年来在基层办学，其远程教育较强的造血功能已经得到地方政府的充分认可，一些地方以财政专户的方式调节基层电大的办学收入，也是基于远程教育的造血功能。开放大学作为终身教育的优质资源，在自身办学需要学习中心进行支撑的同时，也把拥有的优质资源向地方进行了配置，理应获得教育资源接受方一定的办学管理权。与电大办学无偿提供远程教育资源不同的是，开放大学在学习中心建设中，用资源配置权换取学习中心一定的管理权，实际上就是通过介入管理实现办学效益的最优化，这对当地政府、准入机构而言，是一个双赢的制度性安排。

实体型的准入机构在开放大学混合体制学习中心建设中是以自身拥有的存量资产使用权进入的。准入机构一方面在进入开放大学学习中心时要满足相应的标准和条件，这就可能要"先备鞍再上马"。另一方面按照混合体制学习中心结构模式设计的要求，进入开放大学学习中心的机构，无论是由几个单位组成，其各自不同的办学自主性都要受到新的管理体制制约，并服从于、服务于学习中心服务本区域人民群众终身学习的需要。与此同时，由于当地政府、开放大学对学习中心办学管理的实质性介入，学习中心的办学理念、大学意识、发展规划、队伍素养、服务能力等就可能得到较快的提升，在适应开放大学运行治理的过程中实现自身的转型发展和提档升级。

（二）混合体制学习中心建设的组织策略

按照资本组织、办学要素建设开放大学混合体制学习中心是一项全新的探索，涉及开放大学、当地政府、准入机构等各方的权益，在学习中心建构实施的过程中，可能要受到传统思维定势和利益羁绊的影响。因此，需要精心设计、统筹协调、明确思路，并以相应的政策、制度、措施作保障，周密组织实施。

### 1. 建设思路

开放大学混合体制学习中心建设应坚持"政策突破、试点先行、逐步推进"的思路。《国家中长期教育改革和发展规划纲要（2010—2020年）》明确提出，要"进一步加大省级政府对区域内各级各类教育的统筹"，省级政府在推进开放大学建设、制定开放大学相关政策时，应加强开放大学办学体系建设的总体政策设计，明确学习中心管理体制改革的要求，允许包括混合体制在内的多种体制管理开放大学的学习中心，为开放大学混合体制学习中心建设提供政策保障。开放大学学习中心建设有多种模式可供选择，但采取混合体制建设学习中心无疑是开放大学学习中心建设模式的创新，需要进行相应的试点，先取得经验，再逐步推进。

### 2. 组织架构

开放大学混合体制学习中心的设计重在组织结构与人事体制两个方面。学习中心应建立由5~7人组成的管理委员会，全权负责学习中心的办学运行管理。管理委员会的成员由当地教育行政部门（代表政府，可以兼职）、开放大学、准入机构及其资源整合单位分别派出的人员组成。其中，教育行政部门和开放大学总部应派出科、处干部，进入管理委员会并担任副主任，以充分体现当地政府和开放大学介入学习中心管理的原则及其利益诉求。学习中心主任由当地政府、开放大学总部充分协商后由管理委员会聘任，可以聘请基层电大负责人担任，也可以面向社会招聘，其编制由政府解决。

### 3. 保障机制

开放大学混合体制学习中心管理体制的变化并不影响其政府办学的性质，在由当地政府批准实施的管理委员会章程中，必须明确财政性事业编制、拨款渠道及增长机制，以保证政府的投入不至于因管理体制的变化而削弱。建立管理委员会民主决策机制，凡涉及资源整合、机构调整、事业发展、人事安排、资金使用等重大事项，都需要经过管理委员会民主决策，以防止非正常因素对学习中心运行、发展的干扰。推进远程教育职业人管理制度。学习中心的主任应逐步实行由远程教育职业人担任的制度，远程教育职业管理人的聘任不与当地政府机构的干部换届挂钩。开放大学进入学习中心管理的干部，应驻守学习中心，参与实质性的管理工作，并保持一定时限，其具体期限可与校本部管理体制改革同步。

## （三）需要处理好的几个关系

建设开放大学混合体制学习中心，实质上也是开放大学办学体系基层组织在外部和内部治理中的科学要求。以合同的方式明确资本组织、办学要素投入各方的权益，处理好学习中心与当地政府、开放大学总部、准入实体及其相关利益单位的关系，是确保学习中心健康运行的需要。

（1）正确处理学习中心与政府的关系。建设混合体制的学习中心，是政府职能从管理型向服务型转化在开放大学办学体系基层建构中的反映，并不意味着减少了政府在发展继续教育、促进终身学习中的责任；相反，政府还应责无旁贷地把开放大学的学习中心作为本区域公民终身学习的指导服务中心，纳入经济、社会、教育发展规划统筹予以建设，并加大人财物投入和政策支持的力度，为学习中心的办学与服务创造良好的条件和环境。另外，管理体制的变化也不意味着学习中心作为当地政府领导下的终身教育事业单位性质的变化，学习中心在履行开放大学办学职责的过程中还必须主动参与当地公益性、社会化的教育活动，发挥终身学习的指导服务中心的作用。

（2）正确处理学习中心与总部的关系。与基层电大由地方政府自主建设不一样的是，开放大学的学习中心是被纳入了开放大学办学体系并进行整体设计后所进行的基层组织建设，具有明确的目的性和相对统一的标准与要求，与开放大学总部（分部）的联系更为紧密。一方面，开放大学总部在办学的学术性和非学术性的各个方面，都应把学习中心的办学、管理、服务、建设、发展乃至利益分配等纳入整体进行统筹安排与合理分配，使学习中心真正成为开放大学整体的部分，让学习中心有强烈的大学归属感。另一方面，学习中心作为开放大学整体的一部分，也要有强烈的整体意识，并严格按照开放大学内部治理与办学要求运行发展，保持与整体的协调性、一致性，进而确保开放大学办学体系运行的高质量。

（3）正确处理学习中心与相关利益主体的关系。准入开放大学学习中心的机构往往并不只是基层电大，事实上，目前在我国县级区域，独立设置的电大办学机构已微乎其微，当地的一些继续教育机构，如教师进修校、党校、成教中心、社区教育学院等，早就与电大合并在一起，"一体多元"是一个普遍的现象。开放大学学习中心的建设，事实上又给当地继续教育资源整合、机构调整带来了契机，进入开放大学学习中心的机构很可能发生变化。受宏观管理体制的制约，进入学习中心的其他机构，可能还要保留原有的牌子和职能，这就给学习中心的管理带来了一定的困难。要处理好学习中心与资源整合单位的关系，关键是要坚持学习中心服务终身学习的价值取向和一体化管理要求，以开放大学学历教育办学为龙头，合理设置内部机构，统筹使用办学资源，发挥好进入实体不同机构的职能作用，推动形成一体多元、相辅相成、互动发展的办学格局。

## 参考文献

[1] 王少安,侯菊英. 推进大学文化传承创新应处理好三个关系[J]. 中国高等教育,2012(8).

[2] 姚文建. 自组织理论下的国家开放大学办学体系建设探索[J]. 中国远程教育,2013(5).

[3] 赵珂苑,牛慧. 国家开放大学体系建设中的基层电大转型对策探析[J]. 广播电视大学学报:哲学社会科学版,2012(3).

[4] 张宁. 学习中心建设若干问题的再思考[J]. 中国远程教育,2013(7).

[5] 刘延东. 努力办好中国特色开放大学[EB/OL]. 中央电大时讯网,2012(8).

[6] 张海深,余善云. 中国开放大学建设的基本走势[J]. 中国远程教育,2013(10).

[7] 余善云. 社区教育研究与实践[M]. 重庆:重庆出版社,2012.

[8] 何锦胜. 树立以人为本的新理念[N]. 南方日报,2004-04-13.

[9] 余善云. 开放大学办学体系的基层建构与策略研究[J]. 开放教育研究,2013(3):79.

# 第三部分

## 继续教育与社区教育

# 论我国继续教育体制与机制的创新[①]

《国家中长期教育改革和发展规划纲要（2010—2020年）》明确提出要"建立健全继续教育体制机制"。显然，加强继续教育体制与机制研究、促进继续教育体制与机制创新，对于满足社会和个人日益增长并不断变化的多样化教育需求、促进继续教育健康发展和学习型社会与人力资源强国建设都具有十分重要的意义。

## 一、继续教育体制与机制的内涵阐释

"体制"在汉语词典中被解释为国家机关、企业和事业单位机构设置和管理权限划分的制度。它是制度外在的具体表现和实施形式，是一个以权力的配置为中心，以结构、功能、运行为主体，由各种设施和相应的规范所构成的体系。体制是制度的中观层次，可以是某些社会分系统方面的制度，如政治体制、经济体制、教育体制、文化体制等，也可以是国家机关、企业、事业单位整体意义上的组织制度，如领导体制、学校体制等。具体的制度则属微观层次，是指要求大家共同遵守的办事规程或行动准则，如财务制度、工作制度、继续教育制度等。

"机制"指的是有机体的构造、功能和相互关系，泛指一个工作系统的组织或部分之间相互作用的过程和方式，如市场机制、竞争机制、用人机制等。体制和机制既相互区别，又密切联系，往往和微观层次的具体制度一起，共同作用于某一事物。

继续教育是面向学校教育之后所有社会成员特别是成人的教育活动，是终身学习体系的重要组成部分。继续教育体制是国家和地方为促进继续教育事业发展所制定的关于机构设置和管理权限划分的制度，主要包括领导体制、管理体制、办学体制、投资体制等。继续教育机制是指继续教育体系的构造、功能和相互关系，是继续教育系统内外组织或部分之间相互作用的过程和方式，如

---

① 本文发表于《天津电大学报》2010年第4期，人大复印资料《成人教育学刊》2011年第5期全文转载。基金项目：重庆市教育委员会2009年重大软科学课题"重庆市统筹城乡教育综合改革试验研究"子课题"推进城乡教育统筹发展的体制机制研究"（课题编号：KJ09CA12）阶段性成果。

发展机制、协调机制、评价机制、监察机制等。随着继续教育的发展，影响继续教育发展的机制得以进一步拓展和深化，出现了准入与退出机制、城乡联动发展机制、城市对农村的反哺机制、教学资源共享机制、学习成果评价机制等。

继续教育作为教育的重要组成部分，与其体制和机制相联系的还有学生入学制度，弹性学习制度，在职攻读学位制度，灵活、开放、多元的终身学习制度，个人终身学习积分卡制度，学分累积与培训认证制度，公民继续教育制度，劳动准入与职业资格证书制度，专业技术人员"带薪教育假"等制度及其相应的政策、法规保障。显然，研究和创新继续教育的体制和机制，必然涉及继续教育微观层次的相关制度。

## 二、我国继续教育体制与机制分析

近年来，我国的继续教育事业发展很快，继续教育在改善从业人员知识结构、提高劳动者素质和人民群众生活质量方面得到了社会的广泛认同，但继续教育体制与机制的构建却明显滞后，在地区及至全国缺乏全局性的统筹、协调机构以及有效的推进机制，已严重地制约了继续教育的发展。

### （一）政府统筹管理继续教育的体制尚未确立

截至目前，各级政府还没有建立起继续教育宏观管理体制和统筹协调机制，用人单位及社会各界也没有形成良好的继续教育认知环境。由于政府层面缺乏对继续教育的宏观管理和统筹，我国的继续教育基本上还是由行业、部门、高校、培训机构在开展，继续教育体制构建、规划建设、政策保障、经费投入等都不够明确。组织、人保、教育、农业、卫生等部门各管一块，资源十分分散。政府统筹、部门负责、分类指导、规范办学、质量评价的机制尚未形成。

### （二）继续教育监察和评价机制不健全

中央和地方各级教育管理部门对继续教育工作的开展还缺乏统筹安排、宏观设计和有效监管，继续教育办学的监察机制、质量评价机制、准入与退出机制远未形成，各类教育机构在利益驱动下无序竞争，资源浪费严重。尽管继续教育经过几十年的发展也形成了一定的规模，但就整体而言，由于继续教育准入标准和监管制度严重缺失，施教机构资质良莠不齐，教学质量标准混乱，特别是部分非公办机构举办的继续教育质量低下、培训效果差等现象的存在，使继续教育与普通教育相比，在质量和社会认同度上存在明显的差距。

## (三)继续教育成本分担机制没有真正建立

继续教育是社会公益性事业,受益者主要是各级人民政府,其教育成本理应以政府投入为主。但到目前为止,各级政府财政除为农民工等特殊群体的教育拨款"买单"外,无论是成人学历教育,还是非学历继续教育,政府投入都严重不足,培训经费主要由送培单位和学习者个人负担。企事业单位虽有按职工工资总额的1.5%提取职工教育经费的规定,但在一些单位很难落实。继续教育社会化投入和以财政投入为主的成本分担机制没有真正建立起来。

## (四)继续教育城乡发展联动机制尚未形成

我国城乡二元结构特征突出,城市和农村的经济、社会、教育、文化发展差异很大,继续教育在城乡的发展也不例外。如重庆市,是主城九区与其他区县,渝西地区与渝东南民族地区、三峡库区,无论是继续教育的规模、层次、水平,还是办学基地建设和施教力量,都存在着很大的差距。继续教育的优质资源主要集中在主城区,地理分布极不平衡。由于继续教育统筹缺失,推动继续教育发展的城乡联动机制、城市反哺农村的机制、优质教育资源共享机制等远未形成。

### 三、继续教育体制与机制的创新

继续教育作为终身教育的重要组成部分,内容十分丰富。创新继续教育的体制与机制,必须以继续教育发展规律为指导,综合考虑继续教育体制、机制及其制度的内在联系,着力在管理体制、办学体制、帮扶机制、监察机制等方面进行创新。

#### (一)继续教育管理体制的创新

创新继续教育管理体制,从根本上讲就是要改变多部门各自为政、分散管理的现状,建立由政府统筹、教育部门管理、其他政府部门和行业(企业)组织分工负责、社会广泛参与的现代继续教育管理体制。

1. 健全继续教育领导体制

针对继续教育办学多头管理、各自为政、资源分散等实际情况,要创新继续教育管理体制,当务之急是建立由各级政府主要负责同志牵头、由政府部门和社会团体参加的跨部门继续教育协调委员会或领导小组,构建与我国继续教育发展相适应的新的领导体制。各级政府继续教育协调委员会或领导小组负责领导和协调辖区内的继续教育工作,统筹规划继续教育在本区域的发展,协调解决继续教育发展的重大事项，研究和制定推进继续教育发展的重要政策等。

2. 建立继续教育协调机制

继续教育涉及社会各个部门、各个行业和广大社会成员，与经济、社会、教育发展紧密相关。应当把继续教育纳入各级政府经济社会发展规划和地方教育事业发展规划统筹安排，明确划分地方各级政府、行业主管部门、教育行政部门的继续教育职责，制定有利于推进本地区、本系统继续教育发展的政策和措施，建立继续教育社会协调机制，形成政府统筹、教育行政部门实施行业管理、各部门和行业分工合作、社会广泛参与的新机制。

3. 教育部门统筹管理继续教育

对继续教育统筹实施行业管理，是各级教育主管部门的重要职责。各级教育行政部门应明确职责、整合职能、建立机构、理顺管理。可在省、自治区、直辖市教委单设继续教育处，负责本区域内继续教育的宏观管理和事业发展规划、政策法规制定、办学机构设置、教学质量评估等管理工作。基层政府和其他行业管理部门或大型企业应根据不同情况设置继续教育管理机构，负责管理本区域、本行业、本单位的继续教育工作。

（二）继续教育办学体制的创新

针对继续教育特别是继续学历教育公办比例过大，社会办学、公民联合办学、境外机构办学等发育不够的实际情况，必须进一步创新继续教育办学体制，实行以政府办学为主、社会积极参与、各方面联合办学的新体制，以适应继续教育发展的需要。

1. 构建政府为主体、社会广泛参与的办学体系

我国人口众多，经济文化发展水平还比较落后，要推进继续教育发展，首先是坚持政府办学，充分发挥高校、政府部门、教育机构、国有大型企业的主力军作用。其次是调动社会和个人的积极性，利用社会资源面向成人开展继续教育，形成多种形式办学的新格局。最后是根据继续教育发展的市场化进程，可在继续学历教育领域开展民办公助和公办学校委托相关教育机构、个人办学的试点，探索继续学历教育办学新体制。

2. 发展多种形式联合办学，优化配置教育资源

发展多种形式联合办学，必须打破政府部门之间继续教育的管理壁垒，在项目审批、资金投放、学业认证等方面向社会开放，为继续教育联合办学提供政策支撑。开展继续学历教育的高校及其基层学习中心要加强继续学历教育的联合办学，力求实现资源共享、优势互补、学分互认，大力提升继续学历教育的办学效益。加强继续教育部门、行业、企业与学校，社区与学校，民办与公

办，境外培训机构与成人高校、继续教育施教机构，城市学校与农村基层组织、办学机构等多方面的合作办学，实现继续教育资源配置的最优化。

(三) 继续教育帮扶机制的创新

继续教育帮扶机制是基于继续教育发展过程中城市和农村继续教育发展的基础、条件、规模、质量、水平等方面客观存在的差异，为促进继续教育在城乡的均衡发展所采取的措施和办法的总称。创新继续教育发展的帮扶机制，通过在政策、资源、投入等方面以城带乡、以强扶弱，破解"城乡二元难题"，加快农村继续教育发展的步伐，实现继续教育在城乡的均衡发展。

1. 建立继续教育城乡联动发展机制

一是地方各级政府在整体规划辖区内的继续教育机构、基地布局和基础设施建设时，要坚持"城乡共进、区域协调、联动发展"的方针。二是各级政府在安排继续教育办学项目、条件改善、师资配备和资金投入时，可按照区域继续教育发展"城乡一体，重在农村"的思路进行资源搭配，通过"接对子"等多种方式，促进城乡继续教育联动发展。三是地处区县农村的继续教育施教机构要主动与实力强大的城市继续教育机构联姻，争取城市继续教育优质资源、品牌向农村的流动。

2. 建立继续教育城市对农村的反哺机制

一是建立城乡继续教育发展基金，通过捐赠、募集等形式筹集发展基金，发展基金全部用于支持农村继续教育发展。二是建立继续教育设备储备库，将企业、学校等捐赠的设备存入设备库，有计划有重点地优化农村继续教育的设备设施。三是建立继续教育导师制，每年遴选一批继续教育专家定期到农村讲学，定期对从事农村地区继续教育的教师进行培训，提高其教育教学水平。四是建设系统办学的继续教育施教机构，如网络教育、连锁培训项目等，要从师资、设备、技术、办学提成、利润返还等方面加大对农村和基层学习中心的分配比例和支持力度。

3. 建立继续教育教学资源开放共享机制

构建继续教育教学资源开放与共享机制，一是国家和地方政府要予以投入，建立以资源库为支撑的数字化继续教育教学资源平台，通过开发、整合、汇集，提供公益性的继续教育教学资源，为继续教育施教机构特别是农村的继续教育办学机构和学习者提供资源服务。二是充分发挥高校和电大的资源优势，推动建立区域内横向联合、纵向延伸到区县农村的继续教育资源开放与共享机制。三是充分发挥信息技术和远程教育的作用，利用互联网、广播、电视等大众传媒，为基层特别是农村提供继续教育教学资源，推进继续教育优质教学资源向农村的流动。

(四) 继续教育监察机制的创新

教育监察是指专司教育监察职能的机构对教育行政机关、教育机构及其人员的教育行政、管理、教学行为进行监视、监督和惩戒的活动。我国对继续教育的监察由于种种因素目前还主要停留在专项性的教学检查层次，主要是查处继续教育在招生、办学、收费、发证等方面的违规行为，真正意义上的继续教育监察还处于缺失状态。创新继续教育监察机制，可从以下几方面进行：

(1) 强化继续教育监察意识。一是通过多种方式加强对监察客体依法办学和遵章守纪、违法违规必罚必纠的教育，提高继续教育机构和从业人员的法制意识。二是开展警示教育，主要针对继续教育个别机构和人员存在的倾向性问题进行警示和诫勉，防患于未然。

(2) 推动继续教育依法监察。加强国家和地方的继续教育法规建设，通过全国和地方人大颁布实施《终身学习法》《继续教育条例》等，为继续教育监察提供法律依据。各级教育行政部门应当依据国家和地方法规制定与城乡继续教育发展相适应的制度和办法，如继续教育施教机构资质认定办法、教育经费筹集与管理使用办法、继续教育质量评价办法、继续教育机构准入与退出办法等，使继续教育监察有法可依。

(3) 推进继续教育监察公开化。让学习者参与对继续教育管理的监督，特别是在继续教育的对象都是在职成人的条件下，可有效推动校务公开制度的不断完善。一方面，把建立和完善继续教育收费公示和听证制度作为校务公开制度的一种延伸和拓展，建立和完善成人高校招生录取、学生择校等制度，可保障学习者有效行使监督权。另一方面，在加强和改善教育行政管理工作时，要让社会和学校、培训机构充分享有知情权、参与权、决策建议权，使继续教育监督的程序、方法切实可行。

(4) 发挥舆论监督的特殊作用。有学者认为，舆论监督因其自身具有的独特功能已成为当代社会监督最有力的途径之一。通过舆论监督，以社会权力制约公共权力，如防止权力部门违规平调成人继续教育施教机构的办学收入，防止某些权势部门以"赞助""提成"等方式挪用继续教育办学经费。同时，通过社会传媒监督继续教育施教机构在招生、办学、考试、发证等方面的不端行为，可确保继续教育的质量和保护学习者的合法权益。

(5) 突出继续教育监察的重点。一是围绕政府公共财政拨付资金和学生收费等办学经费的使用进行审计监察。二是在拨付公共财政资金时，对项目资金使用应达到的标准与使用资金时应遵守的原则进行布置、检查，以杜绝侵吞和浪费政府公共财政资金和学生学费收入的现象。三是对施教机构的招生、收费、发证等关键要素进行监察，防止和及时纠正继续教育发展中可能出现的"乱招生、乱办学、乱发证"现象，确保学习者的合法权益和社会的稳定。

## 参考文献

[1] 辞海编辑委员会. 辞海（缩印本）[M]. 上海：上海辞书出版社, 1979.

[2] 国家教育发展中心. 2009年中国教育绿皮书 [M]. 北京：教育科学出版社, 2009.

# 建立继续教育城乡帮扶机制的思考[①]

进入 21 世纪以来，我国教育实现了跨越式发展，全面实现了城乡免费义务教育全面实现，普职两类教育协调发展，高等教育进入了大众化阶段，作为终身教育体系重要组成部分的继续教育体系也不断得到完善。但也必须看到，继续教育在区域之间、城乡之间发展还极不平衡，继续教育发展需要相适应的体制和机制作保障。基于我国经济发达的城市与经济发展相对滞后的农村继续教育发展极不均衡的状况，建立有利于城市和农村继续教育统筹发展的帮扶机制，对于促进农村继续教育的健康发展，形成城乡继续教育一体化发展的格局具有十分重要的作用。

## 一、城乡继续教育发展差异现状

《中华人民共和国教育法》明确规定"国家适应社会主义市场经济发展和社会进步的需要，推进教育改革，促进各级各类教育协调发展，建立和完善终身教育体系"，第一次从法律上确立了终身教育的法律地位。继续教育是终身教育的重要组成部分，继续教育帮扶机制是指在继续教育发展过程中，城市和农村继续教育发展的基础、条件、规模、质量以及水平等方面客观存在差异，为促进继续教育在城乡的均衡发展所采取的措施和办法。从总体上看，目前我国城乡继续教育发展水平存在明显差异，继续教育帮扶机制建设严重滞后，主要体现在以下方面：

### （一）办学条件上城市优于农村

在同一地区，城市继续教育的设施设备比较齐全，继续教育基地建设比较完善，基本能够满足继续教育的办学需要。但在农村，无论是东部还是西部，继续教育的办学条件与城市相比都存在较大差距，尤其是西部农村，更缺乏相对固定的继续教育基地，无法满足农村开展继续教育的需要。

---

[①] 本文发表于《重庆广播电视大学学报》2011 年第 1 期。基金项目：重庆市教育重大软科学课题 KJ09CA12。

## (二)师资队伍上城市强于农村

从继续教育城乡施教机构拥有的师资队伍来看,农村从事继续教育的教师大多是兼职,数量不足、专业化水平偏低的情况相当严重。而城市无论是高校的继续教育机构,还是企业的培训机构和社会培训机构,都拥有较强的师资力量,尤其是城市继续教育师资的共享性是农村无法与之相比的。

## (三)学习资源上城市多于农村

随着城市经济社会发展的加快,从业人员改善知识结构、提升技能水平、促进个人发展和市民提高生活质量对继续教育的需求极大地刺激了继续教育的资源建设,网络化、多样化、个性化的学习资源日益丰富。而在农村,因多种因素影响,适合农民学习的继续教育学习资源则十分短缺。

## (四)经费投入上城市大于农村

关于城市继续教育的经费,一般情况下财政在每年都要投入一部分,职工个人参加继续教育学习所产生的大多由单位支付,或由单位给予一定补贴。但在农村地区,由于地方财政财力不足,很难保证投入,个人参加继续教育学习所产生的经费主要由自己承担。

## (五)部门联动上城市优于农村

继续教育是一个社会性工程,牵涉政府各个部门和社会各方面。城市在继续教育各门类联动发展和施教机构的交流合作等方面,如信息沟通、成果交流、资源共享等,已有较好基础。而农村的继续教育基本上还处于各自为政的阶段,缺乏联动发展的环境和引导政策。

## 二、继续教育帮扶机制缺失的影响

我国是一个经济、社会、教育、文化发展极不均衡的国家,东部和西部、城市和农村教育发展的差距很大。虽然近年来各级政府把教育摆在了优先发展的地位,教育投入也明显加大,但仍没有从根本上改变农村教育资源短缺的状况。

近年来,农村教育的薄弱状况引起了社会的普遍关注,在地方政府投入不足的情况下,为迅速改变农村教育的落后面貌,除中央和省级财政加大投入和项目支持外,城市对农村的教育帮扶机制也逐步建立起来,出现了城市强校带农村弱校、"千校牵手"、"捆绑式"发展、对口支援、优质教学资源共享等帮扶模式,在一定程度上带动了农村教育的发展。但需要指出的是,这些帮扶主要集中在农村基础教育和高中教育学校,城市对农村的教育帮扶存在着结构上的失衡。譬如对农村继续教育的帮扶现阶段主要表现在远程教育优质教学资源的共享上。广播电视大学、高校网络教育学院、农业广播电视学校等,利用互联网、广播电视媒介及手段,通过远程教学的形式,把城市拥有的优质教育资源输送到农村。但由政府主导、比较系统和有机的城市对农村继续教育发展的帮扶机制在绝大部分地区的农村还没有真正建立起来。继续教育帮扶机制的缺失对农村继续教育和经济社会发展的影响主要表现在以下方面:

(一)制约了农村继续教育的健康发展

城乡帮扶机制的缺失直接导致了农村继续教育规模锐减。一些地、县的成人教育办学单位、乡镇农民文化技术学校资金不足,条件简陋,师资紧缺,办学难以为继,发展困难重重,有的被迫停办,有的被当地政府撤并,导致农村继续教育的规模不断减少。如重庆市1997年有各类继续教育机构15 160所,其中主要面向农村和农民的专业技术培训学校有96所、成人技术培训学校15 039所;到2004年,全市继续教育机构减少到8 197所,其中专业技术培训学校减少到92所,成人技术培训学校减少到8 095所。到2007年年底,成人技术培训学校减少到1 115所(其中,成人中学59所,含农民中学56所,成人初等学校1 056所)。

(二)影响农村劳动力转移的进程

随着我国工业化、城镇化、市场化进程的加快,农村大批剩余劳动力转移到城镇就业,但由于农村继续教育体系不健全和培训能力的限制,大量转户进城和进城务的工农民在进城前都普遍缺乏必要的职业培训,文化水平和职业技能普遍偏低。在2008年中国的城乡流动人口中。参加了学习培训的仅占总数的4.29%,不同类型的流动人口受教育程度差异显著,非农业流动人口的受教育程度高于农业流动人口。由于农村劳动力素质普遍偏低,从事城市低端职业和返乡回流的人员也较多,这种状况也在一定程度上影响了农村劳动力转移的进程。

(三)制约了农村经济社会的发展

继续教育主要是面向从业人员的教育,只有加强对从业人员的技能培训,才能使他们适应经济社会发展的需要。由于历史的原因,我国农村经济社会的发展普遍滞后于城市,对从业人员开展继续教育,提升其技能水平,通过开发人力资源以促进经济社会的发展,应该说农村比城市的要求更为迫切。但情况恰恰相反，因农村继续教育薄弱所导致的农村人力资源开发滞后已经成为制约农村经济社会发展的重要因素。

**（四）导致城乡继续教育发展失衡**

城市经济社会的快速发展对继续教育提出了多样化的需求，并刺激着继续教育的规模、质量、水平和效益不断提升，推动着继续教育培养模式、技术手段的不断变革，并向规模化、标准化、数字化、社会化方向发展。而农村的继续教育由于受到资金、设施、技术、师资等因素限制而长期停滞不前。城乡继续教育发展的差距有越来越大的趋势。

因此，构建继续教育城乡帮扶机制，因地制宜地推进继续教育发展的城乡联动，建立城市反哺农村、优质教育资源城乡共享等机制，推进农村继续教育的发展，应成为我国加快社会主义新农村建设不可或缺的重要措施，已是势在必行。

### 三、建立城乡继续教育帮扶机制的对策

建立城乡继续教育帮扶机制，通过继续教育城乡联动扩大农村继续教育的规模、提升农村继续教育的质量和水平，反映了城乡继续教育均衡协调发展的客观要求。

**（一）建立继续教育城乡联动发展机制**

首先，地方各级政府要全面考虑辖区内的继续教育机构、基地和基础设施建设，要坚持"城乡共进、区域协调、联动发展"的方针，为城乡继续教育联动发展作好整体规划。其次，各级政府在安排继续教育办学项目、师资配备和资金投入时，必须按照区域继续教育发展"城乡一体、重在农村"的思路进行资源配置，同时通过城市学校与农村学校、高等院校与农村县乡"结对子"等多种方式，促进城乡继续教育联动发展。最后，地处基层农村的继续教育施教机构要主动与实力较强的城市继续教育机构"联姻"，争取城市继续教育优质资源、品牌向农村的流动，利用城市优质继续教育资源促进自身发展。

**（二）建立城市对农村继续教育的反哺机制**

其一，建立城乡继续教育发展基金，通过捐赠、募集等形式筹集发展基金。发展基金全部用于支持农村，特别是乡镇面向"三农"的继续教育发展。其二，建立继续教育设备储备库，企业、学校等捐赠的设备存入设备库，有计

划有重点地逐步优化农村继续教育的设施设备。其三，建立继续教育导师制，遴选一批继续教育专家，定期到农村讲学，对从事农村地区继续教育的教师进行培训，提高他们的教育教学水平。其四，实施系统办学的继续教育施教机构要从师资、设备、技术、办学提成、利润返还等方面加大对农村和基层学习中心的分配比例和支持力度。

(三)建立城乡继续教育教学资源开放共享机制

教学资源的开放与共享不仅是继续教育发展的国际趋势，也是我国继续教育发展的客观需要，并在促进城乡继续教育均衡协调发展中具有重要的作用。构建城乡继续教育教学资源开放与共享机制，一是国家和地方政府要加大投入，建立以资源库为支撑的数字化继续教育教学资源平台，通过开发、整合、汇集、提供公益性的继续教育教学资源，为继续教育施教机构特别是农村的继续教育办学机构和学习者提供资源服务，有效解决农村继续教育资源短缺的矛盾。二是充分发挥高校和电大系统的资源优势，推动建立区域内横向联合、纵向向区县农村延伸的继续教育资源开放与共享机制。三是充分发挥信息技术和远程教育的作用，利用互联网、广播、电视等媒介为农村提供继续教育教学资源，积极推进优质继续教育资源向农村的流动。

# 发展重庆继续教育的战略思考[①]

## 一、终身学习背景下的继续教育

### (一)终身学习背景下的继续教育

"终身教育"(life long education)是在1965年联合国教科文组织召开的继续教育促进国际会议期间,由联合国教科文组织继续教育局局长保罗·朗格朗(ParlLeng Rand)正式提出的。它是指人们在一生中所受到的各种培养的总和,包括教育体系的各个阶段和各种方式,既有学校教育,又有社会教育;既有正规教育,也有非正规教育。主张在每一个人需要的时候以最好的方式提供必要的知识和技能。1996年,OECD国家教育部部长推出《全民终身学习》报告。1997年的《汉堡宣言》提出,一种温和的、建设性的、以成人教育为主体的全民终身教育、全民终身学习的时代正向我们大踏步走来。世界银行教育局长贾米尔#萨米尔(Jamal Salami)认为:终身学习是知识经济时代的教育,但它远远超出了正规学校教育与培训的范畴。终身学习框架包括生命周期中的所有学习——从婴儿幼儿到退休的各种环境下的正规、非正规和非正式教育。就其本质而言,终身教育是指"人的一生中所受教养、教育和训练的总和"。联合国教科文组织(UNESCO)把继续教育(continuing education, further education)定义为已脱离正规教育、参加工作和负有成人责任的人所接受的各种各样的教育,既包括继续接受某个阶段的正规教育,又包括在特别领域里的探索、更新和补充知识技能的活动。我国教育大辞典将继续教育表述为:"继续教育是对已获得一定学历教育和专业技术职称的在职人员进行的教育活动,为学历教育的延伸和发展,使受教育者不断更新知识和提高创新能力,以适应发展和技术不断进步的需要。"

继续教育是终身教育和终身学习思想形成和发展的基础,也是终身教育和终身学习思想的实践载体。终身教育打破了封闭的教育模式,推翻了一次教育定终身的传统观念,强调学习不再随着学校教育的结束而告终,提倡人们继续学习、终身学习。显然,终身教育理念是继续教育发展的主导思想和指导

---

[①] 本文发表于《继续教育研究》2009年第7期。基金项目:重庆市国家统筹城乡教育综合改革省部共建项目(项目编号:渝教办〔2009〕10号)。

方针。

(二) 国际继续教育发展的基本趋势

(1) 终身化和持续化。进入21世纪后,继续教育的终身化和持续化已经成为国际继续教育发展的重要趋势。由于社会的飞速发展,以及经济结构、产业结构变化而引起的职业结构变化,人们只有通过持续不断的学习,才能提高生存竞争能力,适应岗位工作变化的需要和个人发展的需要。

(2) 国际化和全球化。随着信息技术的发展和经济全球化的影响,终身教育、无国界教育、流动学习、在线学习、网络学习等多种新型教育模式已经成为世界教育发展的新潮流。经济活动的全球化和跨国公司的发展促进了继续教育的全球化,一些具有实力的继续教育培训机构在积极拓展国外市场。

(3) 多元化和社会化。继续教育需求的个性化和职业的多样化,直接推动了继续教育发展的多元化,这种多元化既表现为培训机构和内容的多元化,又表现为社会对继续教育需求的多元化。

(4) 信息化和远程化。利用计算机和网络开展远程继续教育,其方便快捷、跨越时空、成本低廉的优势,促进了继续教育的信息化和远程化。英国开放大学利用信息技术采取远程方式把面向成人的继续教育推向了全欧洲,印度国立开放大学把信息技术和远程教育有机结合,其远程继续教育发展到亚洲和非洲的35个国家和地区。正如国际开放与远程教育协会(ICDE)首席执行官瑞德#罗尔所指出的那样,"现代远程教育已成为21世纪全世界人民获得高质量教育机会的重要途径"。

(三) 我国继续教育的新发展

(1) 国家高度重视继续教育。2000年,党的十五届五中全会通过《关于制定国民经济和社会发展第十个五年计划的建议》,明确要求"完善继续教育制度,逐步建立终身教育体系"。2002年11月,党的"十六大"报告进一步明确提出要"加强职业教育和培训,发展继续教育,构建终身教育体系"。2004年12月,胡锦涛同志在全国人才工作会议上强调指出:"要进一步完善普通教育、职业教育、成人教育和高等教育相衔接的教育体系,完善继续教育和培养制度,建立健全人才培养机制。"党的十七大从国家经济社会发展的战略全局出发,做出了"发展远程教育和继续教育,建设全民学习、终身学习的学习型社会"的重大决策。继续教育在我国进入了新的历史发展阶段。

(2) 继续教育机构不断增加。近年来,在国家政策推动下,我国继续教育呈现出"蓬勃兴起,方兴未艾"的发展态势。随着我国教育政策和经济结构的调整,继续教育培训组织和机构如雨后春笋般涌现。我国教育服务市场逐步开放,进入我国的国外教育机构以其先进的办学理念、完善的管理服务、成熟的培训模式、较高的市场预测能力以及充裕的资金也在一定程度上促进了继续教育的发展。

(3) 继续教育手段不断创新。由于高等教育大众化的推进和继续教育对象的持续扩大,利用传统的教育手段和教学形式已经不能满足继续教育发展的需要。为有效发挥各种教育资源的优势,汇入世界科技教育发展潮流,国家采取多种措施利用现代信息技术推进继续教育手段的信息化、现代化。

## 二、重庆市继续教育发展的现状

### (一) 继续教育机构初步整合

截至2007年年底,重庆有独立设置的成人高校8所,普通高校继续教育学院或成人教育学院15所,成人中等专业学校54所(进修校34所),成人(农民)中学59所,成人初等学校1 056所;成人高等教育在校生127 986人,成人中等教育在校生65 367人,成人中学在校生6 913人,成人初等教育在校生28 126人,现代远程(网络)教育在校生82 513人,面向成人的本科、专科、中等学历教育在校生总规模为30.1万人。

### (二) 继续教育体系基本形成

目前,重庆已形成以干部能力建设为核心,以市和区县党校(行政学院)为主要基地,行业、高校、企事业单位业余党校为补充的干部继续教育体系;由市人事局牵头,高校、委办局培训机构为主体,行业协会、社团配合,市和区县两级联动的公务员、专业技术人员继续教育培训体系;由市劳动与社会保障部门牵头,行业与社会培训机构为主体,企事业单位送培与自培相结合的职工岗位职业技能培训体系;以电大为主体,利用广播、电视、网络,面向社会大众,街道、社区、大众传媒配合的社会教育培训体系。

### (三) 现代远程继续教育快速发展

在高等教育大众化、教学信息化的推动下,现代远程教育在成人高等教育、自学考试出现萎缩的情况下却展现出蓬勃发展的势头。以重庆电大远程开放教育为主体,西南大学、重庆大学网络教育为重点,市外高校网络教育为补充,覆盖全市城乡,面向成人的现代远程本、专科学历教育,已发展成为重庆高等学历继续教育的重要力量。截至2007年,全市现代远程教育市内在校生已达82 513人,占同期全市成人高等教育在校生总数的39.2%。非学历继续教育培训取得显著成效，电大利用电视、网络面向社会开展的非学历继续教育年培训量已超过36万人次。

### （四）继续教育发展存在的主要问题

（1）对继续教育的认识明显不足。重庆市在继续教育政策构建、经费投入、部门协调、人才开发等方面明显缺乏整体设计和要求，没有把继续教育提升到发展战略的高度。由于政府层面缺乏对全市继续教育的宏观管理和统筹，重庆的继续教育基本上还是由部委局办和高校、培训机构在开展，继续教育体制的构建、规划建设、政策保障、功能定位、经费投入、办学模式等，都显得不确定和比较模糊。组织、人事、教育、劳动等部门各管一块，缺乏沟通协作。政府统筹、部门负责、分类指导、规范办学、质量评价的机制远未形成。

（2）继续教育施教机构良莠不齐。市和区县教育管理部门对继续教育的开展缺乏统筹安排、宏观设计和规划。各类教育机构受经济利益驱动，无序竞争和资源浪费的现象甚为突出。有些机构片面追求经济利益，不惜以降低质量为代价，致使教学质量和继续教育声誉下降。由于施教机构良莠不齐，部分机构教育质量低下、教学质量标准混乱以及培训效果差等，与普通高等教育相比，继续教育在质量和社会认同度上存在明显差距。

（3）财政经费投入严重不足。市政府对教育资源的配置主要放在普通高校学历教育上，对继续教育、岗位技术培训等几乎没有任何投资。继续教育虽然作为公益性事业，但市和区县财政除对农民工等极为特殊的群体拨款"埋单"外，无论是成人学历教育，还是非学历继续教育，政府投入都严重不足，培训经费主要由送培单位和学习者个人负担。企事业单位按职工工资总额的1.5%提取职工教育经费的规定在一些单位和企业很难得到落实。

（4）城乡发展及资源配置不平衡。重庆既是大城市，又是大农村，城市和农村在经济、社会、教育、文化发展上都存在着较大的差异。主城区与其他区县，渝西地区与渝东南民族地区、三峡库区，无论是在继续教育的规模、层次、水平上，还是在办学基地和施教力量上，都存在着较大的差距。继续教育的优质资源主要集中在主城区，地理分布极不平衡。

### 三、继续教育发展的战略对策建议

### （一）创新继续教育管理体制

建立全市继续教育由教育行政部门归口统一宏观管理、行业部门配合实施、统分结合的继续教育管理体制。市和区县建立继续教育指导委员会，下设办公室，由各级教委的主任担任办公室主任。在市教委增设远程与继续教育处,以加强全市远程与继续教育的宏观管理和统筹协调。

市级政府部门和国有、民营大型企业,根据本行业、系统、单位职工队伍规模和状况,建立相应的继续教育管理机构。制定本行业、系统、单位职工继续教育培训规划。完善继续教育相关制度,指导和管理本行业、本系统、本单位的继续教育培训工作。调整充实重庆市继续教育学会,发挥继续教育学会指导、协调和服务的作用。

### (二)加强继续教育法规建设

市人大及教育、人事、劳动等部门应根据国家立法规划,主动参与全国人大近期对《中华人民共和国教育法》的修订,以及计划制订《终身教育法》等立法活动,及时反映重庆城乡居民终身学习与接受继续教育的法律诉求。根据重庆市情特点,制定《重庆市终身学习促进条例》,以法规形式明确继续教育的法律地位、管理体制、运行机制、投入体制,以及政府、单位、施教机构、个人享有的权利和义务等。

### (三)构建新的继续教育制度

以国家和重庆市的继续教育法律和规章为依据,完善市级部门、大型企业、高等学校等有关职工继续教育的政策,推进重点行业、职业岗位群的就业培训和执业认证制度,促进城乡居民初次就业、再就业、进入特种岗位执业与职业技能培训的有机结合。建立城乡居民接受继续教育的政策保障制度,构建继续教育准入与退出、检查与评价、统计与年报、激励与约束等制度。构建学有所教、执业认证、定期受训、能力为本、具有重庆特色的继续教育制度。

### (四)构建继续教育成本分担机制

继续教育施教机构、高校、电大、进修校等全民事业单位,按照分类要求、分级负责的原则,由市和区县财政按照学历教育在校生人数或年度培训规模拨款。建立政府、单位、企业继续教育专项基金,市财政可按全市上年GDP的1%提取。建立远程和继续教育基金,机关、企事业单位职工教育费由工资总额的1.5%提高到2%,以适应继续教育发展的需要。

建立以政府投入为主,单位、个人按比例负担的继续教育成本分担机制。农村实用技术培训、农民工技能培训、城镇下岗职工再就业培训、社会公益性教育培训、残疾人等特殊人群的继续教育,根据不同的资金渠道和业务委托由政府"埋单"。公务员、专业技术人员、企事业单位职工因工作需要进行的培训由送培单位承担培训费,因个人发展需要产生的培训费用主要由个人负担。鼓励企事业单位、境内外组织和机构、个人对继续教育进行投入或资助。

## （五）加快继续教育基本建设

巩固和发展电大、高校、行业培训中心、农民科教培训中心等传统继续教育施教机构，积极引进市外、境外培训机构来渝办学，大力培育新的社会培训机构，加强社区、村镇居民文化教育活动中心建设，形成层次分明、城乡联动、分工合理、体系健全的继续教育新体系。

发挥高校人才集中的优势，加强继续教育教材和数字化、网络化资源建设，积极引进承载新知识、新技术、新工艺的教学资源，整合高校、企业、行业继续教育资源，建立继续教育资源库，推动和促进继续教育资源的开放与共享。

加强继续教育师资队伍建设，按办学规模和生师比核定公办继续教育院校编制，确保继续教育院校专任教师、管理、技术人员的数量，引进与在职培训结合，提高施教队伍整体水平，改善教师学历结构。

加大公共财政和行业、企业对继续教育的投入，改善继续教育办学条件。大力推进继续教育信息化建设，以信息化促进继续教育施教机构教学理念、方法、手段的现代化。

## （六）实施继续教育重点项目建设计划

（1）现代远程教育推进计划。以电大为主体，整合全市远程教育资源，促进自考、农广校、奥鹏的改革与资源整合，建立重庆开放大学，打造重庆继续教育"龙头"施教基地。以开放大学为基础，整合电大远程教学技术平台，包括农村实用技术培训网、中小学教师继续教育网、干部教育网，建立独立域名的远程与继续教育网站，打造服务重庆城乡居民终身学习的信息服务平台。

（2）开展继续教育示范建设计划。培育一批具有较大影响和实力的施教机构、学校，调动基层政府发展继续教育的积极性，提升继续教育能力，以满足城乡市民终身学习、提升素质和竞争力的需要。

（3）中小企业人才素质提升计划。基于重庆市中小企业已发展到3万多家、从业人员接近300万、职工素质偏低的实际情况，配合实施国家"中小企业成长计划"，实施中小企业"311"人才素质提升计划，即培训中小企业企业家3万人、创业者10万人、职业技能培训100万人次。

（4）农村实用人才创业培训计划。基于统筹城乡发展的需要和大农村、大库区、大山区的市情特点，全面实施农村实用人才创业培训计划。针对在乡在土"留守"农民，发挥电大、农广校、农民科教培训中心、乡镇农民文化中心等的作用，重点开展面向村社干部的培训以及面向农村经纪人、产业带头人、"留守"农民种、养、采、加的实用技术培训。

（5）专业技术人员素质提升计划。开展大学后学历提升和非学历继续教育，帮助专业技术人员更新知识，提高创新能力。抓好汽车摩托车、高新技术、交通运输、商贸物流、旅游文化、资源开发与房地产六大行业以专业科目继续教育为基本内容的知识更新工程，提升专业技术人员的创新能力。优化完善教育、卫生、文化等行业专业技术人员继续教育制度和政策，支持、鼓励技术人员参加继续教育学习。完善专业技术人员继续教育的登记和职务晋升联系制度，促进专业技术人员继续教育的规范化、制度化。

（6）企业员工职业技能开发计划。开发企业员工职业技能，整体性提升企业员工生产、经营、服务、管理能力和水平。完善各类企业和新生劳动力（含农民工）的就业培训制度，使教育培训真正成为促进经济增长的重要手段。推进职业培训制度与职业资格证书制度的改革衔接，构建以职业能力开发为重心的职业资格培训体系。加快推进职业资格认证工作，形成整体性的以职业技能等级谋取职业岗位的企业用工制度，推动职业资格与劳动工资制度的衔接。

（7）城乡市民素质提升计划。综合运用各种继续教育方式和施教手段，全面加强市民职业技能、科学知识、文明素养的教育和培训，提升全体市民的综合素质。充分发挥电大、电视台、报刊、网络等的作用，有计划有目的地开展社会通用知识、文明行为、法律知识、科学知识、传统文化的素质教育，传播先进文化、颂扬文明行为、倡导文明新风。

（8）继续教育质量评价体系构建计划。牢固树立质量是继续教育生存发展的生命线的理念，按照分类指导、发展特色的原则，强化继续教育教学过程和重要环节管理。根据市场需求，调整课程体系，改革课程内容，加强精品课程和特色资源建设，推进网络教育资源的开发与共享。研究制定继续教育分类指导、评估的政策和措施，引领施教机构合理定位、发挥优势、办出特色。建立继续教育教学基本状态数据检测体系，加强施教机构教学基本状态信息和数据的统计、分析、评价，形成继续教育施教质量向社会定期公布的制度。

**参考文献**

[1] 中国广播电视大学教育统计年鉴（2007）[M]. 北京：中央广播电视大学出版社，2007.

# 重庆市统筹城乡社区教育发展战略研究[①]

## 一、终身学习背景下的社区教育

终身学习（lifelong learning）是指社会每个成员为适应社会发展和实现个体发展的需要，进行贯穿于人的一生的、持续的学习过程。自20世纪60年代中期以来，在联合国教科文组织及其他有关国际机构的大力提倡、推广和普及下，1994年，"首届世界终身学习会议"在罗马隆重举行，终身学习在世界范围内达成共识。1996年，OECD国家教育部长推出《全民终身学习》报告。1997年的《汉堡宣言》提出，一种温和的、建设性的、以成人教育为主体的全民终身教育、全民终身学习的时代，正向我们大踏步走来。终身学习与终身教育的联系十分紧密。终身学习强调的是人一生都要学习。从幼年、少年、青年、中年直至老年，学习将伴随人的整个生活历程并影响人一生的发展。"终身教育"（lifelong education）是指人们在一生中所受到的各种培养的总和，包括教育体系的各个阶段和各种方式，主张在每一个人需要的时刻以最好方式提供必要的知识和技能。终身学习与终身教育的共同目的都是注重个人的全面发展，培养个性完善的人。

终身教育是旨在促进人发展的教育，强调的是国家和政府的责任。社区教育作为终身教育和终身学习的重要支撑，在我国受到了高度重视。教育部在2004年印发的《教育部关于推进社区教育工作的若干意见》（教职成〔2004〕16号）中，把社区教育作为"全面建设小康社会，构建终身教育体系和建设学习型社会"的战略性措施。2010年，中共中央和国务院颁布实施《国家中长期教育改革和发展规划纲要（2010—2020年）》，明确提出"广泛开展城乡社区教育，加快各类学习型组织建设"的战略要求，并把"加强城乡社区教育机构和网络建设，开发社区教育资源"纳入"构建灵活开放的终身教育体系"的范畴，2012年2月，教育部发布了《关于加快发展继续教育的若干意见》（征求意见稿），明确提出要把"建立健全城乡社区教育网络"作为"优化继续教育办学与服务体系"的重要内容。显然，

---

[①] 本文发表于《重庆科技学院学报（社会科学版）》2013年第4期。基金项目：重庆市2012度重大软科学课题"重庆市城乡教育一体化指标体系研究"（KJTC201201—12）。

社区教育已作为我国社会发展、文化建设、教育改革战略的重要内容,受到了党和政府的高度重视。

## 二、重庆市社区教育发展战略性分析

### (一)世纪之交重庆市社区教育的发展分期与特点

世纪之交重庆市组织化的现代社区教育的发展大体分为三个阶段。从1988年九龙坡区黄桷坪街道承担四川省教育科学研究所"学校、家庭、社会三结合社区教育实验研究"课题任务开始,到2000年重庆市第一个国家社区教育试验区产生,是重庆市现代社区教育的萌发期。这一时期重庆的社区教育还局限在主城区,社区教育的任务是面向中小学生开展校外教育,其性质仍然是学校教育的补充,与全民终身学习和社区建设联系不大。但重庆这时开展中小学生校外教育的经验,却在全省、甚至全国都产生了较大影响(见表1)。

表1 重庆市组织化现代社区教育发展分期与特点

| 发展时期 | 教育类型 | 教育性质 | 教育服务对象 | 教育特点 | 对社会的影响 |
| --- | --- | --- | --- | --- | --- |
| 现代社区教育萌发期(1988—2000) | 城市中小学生校外教育 | 学校"应试教育"补充 | 面向在校中小学生 | 科研引导、以点带面、全面推广 | 四川全省推广在全国有影响 |
| 终身教育孕育期(2001—2008) | 政府主导实验性质的社区教育 | 终身学习理念支配的社区教育实验 | 面向在校中小学生,社区下岗职工、城市离退休人员 | 局部区域实验,公共服务缺失,模式单一、进展缓慢 | 局限在渝中区,在全市影响不大 |
| 终身学习发展期(2009—) | 服务终身学习的社区教育 | 全民终身学习的载体 | 面向社区所有成员,充分体现了社区教育"三全"的特点 | 项目推动、专业服务、公共平台、点面结合,与社区建设融合,学习手段新 | 在重庆市影响逐步扩大,特殊人群教育与个别性活动在全国有一定影响 |

从2001年到2008年是终身教育孕育期,其主要标志是渝中区在2001年被教育部确定为全国社区教育试验区。在此期间,渝中区的社区教育除继续面向中小学生开展校外教育外,还结合城市职工下岗和再就业、老年教育等开展一些活动,社区教育服务面有了一定程度的扩大,但由于局限在渝中区试验,加之缺乏专业化服务机构的介入,社区教育活动模式单一,对全市社区教育发

展的影响十分有限。

2009年,是重庆市社区教育发展史上具有里程碑意义的一年,其标志性主要表现在三个方面:一是开展国家城乡统筹教育综合改革,社区教育发展被纳入了国家城乡统筹教育综合改革试验项目试点,项目带动了社区教育发展。二是渝中区被教育部确定为国家社区教育示范区,沙坪坝区、万州区被确定为全国社区教育试验区,重庆市社区教育由主城扩展到库区,由试验发展到示范,有了质和量的新变化。三是社区教育启动了服务体系建设。在国家城乡统筹教育综合改革试验项目带动下,重庆市社区教育进入了体制建构、体系建设的新阶段。

(二) 重庆市社区教育取得的主要成绩

(1) 终身学习理念不断深入人心。进入21世纪后,随着重庆市经济、社会、教育、文化的快速发展,继续教育、终身教育、终身学习的理念不断深入人心。一是继续教育地位提升,终身教育、终身学习进入了政府体制建构的框架,重庆市经济社会发展"十二五"规划纲要、重庆市教育中长期规划纲要均有反映。二是终身学习公共服务体系建设引起了社会的广泛关注,如推进重庆开放大学建设,为城乡居民构建终身学习平台等。三是学习正在成为社会的新时尚,学习型企业、学习型社区、学习型家庭不断涌现,学习型组织建设取得重大进展。

(2) 社区教育试验实践逐步推进。全市基本形成了多层次、多类别的社区教育试验、实践体系架构。继渝中区、沙坪坝区、万州区成为国家社区教育示范、试验区后,2011年,重庆市教委根据国家教育规划纲要提出的"广泛开展城乡社区教育"的要求,印发了《关于开展重庆市社区教育实验区和示范区申报评估工作的通知》,启动了市级社区教育试验(示范)区的评估工作,南岸区、黔江区、永川区等区县政府为此开展了市级社区教育试验(示范)区的创建工作。社区教育活动在一些社区开展良好,多层级的社区教育试验在全市更大范围稳步推进。

(3) 专业化公共服务进入社区教育。电大系统作为专业化教育机构已介入社区教育建设服务体系。2010年,重庆电大社区教育办公室成立,统筹和协调全市电大社区教育工作,面向全市社区教育开展政策咨询、指导服务、资源提供等服务。渝中区、沙坪坝区社区教育学院在电大分校成立,中央电大社区教育实验中心在渝中区电大分校、九龙坡区电大分校挂牌,重庆电大渝州路街道社区教育实验学校相继成立,重庆市社区教育专业化服务发展到了一个新的阶段。

(4) 社区教育的手段发生重大变化。探索利用信息技术推进数字化学习型社区的建设与示范应用在南岸区电大分校试点后有了新进展。2010年，重庆终身学习网建成开通，汇集、整合了一大批数字化教育资源，免费提供给城乡社区居民使用。利用互联网在线学习平台开展社区教育的学习、互动与交流，创新了社区教育模式。2011年，渝中学习网在渝中区电大分校建成，整合汇集各类数字化学习资源2 200余课时，目前已有注册学员近2 000人，发放市民终身学习卡10 000多张。九龙坡电大分校已建成杨家坪文化楼、谢家湾建设广场、石坪桥成教中心，作为社区数字化学习中心示范点，并推进数字化学习向西部乡镇发展。

（5）社区教育空间布局城乡互动拓展。2009年，万州区被教育部确定为全国社区教育实验区，标志着重庆市社区教育从主城向农村、库区拓展，空间布局发生了新变化。2012年1月，沙坪坝区社区教育学院和24个街道、乡镇社区学校同时成立，形成了社区教育城乡统筹发展的格局。社区教育空间布局的变化，还反映在"离乡不离教"的模式创新上。如解放碑、朝天门社区学校针对进城农民工开展低文化流动人口扫盲培训，渝州路街道社区学校免费开展农民工职业培训等。利用城市社区教育优质资源，通过转移培训方式，面向农村和农民开展社区教育，不仅改变了社区教育传统的空间布局，而且还创新了社区教育城乡互动的办学模式，顺应了重庆市人口向主城快速聚集的趋势。

（三）制约重庆社区教育发展的主要因素

重庆市社区教育尽管在近年来取得了一些进展，但也存在政府发展社区教育的政策缺失，社会用于社区教育的资源分散，发展社区教育的体制机制缺乏，政府管理社区教育的职责不明，社区教育经费政府投入严重不足，社区教育公共服务体系不健全，社区教育在城乡的发展严重失衡，社区教育现状与中央直辖市和国家五大中心城市之一的地位很不相称等问题，产生这些问题的原因概括起来主要表现在以下三个方面：

1. 政府统筹经济社会发展不够

重庆市近几年来经济发展快速，许多重要指标都超过了全国平均水平，但社区教育的发展却没有和经济、社会、教育的发展同步。原因主要是政府在发展理念上存在着偏差，没有真正树立起经济建设、社会建设、精神文明建设同步发展的现代发展观，市和区县不少领导干部眼睛盯着的只有GDP、工业化、城市化，对城乡居民进入小康后的精神文化需求和个人发展诉求视而不见。

2. 传统教育发展理念的影响

2011年重庆市基本普及了十二年义务教育，高等教育毛入学率达到了

30%，高于全国的27.5%，教育发展指数（EDI）也高于全国平均水平，但这些都是传统教育领域的成就。由于终身教育理念的缺失，以文化知识、科学技术为工具，以培养自主、职业、创新意识和能力为主线，整体提升社区成员文化素质，发展社区成员适应社会生存能力的社区教育，市教委至今都没有对其出台具体的政策和指导性意见。

3．城乡经济发展水平的制约

虽然重庆市近几年来经济发展的速度很快，但经济发展总体水平仍然不高，在一定程度上抑制了政府发展社区教育的积极性和城乡居民素质提升的需求，人民群众生存需要和发展需要的矛盾还比较突出，表2反映了2011年重庆市城乡居民可支配收入还明显低于全国平均水平（见表2）。

表2　重庆市2011年"一圈"和"两翼"主要经济发展指标比较

| 主要经济指标 | "一圈"地区 | "两翼"地区 | "圈翼"之比 | 备注 |
| --- | --- | --- | --- | --- |
| 人均地区生产总值（GDP）万元 | 4.35 | 2.01 | 2.16:1 | 数据来源：重庆市统计局发布的2011年重庆市区域经济分析情况 |
| 对全市经济的贡献率（%） | 76.7 | 23.3 | 3.29:1 | |
| 地方财政收入（亿元） | 1 128.56 | 272.21 | 4.15:1 | |
| 农民人均纯收入（元） | 8 339 | 5 793 | 1.44:1 | |

另一方面，尽管重庆市区域之间的发展差距在缩小，但"一圈"和"两翼"之间仍然存在着较大的发展差距，由此而引起的对农村和三峡库区、渝东南民族地区社区教育的影响是不言而喻的。

## 三、发展重庆市社区教育新的战略环境

### （一）重庆市社区结构发生重大变化

（1）产业、人口、投资向城市聚集。2011年，全市国民生产总值（GDP）已突破了万亿元大关，进入了全国GDP"万亿俱乐部"的行列，人均GDP超过了5 400美元。全年实际利用外资105.79亿美元，进出口总额292.18亿美元；"工业增加值、实际利用外资、进出口总值、航空口岸货运量分别增长22.5%、75%、125%、11倍，均居全国第一"。地方财政收入已接近3 000亿元人民币。城镇化率达到了55%，城乡、区域差距缩小到3.15∶1和2.17∶1，基尼系数降至0.42。工业化、城市化、城乡一体化进入了快速发展期（见表3）。经济社会的快速发展和城乡居民收入的增长，使社会教育需求空前旺盛，也给城乡社区教育发展奠定了坚实基础。

表3 重庆市2011年经济社会发展主要指标与全国比较

| 主要指标 | 重庆市水平 | 全国平均水平 | 重庆与全国比较 | 备注说明 |
|---|---|---|---|---|
| 城镇化率（%） | 55.00 | 51.27 | +3.73 | 高于全国平均水平 |
| 高等教育毛入学率（%） | 30.00 | 27.5 | +2.25 | 高于全国平均水平 |
| 社会老年化程度（%） | 17.2500 | 13.70 | +3.55 | 老年化社会快于全国 |
| 城市居民可支配收入（元） | 20 250 | 23 937 | -3 687 | 低于全国平均水平15.4% |
| 农村居民可支配收入（元） | 6 480 | 6 977 | -497 | 低于全国平均水平7.1% |

（2）社区人口结构发生了重大变化。近年来，重庆市常住人口由农村向城镇、"两翼"向主城加速聚集。2011年，重庆市有322万农民转户进城变成了新市民，一小时经济圈特别是主城区的人口比重不断提高，两翼人口的比重逐渐下降。城乡社区居民空间布局和结构的变化为统筹城乡社区教育发展决策和城乡社区教育模式改革提供了重要依据。

（3）生存竞争促进了需求结构变化。重庆老工业基地改造的基本完成和以笔记本电脑生产为代表的IT产业的兴起，现代制造业、冶金化工业等新的支柱产业的形成，以及工业化、市场化、农业产业化的快速推进，使人们的生存压力越来越大。城乡社区居民一方面为适应职业发展和个人素质提升的需要，纷纷投向了学校和社区教育进行"充电"；另一方面又对教育提供的内容、形式、手段等提出了适应性、多层次、多样化的要求。社会教育需求结构的变化为社区教育发展开辟了广阔前景。

（4）收入结构变化凸显社区教育作用。2011年，重庆市城乡居民人均GDP达到了5 400美元，超过了世界上中等偏上国家的水平，但同时社会也进入了世界公认的矛盾凸显期。在经济发展的同时，社会建设的任务尤为艰巨，如何发挥社区教育的功能，促进社区思想文化建设，维护社会稳定，已成为社会管理需要解决的新课题。关注城乡居民收入结构和水平的变化，发挥社区教育的社会稳定器作用，对促进社区文化建设和邻里和睦、创新社会管理模式、维护社会和谐稳定都具有十分重要的作用。

（二）重庆市社区教育发展需要研究的战略性问题

（1）经济社会发展引起的居民需求结构变化。社会发展对人的发展的影响必然会引起城乡居民需求结构发生变化，进而产生新的教育需求。城乡居民人均收入的增长加剧了社会建设的复杂化程度。在社会建设环境更加复杂、任务更加艰巨的新情况下,创新社区建设和社会管理模式,通过社区教育功能的发挥推动城乡居民思想、文化、法制建设,促进邻里和谐和社会稳定,将是社会建设在新的历史条件下的战略性选择,社区教育在与社区建设相互融合中将发挥更加重要的作用。

(2)社会结构变化引起的社区教育结构变化。从2011年到2020年,全市将有1 000万农民转户进城,人口向区域西部和主城的聚集,对包括社区教育在内的城市承受能力提出了新的挑战。2011年重庆市老龄化程度已达到17.25%,高于全国13.7%的水平,居西部各省区市第一。2015年老年人口将达到637万人,超过人口总数的20%。老龄化社会的到来将使老年教育成为重庆市未来社会关注的新热点。重庆市社会结构由二元向一元的转化,人口向西部、一圈、主城的转移,以及老龄化社会的提前到来,必然引起教育结构的变化,社区教育在重庆的社会变革中将发挥重要的战略性作用。

(3)信息技术应用引起的社区教育模式变革。据《第29次中国互联网络发展状况调查统计报告》显示,2011年年底中国网民规模突破了5亿人,网民增速达到了52%;重庆市网民达到了598万人,互联网普及率达到了67.9%。显然,信息技术已进入重庆市城乡居民生活的各个领域,在促进重庆市社区教育城乡一体化发展、推动社区教育办学模式和学习模式的变革中具有关键性作用。制定重庆市统筹城乡社区教育发展战略,必须充分考虑信息技术对社区教育发展的重大影响。

**四、发展重庆市社区教育的战略性措施**

统筹重庆市城乡社区教育发展,应在统筹制订社区教育发展的政策、规划、标准,统筹建设社区教育体系、平台、资源,统筹开展社区教育科研、服务、评价等基础上,采取相应的战略性措施,搭建城乡居民终身学习的"立交桥",服务重庆市终身教育体系和学习型社会建设。

**(一)提高对社区教育的认识,确立现代教育新观念**

发展社区教育是推进重庆市城乡教育统筹发展改革试验的重要举措,市和区县各级政府应切实站在促进全民终身学习、繁荣社会文化、改善社会民生、构建社会和谐的战略高度,进一步提高对社区教育的认识,确立全民教育、终身教育的理念,重视城乡社区教育的统筹发展,并把城乡社区教育纳入当地经济社会发展规划统筹,为现代社区建设、新农村建设、构建和谐社会服务。要让社区中的每个人都认识到社区教育的作用,增强参与意识。确立城乡统筹发展社区教育观念,克服重城市社区教育、忽视农村社区教育的倾向。

## (二)统筹城乡社区教育政策,构建社区教育体制机制

社区教育是公益性的教育事业,市政府及其教育行政部门应尽快制定全市统筹城乡发展社区教育的政策性文件,明确重庆市社区教育发展的指导思想、发展目标、领导体制、管理体制、投入体制、运行机制,以及促进全市社区教育发展的措施和办法等。要切实加强政府对社区教育工作的领导,落实市和区县各级政府发展社区教育的责任。尽快建立由政府分管教育领导负责、社会相关职能部门领导参加的社区教育委员会,全面负责市和区县的社区教育工作。市和区县教育行政部门应确定专门机构和人员、编制负责社区教育的管理。制定重庆市社区教育发展规划,统筹全市城乡社区教育的发展。建立以政府财政为主的社区教育投入机制,落实城乡社区教育按常住人口拨款的政策。建立由教育部门牵头的社区教育协调机制,完善社区教育评价机制,建立社区教育工作考核机制,促进社区教育与社会建设融合发展。

## (三)创新社区建设模式,加快社区教育与社会建设融合

加强社区建设,创新社区管理,促进社区和谐,事关党的执政地位稳固、国家长治久安、人民安居乐业。如何根据社区成员结构和要素的变化创新社区建设模式、促进社区和谐,是当前和今后一段时间重庆市社区建设必须解决好的新课题。创新重庆市城乡社区建设模式,必须克服习惯思维定式的影响,改变传统社区建设中教育与建设脱节的状况,统筹社区教育与社区建设,充分发挥社区教育促进学习、繁荣文化、改善民生、推动发展的功能,加快社区教育与社区建设融合,走出一条与重庆市情特点相适应的社会建设新路来。

## (四)加快开放大学建设步伐,构建覆盖城乡的服务体系

建设重庆开放大学是国家战略在重庆的实践,以电大系统为基础建设重庆开放大学体系,提升重庆市继续教育的供给能力,为城乡居民终身学习提供服务支撑。通过重庆开放大学的建设,形成覆盖全市城乡、面向全体市民的终身学习网络和服务平台,适应城乡居民日益增长的多样化、个性化学习需要,促进重庆人人皆学、时时能学、处处可学的学习型社会的形成。市政府及其教育行政部门应加强与教育部的沟通协调,加快推进重庆开放大学建设;利用重庆电大现有资源,批准建立全市社区教育指导服务中心,为全市社区教育发展提供业务指导、资源开发、政策咨询、信息服务、项目推广和人员培训等工作;依托区县电大分校、电大工作站建立社区学院,依托街道、社区文化活动中心、市民学校、农民文化技术学校建立社区学校和社区教育学习点,形成覆盖全市城乡的社区教育服务体系和办学网络。

## (五) 建设数字化学习平台, 构建以城带乡社区教育模式

数字化学习是社区教育发展的重要趋势。应充分利用"重庆终身学习网"和区县社区教育在线学习平台, 加大投入, 加快推进国家和地方社区教育试验 (示范) 区在线学习平台建设, 大力推进社区教育数字化。发挥主城区社区教育数字化平台和资源优势, 推进农村区县、乡镇与城市街道的社区教育资源共享, 利用城市社区教育数字化学习资源向进城务工人员、转户进城的新市民等开展社区教育在线培训, 大力倡导数字化学习进社区、进市民家庭, 创新社区教育城乡互动方式, 构建以城带乡社区教育模式。

## (六) 发挥实验区资源优势, 多种形式反哺农村社区教育

充分利用社区教育实验区多年形成的经验和积累的资源, 以多种形式支持农村社区教育发展。一是对口帮扶。充分发挥国家和地方社区教育试验 (示范) 区的作用, 采取院校"联姻"、区县对口、城乡学校"结对子"等方式进行帮扶。二是大力开展转移培训。利用主城区社区教育资源, 面向主城以外的农民工, 或针对农村流动到城市的特殊人群, 开展各种职业培训和社会教育, 在城市就地帮助农村开展职业教育、实施转移培训、提升农民素质和技能。三是典型示范。利用城市社区教育已形成的政策、体制、机制、项目、经验等为农村区县发展社区教育提供指导。通过以城带乡、典型示范、城乡互动等方式, 促进农村区县社区教育的发展, 提升社区教育城乡一体化的发展水平。

## (七) 加快公共学习设施建设, 优化城乡居民学习的环境

重庆市用于城乡居民公共文化和学习的设施明显不足, 基于建设学习型社会、提升城乡居民科学文化素质、促进城乡社区教育发展的需要, 市和各区县应把城乡市民公共学习设施的建设纳入各级政府社会建设、文化建设、城市综合改造等方面进行统筹, 通过政府投入、社会捐助、政策划拨、转移支付等多种方式, 加快全市城乡居民公共学习设施的建设, 为城乡居民的终身学习和身心发展创造良好的环境和条件。

## (八) 梯度推进, 促进社区教育由"一圈"向"两翼"拓展

坚持从市情出发, 由"一圈"向"两翼"、城乡统筹梯度推进社区教育发展。在主城和"一圈"地区全面开展社区教育, 形成城乡联动、水平较高、覆盖全员的普及局面。在万州、涪陵、黔江、江津、永川、合川6个区域性中心城市, 应大面积开展社区教育工作, 形成以城市为龙头、农村发达地区紧紧跟上的发展格局。"两翼"其余地区的区县, 应把重点放在城镇和比较发达的

农村开展社区教育试验,形成以点带面、梯度发展的局面。推动城市市民和乡镇成人教育学校向社区教育学习中心转型,形成以试验(示范)区为依托、社区学院为龙头、社区学校为骨干、居民小区学习中心为基础的社区教育三级网络,初步构建起横向联结、纵向沟通、资源共享,覆盖各类人员、基本适应社区居民终身学习要求的"立交桥"。

(九)把社区教育纳入民生导向的发展之路

近年来,重庆市确定了民生导向的发展之路,先后出台了"民生十条""共富12条"等政策措施以改善民生。但必须清楚地看到,当前重庆的社会结构已发生重大变化,而且这种变化还在继续扩大。一是转户进城的新市民在2020年前要达到1 000万人。二是社会老龄化程度的加快,2015年全市60岁以上的老龄人口将达到637万人,超过常住人口1/5。三是在城市务工的大量农民工。这三大群体的规模在全市总人口中举足轻重,他们不仅是社区教育的对象,而且是社会各阶层中相对弱势的人群,特别需要政府帮他们融入城市生活、提高生存能力、提升生活品质、老有所乐。把他们的终身学习纳入重庆市民生导向发展之路,通过发展社区教育帮助他们提升素质、提高能力,消化老龄化带来的社会问题,不但很有必要,而且还是政府的重要责任。

## 参考文献

[3] 康小兰. 2011年重庆市经济运行情况新闻发布会[DB/OL]. http://www.xinhuanet.com/, 2012-01-21.

[4] 刘轶. 官方通报:重庆户籍人口超3300万[N]. 重庆商报, 2012-04-24.

# 重庆市社区教育的探索与实践①

现代社区教育的发展促进了教育与基层社会建设的深度融合,并使之成为构建终身教育体系的重要方式和学习型社会建设的重要抓手。重庆广播电视大学以"部市共建项目"的研究和实践推动为契机,以"城乡统筹发展"为新的视角,大力探索城乡一体化的社区教育发展模式与途径,取得了明显的成效。

## 一、度势谋划,构建城乡一体化社区教育体系

社区教育是指在一定区域内,充分整合利用各类教育资源,面向城乡居民开展文化知识、职业和生活技能的教育与培训,以提高全体居民整体素质和生活质量,促进区域经济、文化建设和社会发展的教育活动。现代社区教育发端于20世纪80年代的美国,20世纪90年代在我国沿海一些发达的中心城市兴起。

1999年,国务院在批准教育部的《面向21世纪教育振兴行动计划》中,明确提出"开展社区教育试验工作,逐步建立和完善终身教育体系,努力提高全民素质"。社区教育由此在全国开始了大规模的探索和试验工作。重庆市的社区教育始于20世纪末,1990年,重庆市教育科学研究所、九龙坡区教委、黄桷坪街道办事处联合开展"街道镇级社区教育实验"课题研究,次年在全区推广面向中小学生进行校外教育的社区教育。这时的社区教育强调家庭、学校、社区结合,以搞好青少年思想教育与德育为主要任务。2001年,渝中区经教育部批准成为全市首个国家级社区教育试验区,重庆市的社区教育由此和终身教育与学习型社会建设联系到了一起,被赋予了崭新的时代内涵。2009年,城乡统筹部市共建项目"构建社区继续教育体系,推进社区继续教育发展"实施,其在理论探索和实践推进中取得的成效开创了重庆市社区教育的新局面。国内外社区教育发展的经验已经证明,社区教育的发展与经济社

---

① 本文发表于《陕西广播电视大学学报》2012年第1期。基金项目:教育部重庆市共建项目"构建社区继续教育体系,推动社区继续教育发展"成果之一(批准文号:渝教办〔2009〕10号);重庆电大科研项目"基于城乡统筹的社区教育发展模式研究"阶段性成果(课题编号:211yy001)。

会的发展成正相关关系。经济社会发展快，城市化与城乡一体化发展水平高的地方，社区教育的发展就十分迅速，如地处我国东部发达地区的浙江、江苏和京、津、沪、蓉等中心城市，社区教育的发展已如火如荼地在城乡社区展开，而中西部经济欠发达的地区和农村的社区教育的发展却明显滞后。

重庆地处我国西部，城乡二元结构的矛盾十分突出，大城市、大农村、大库区、大山区并存和城乡一体化发展水平较低的独特市情严重制约了社区教育在城乡的健康发展。与京、津、沪、蓉等中心城市和东部经济发达地区比较，当时重庆市的社区教育还没有纳入各级政府经济建设、社会建设、教育发展总体规划进行统筹，更没有作为政府和教育行政部门构建终身教育体系，建设学习型社会的抓手受到应有的重视，如何根据重庆的市情特点，从理论和实践两个维度切实推动重庆市城乡社区教育的发展，是我们实施部市共建项目必须解决的首要问题。

为此，我们在专题考察江苏、浙江、上海、宁波、成都等地社区教育的基础上，根据重庆市情特点，从总体上谋划重庆社区教育的发展，提出了构建重庆市社区教育体系框架的构想，即"两个体系，四级网络"。两个体系是政府工作体系和业务指导服务体系。政府工作体系是分别建立市和区县社区教育工作委员会（办事机构设在同级教委），由市和区县政府分管领导负责，成员由教育、精神文明办、发改委、农委、经委、科委、民政、财政、劳动人事等政府职能部门人员及市电大负责人构成，乡镇（街道）的社区教育工作由同级政府负责。各级政府社区教育工作委员会的职责是制定社区教育的政策、统筹协调以及推进工作。社区教育业务指导体系依托电大系统构建，在重庆电大建立全市社区教育指导服务中心，依托区县电大建立社区教育学院，乡镇（街道）建立社区学校，城市社区、农村自然村建立社区学习点。通过政府工作体系和业务指导服务两大体系建设，形成全市以各级政府为主导，市社区继续教育指导服务中心为依托，区县社区学院为龙头，街道乡镇社区学校为骨干，居委会、村社区继续教育学习点为基础的社区教育四级网络。

2009年以来，通过本项目的实施，目前建立市社区教育指导服务中心的请示文件已上报市政府待批。在调查研究基础上形成的重庆市社区教育考察报告已提交市政府。完成了全市社区教育组织管理基本框架设计，积极探索与重庆市情特点相适应的社区教育工作机制，制订了《全市社区教育示范区、实验区评估体系》。重庆终身学习网、渝中学习在线等社区教育网络平台已建成投入使用，整合、汇集了一批社区教育网络学习资源。社区教育的实践已逐步展开，渝中区、沙坪坝区依托电大分校建立了社区教育学院，渝中区电大分校和九龙坡电大分校已被命名为全国电大社区教育试验中心，万州区、黔江区、垫江县等依托电大建立社区教育学院的工作也在积极筹备之中。重庆电大与渝州路街道联合创办的渝州路社区教育学校暨重庆电大社区教育实验基地在提升市民素质、创新社会管理模式等方面已进行了有效的探索。南岸区、九龙坡区、渝中区等电大分校，还利用数字化手段构建社区教育网络，指导社区教育活动。依托电大办学网络和资源构建全市城乡一体化的社区教育体系渐渐明晰。

## 二、科研引领，探索城乡统筹社区教育发展模式

理论是行动的先导。无数事实表明，没有理论指导的实践是盲目的实践。现代社区教育是我国教育领域在21世纪初出现的新生事物，社区教育的发展既是一个实践问题，也有一个理论问题。为了使重庆的社区教育从一开始就处在一个较高的水平上，在实施部市共建项目过程中，我们加强了社区教育的科研工作，努力探索具有重庆区域性特点、城乡统筹发展的社区教育发展模式。

### （一）科研引领社区教育的探索与实践

为了促进重庆社区教育的健康发展，在项目实施过程中，我们特别注意发挥科研的引领作用，对重庆市社区教育发展中的方向性、典型性、关键性问题进行科研立项研究。这些研究课题既有校级课题，也有市教委人文社科、城乡统筹教育规划课题，还有教育部的立项课题；既有在社区教育微观层面开展的典型研究，也有从宏观层面研究发展社区教育的对策等。例如，考虑到信息技术将在社区教育中发挥十分重要的作用，我们就在市教委申报了人文社科课题，开展"重庆市数字化学习型社区的建设与示范研究"，探索数字化学习型社区建设的技术支撑与实践应用问题。此项研究带动投入资金人民币100多万元，在南岸电大分校建立了数字化学习港，目前该数字化社区教育网络已延伸到了南岸区响水路等社区，在推动全区社区教育中发挥了很好的作用。由渝中区电大分校在教育部立项的"城乡统筹背景下城市进城务工人员教育对策研究""重庆市渝中数字化学习社区建设研究"和在市教委立项的"渝中区低文化流动人口扫盲对策研究"等课题的研究，对促进渝中区成为全国社区教育示范区、推动全区社区教育发展具有重要意义，特别是针对农村进城务工的低文化农民开展扫盲与心理培训的教育活动很有特色，在全国产生了很大的影响。目前，学校还组织科研人员，采取市和区县两级电大联动、理论与实践紧密结合、以科研推动社区教育活动开展的方式，对市教委立项的统筹城乡教育规划重点课题"基于重庆市城乡统筹的社区教育发展模式"展开了重点研究，力求探索出一条与重庆市情特点相适应、具有城乡统筹发展作用的社区教育发展模式来。

## (二) 基于城乡统筹的社区教育发展模式

模式是对客观存在事物的内在机制以及事物间的本质联系所进行的简化性、直观性描述形式。我国社会学家费孝通在20世纪90年代初就认为模式是从发展方式上说的，他在对温州考察后，对"发展模式"概念有了进一步的认识，明确指出发展模式是在一定地区、一定历史条件下具有特色的发展路子。在社会学中，模式是研究自然现象或社会现象的理论图式和解释方案，同时也是一种思想体系和思维方式。社区教育发展模式，就是旨在提高社区居民综合素质、有关技能以及文化娱乐能力等的社区内各级各类教育的综合、运作机制和工作方略。通过分析研究国内外各种各样的发展模式后，我们运用教育学、社会学、管理学理论，初步提出了重庆市基于城乡统筹的社区教育发展模式的基本框架，旨在推动全市社区教育发展中，能够以城市带动农村，破解城乡二元结构难题，进一步建立起政府主导、城乡一体、均衡协调的重庆市社区教育发展新格局。

## (三) 城乡统筹社区教育发展模式的内涵

通过理论分析、实践研究和不断总结、凝练、升华，我们把重庆市基于城乡统筹的社区教育发展模式内涵概括为"政府主导、公共平台、专业服务、城乡互动、全民参与"这五个方面。

（1）政府主导。即社区教育的发展必须由市和区县各级政府主导。只有政府主导，才可能从全局的角度来制定兼顾城乡社区教育发展的统一政策，确定相应的体制和机制，统筹配置城乡社区教育发展所需的资源和进行投入，协调社会各方推进社区教育与社会建设的沟通融合，形成发展城乡社区教育的合力。

（2）公共平台。城乡社会发展多元化和社区成员多样化的教育需求对信息化建设提出了迫切要求。只有充分利用信息技术建立全市统一的数字化社区教育公共平台，才能为全市城乡开展社区教育和居民终身学习提供管理、信息、资源等公共服务，促进城市优质社区教育资源方便、快捷地向农村流动，为城乡社区教育一体化、均衡化发展创造条件。

（3）专业服务。现阶段的社区教育已发展到学历教育、专业教育、商业培训、社会公益培训、文化娱乐活动等诸多方面，需要专业性的机构提供教学指导与支持服务。依托全市电大系统建立从市到区县的社区教育专业化教学业务指导服务体系，对社区教育的持续、稳定、健康发展具有十分重要的作用。

（4）城乡互动。是指城市和农村社区教育的互动发展，其内涵包括以城带乡、典型示范、对口帮扶、转移培训、特色共享等诸多方面。为促进社区教育在全市城乡的均衡发展,市政府在规划、投入社区教育时,应坚持"城乡共进、区域协调、联动发展"的方针,按照"城乡一体,重在农村"的思路配置资源,通过多种方式和途径以城带乡、城乡互动,促进城乡社区教育一体化发展。

(5)全民参与。社区教育涉及社会的各个方面,只有社会各方广泛参与,社区教育才能持续、健康发展。社区教育的对象是社区的全体成员,只有社区教育活动面向了社区的全体成员,社区教育的价值才能充分展现。社区教育全民参与的全员性特征使终身教育和终身学习在社区这个独特的天地里得到了有机统一。

"政府主导"反映的是发展城乡社区教育的体制要求,"公共平台"把信息技术应用于社区教育实践,为社区教育城乡一体化发展创造了条件。"专业服务"是社区教育持续发展的学术保障。"城乡互动"反映了社区教育城乡统筹发展的基本路径,"全民参与"是社区教育最根本的价值追求。政府主导、公共平台、专业服务、城乡互动、全民参与这五大要素,构成了城乡统筹社区教育发展模式的基本内涵。五个方面相互促进,相得益彰,通过各自功能和作用的发挥,形成了具有城乡统筹特点的社区教育发展的标准式样。

### 三、示范推动,打造重庆市社区教育的鲜明特色

社区教育的发展,必须立足于社区。不同的社区,由于人员构成、环境条件、历史文化等方面客观存在的差异,也给打造自身特色提供了可能。在开展社区教育试验中,我们力求从各地的实际出发,努力打造重庆社区教育的鲜明特色,收到了比较好的效果。

#### (一)数字化教学手段进社区

有学者指出,信息化将引发教育的革命性变化。探索利用信息技术,推进数字化学习型社区建设和示范应用,一直是我们实施部署共建项目、推动社区教育城乡一体化发展的重要措施。在南岸电大分校进行数字化学习型社区建设与示范应用之后,为了推动社区教育在全市的发展,2010年,学校建设并开通了重庆终身学习网,汇集、整合了一大批数字化社区教育资源,免费提供给城乡社区居民使用。重庆终身学习网是集学习、互动、交流等功能于一体的在线学习平台,目前已有5万多人次的市民通过这一平台自主择课学习。2011年,渝中区电大分校建立了"渝中学习网",整合汇集各类数字化学习资源2 200余课时,目前已有注册学员近2 000人。九龙坡分校为了构建全区城乡数字化社区教育网络,已在杨家坪文化楼、谢家湾建设广场、石坪桥成教中心三

个校区建成社区数字化学习中心示范点,免费向社区居民开放。

(二)提升弱势人群生存能力

渝中区是重庆主城的核心区,经济和社会发展具有较高的水平。随着城市化进程的加快,大批农村人口也进入城市成为新市民。由于城市改造已基本结束,城区里的原住民不断迁出,新的人员又不断地进入社区,社区的人员构成就发生了很大的变化。同时、渝中区社区教育开展得早,基础比较好,社区学院在继续面向社区居民开展各种传统的教育活动之外,努力满足不同人群的特殊教育需求,开展形式多样的教育培训活动,形成了自身鲜明的特色。目前,开展的流动人口扫盲培训、心理健康辅导员培训、社区居民数码制作培训、电脑培训等,已培训各类人员 7 000 多人次,其中低文化流动人口扫盲培训已成功组织了 6 期,受到市教委领导和西南大学专家的好评,多次被媒体宣传报道,取得了良好的社会效益。全国扫盲骨干教师培训班成员,中国非政府助学组织部分成员,北京市、上海市、南京市、成都市教育局及部分区县教育局社区教育管理干部等,都曾到培训现场进行观摩和交流,国家扫盲中心还将该项目相关资料报送到了联合国教科文组织。

(三)与和谐社会建设相结合

九龙区是重庆市城市社区教育的发祥地,也是重庆市城乡统筹改革发展的试验区。九龙坡电大分校在开展社区教育中,以"开放、服务"为核心理念,打破传统套路,注入和谐社会建设的时代内涵,大胆进行社区教育模式创新。学校除在石坪桥建筑村、新视界、造漆村、骏逸新视界、谢家湾劳动三村等社区广泛开展居民电脑通识培训、声乐讲座、花草养殖培训、美术鉴赏培训等社区教育活动外,还以"九龙电大杯社区文化艺术节"为活动平台,精心打造社区教育的文化品牌。在 2010 年和 2011 年,学校连续两年举办了以"和谐社区·魅力九龙""相约红五月·颂歌献给党"为主题的"九龙电大杯"社区艺术节,全区 17 个街道乡镇、数十个社会文艺团队积极参与文艺节目、诗词歌赋、书画楹联作品评选,在杨家坪步行街成功举办了 4 场社区文化艺术节文艺汇演和文化成果展示,引起了社会的强烈反响,受到社会各界的普遍好评。重庆电视台、九龙电视台、重庆晨报、九龙报、华龙网等 20 余家媒体对其进行了宣传报道。目前,"九龙电大杯社区文化艺术节"已成为全区城乡居民文化建设的一个品牌活动。

(四)示范性社区教育特色纷呈

在开展社区教育活动中,学校特别重视发挥电大校本部的资源优势,利用网络、社区教育实验基地、直接深入社区联合开展教育活动等多种形式,开展才艺展示、"唱读讲传""送教下乡""送培进村"、农村剩余劳动力转移培训等一系列示范性教育活动,不但把社区教育推向了深入发展,还使一大批城乡学员实现了就业、再就业和创业,社区教育活动特色亮点纷呈。2009年以来,市电大承担了全市农村基层农技推广人员知识更新培训和农村实用人才培养工作,开设了以创业培训、乡村旅游业、特色农场、花卉种植等为主题的培训班,培训农村学员4 450余人,对推动农村社区教育的发展进行了有益的探索。开展的示范性创业培训在全市农村打造了一批有特色、有规模、有品牌的乡村旅游企业家,很多学员通过在电大的培训实现了产业链的扩张。通过农村剩余劳动力转移培训,培训农民学员2 938名,其中推荐在城市就业的就达1 300多人。面向社会开展的早教护理师、母婴陪护师培训等培训人员500多人,学员就业率超过了93%。2011年5月,学校与渝州路街道合作,成立了全市第一所社区学校——渝州路街道社区学校暨重庆电大社区教育试验基地,实施全员、全程、全面的免费教育,目前参加培训的人员已达1 012人。由社区学校舞蹈班学员编排的《辣嫂子》参加了教育部2011年全国社区教育音乐展,并被推选到2012年世界社区音乐大会组委会参赛。

# 城乡统筹社区教育可持续发展模式研究①
## ——以重庆市为例

进入21世纪后,全民学习、终身学习的现代社区教育方兴未艾,社区教育也由城市向农村、由东部向西部、由经济发达地区向经济欠发达地区快速推进,这对统筹城乡发展社区教育、加快探索城乡社区教育可持续发展的模式提出了要求。推动我国社区教育从地区实验,走向较大范围的推广应用,再到全面发展的新阶段,不仅是我国构建终身教育体系、建设学习型社会、促进社会稳定发展的客观要求,也是社区教育自身发展的需要。

## 一、我国现阶段社区教育发展模式分析

社区是社会学的一个基本概念,作为人类地域性的聚居共同体,社区是农业社会的产物;而作为学术研究的对象,"社区"概念则出现在工业社会的形成和发展过程中,进入20世纪后,伴随着工业化、城市化的到来,对社区研究主要针对现代工业社会中的城市社区。

"社区教育"一词源于美国学者杜威(Deway)提出的"学校是社会的基础"的思想。英国学者德·朗特里在《西方教育辞典》中,认为社区教育是一种工作计划,它跨出了学校或学院的范围,并让社区其他人都参加。日本的《世界教育事典》则对社区教育做了更进一步的解释,认为社区教育具有两个方面的含义,一是在学校教育中加入有关社区活动、社区问题的内容,使学生具有科学的认识和乡土情感;二是学校是社区教育的文化中心,学校应向所有居民开放,并组织教育活动。《国际教育大百科辞典》则提出,社区教育就是利用社区中的所有资源对全体社区居民进行教育的计划和措施。我国学者厉以贤认为,社区教育是社区全体居民素质和生活质量的提高以及社区发展的一种社区性的教育活动和过程。事实上,社区教育在发展过程中,不同国家和地区

---

① 本文发表于《天津电大学报》2012年第2期。基金项目:教育部重庆市城乡统筹教育综合改革共建项目"构建社区继续教育体系,推进社区继续教育发展"(批准文号:渝教办〔2009〕10号文件);重庆市教育科学"十二五"规划2011年度统筹城乡教育综合改革试验研究重点课题"基于城乡统筹的重庆社区教育发展模式研究"(课题编号:2011-TC-13)成果之一。

走过了不同的历程，形成了不同的体制和特色。

对社区教育发展模式的研究目前在全国比较有代表性的观点，如"上海社区学院现状分析和发展思考"课题组在《上海社区学院现状分析和发展思考》中，把上海社区教育的管理模式归纳为整体式、分管式、部门式三种类型。刘尧在《浙江省社区教育发展模式探讨》中，则从社区教育的目标任务、功能定位、管理体制、办学形式和保障机制等方面对浙江省社区教育发展模式进行了概括。朱关龙在《社区教育发展模式透析》中指出，社区教育模式是反映社区教育体制、机制、结构、功能、层次及活动方式等方面的标准样本。欧阳忠明在《江西省社区教育发展模式研究》中指出，社区教育发展模式的选择要受政治、经济、文化传统的影响，并有很强的地域性关键因素，提出了构建社区教育发展模式必须根据地区（区域）特色和从实际出发的观点。周良才、齐芳在《社区教育的发展现状与对策——以重庆市为例》一文中，针对当前一些地区社区教育存在的管理机构不健全、经费紧张场地不足、师资缺乏、形式单一、内容贫乏等问题，提出了要进一步挖掘、整合社区教育资源，改进社区教育管理体制和运行机制，完善社区教育保障制度等措施，以促进社区教育发展。2008年10月，上海市教委编辑出版了《第六届长三角社区教育发展论坛文集》，遴选收录社区教育论文247篇。其中涉及社区教育发展模式的论文多为城市局部的社区教育，少量涉及农村社区教育，但没有统筹城乡社区教育持续发展方面的相关研究。

目前，以"城乡统筹发展"为视角并具有全局性、前瞻性、可持续性的研究，在我国教育界和社会学界，还非常鲜见。基于城乡统筹的社区教育可持续发展模式，从社会结构上讲，必须是具有城乡二元结构的区域，有"省"的架构，这样它就和中心城市及城乡一体化程度高的区域区别开来从模式类型和层次来看，它不是局部的、具体的，或者某一方面的社区教育办学模式，如"学校主体模式""街道中心模式""地域边界模式""社区学院为龙头模式"等，而是从"省"或者具有"省"的行政区域特征所进行的前瞻性、战略性思考，这一点恰恰符合我国绝大部分省级行政区域的特点而具有普遍意义。从模式本身的特点来看，任何模式都具有阶段性特征，可持续发展的社区教育发展模式虽然仍有阶段性问题，但它持续的时间或者调整变化的周期却明显要长一些，具有较好的稳定性。

## 二、城乡统筹社区教育可持续发展模式的内涵

城乡统筹发展社区教育的一个基本要求，就是要以"统筹城乡"为基本理念，以社区教育城乡一体化、均衡化发展为目标，以破解城乡二元难题为重

点，通过以城带乡、城乡互动等方式，缩小社区教育的城乡差距，促进社区教育在城乡的协调发展，为城乡居民平等地接受社区教育创造条件。

在社会学中，模式是研究自然现象或社会现象的理论图式和解释方案，同时也是一种思想体系和思维方式。社区教育发展模式，是指为提高社区居民综合素质、有关技能以及文化娱乐能力，在社区内所进行的各级各类教育的综合、运作机制和工作方略。城乡统筹社区教育可持续发展模式，是在"省"的架构内，以城市带动农村，破解城乡二元结构中社区教育发展难题，建立起政府主导、城乡一体、均衡协调的社区教育发展格局的体制、机制和工作方略的总称。其内涵概括为"公共平台、政府主导、专业服务、城乡互动、全民参与"及其相互关系。

"公共平台"首先是指社区教育这个平台，它属于全社会的公共资源，处于模式构架的核心地位，是城乡居民实现终身学习的重要支撑，也是地方政府构建终身教育体系、建设学习型社会的重要抓手。政府的主导作用、专业服务机构的指导作用、城乡居民参加社区学习、社区教育的城乡互动等，都需要通过这个平台来实现。其次这个平台以现代信息技术为支撑。信息技术在社区教育这个公共平台中的应用不但促进了社区教育的现代化，而且还为社区教育城乡一体化和可持续发展创造了条件，提供了技术保障"公共平台"的公益性特征，还强调了政府发展社区教育的责任，表明了社区教育的公益性和以公共财政投入为主的导向性。

"政府主导"发展城乡社区教育取决于我国的教育发展制度。只有政府主导，才可能从全局的角度来制定发展城乡社区教育的统一政策，前瞻性地确定城乡社区教育一体化发展的体制和机制，统筹配置城乡社区教育发展所需要的资源和投入，协调社会各方推进社区教育与社会建设的沟通融合，形成城乡社区教育可持续发展的合力，有助于从构建学习型社会的战略高度来处理发展城乡社区教育中可能出现的困难和问题，为城乡社区教育的均衡、协调、持续发展提供体制性保障。

社区教育要发挥"提升素质、改善民生、构建和谐"的功能，必须适应现代社区成员多层次、多类型、多样化的学习需求。我国社区教育发展的历史表明，传统的、自发性的社区教育很难持续发展的一个重要原因就是缺乏专业化机构持续的业务指导。开展社区教育"专业服务"，建立从"省"到县的社区教育专业化服务体系，有利于社区教育的科学规划、提供资源、指导办学、开展研究、推广经验、评价质量等，反映了城乡社区教育可持续发展的客观要求。上海、浙江、成都等地依托电大建立了覆盖全省（市）城乡的社区教育专业化支持服务体系，取得了很好的效果。

"全民参与"是城乡社区教育发展的基本要求，也是城乡社区教育发展的根本目的。一方面，社区教育作为我国教育发展的新事物，它不仅是教育空间的拓展，而且还是学习型社会建设的重要任务，涉及社会的各个方面，只有社会的广泛参与，社区教育才能持续、健康发展；另一方面，社区教育的对象是社区的全体成员，只有社区教育面向了社区的全体成员，社区教育的价值才能实现社区教育全民参与的全员性特征，把终身教育和终身学习在社区这个特殊的环境中有机地统一了起来。

"城乡互动"指明了社区教育城乡统筹持续发展的路径，其内涵可包括以城带乡、对口帮扶、转移培训、特色共享等方式。由于城市和农村社区教育发展的基础条件、文化背景、历史进程等方面存在着差异，为促进社区教育在城乡的均衡发展，政府在规划和布局社区教育时应坚持"城乡共进、区域协调、联动发展"的方针，在安排社区教育重大项目立项、条件改善、师资配备、资金投入时，应按照"城乡一体、重在农村"的思路进行资源搭配。通过接对子、捆绑式、区县"联姻"、转移培训等多种方式以城带乡、城乡互动，促进城乡社区教育一体化发展。

在公共平台、政府主导、专业服务、全民参与、城乡互动这五大要素中，"政府主导"是城乡社区教育统筹协调、持续发展的体制保证，其中"省"域政府统筹是关键；"公共平台"是城乡社区教育的实践平台和技术条件；"专业服务"是城乡社区教育可持续发展的学术保障；"全民参与"反映了城乡社区教育的价值追求，也是学习型社会建设的重要目标；"城乡互动"反映了城乡统筹社区教育持续发展的具体路径，也是社区教育在城乡统筹发展中的特色呈现。以上五个方面相互促进，相得益彰，通过各自功能和作用的发挥，形成了具有城乡统筹可持续发展特点的社区教育发展的标准模式。

社区教育作为我国教育发展与社会建设深度融合的产物，还处于试验和探索阶段，基于城乡统筹的社区教育可持续发展模式的运行，因城乡二元结构带来的种种限制，其难度可想而知。但仍要坚持探索，实现其社会价值。

## 三、城乡统筹社区教育可持续发展模式实践应用的价值判断

2009年，重庆市成为国家城乡统筹教育综合改革试验区，社区教育作为教育体制综合改革的重要内容受到了充分重视。城乡统筹社区教育可持续发展模式的实践运行，以重庆市社区教育发展现实状况为参照，可以从理论创新、实践创新、特色活动开展等方面对其效果进行价值判断。

### （一）实现了教育与民生相结合

城乡统筹社区教育可持续发展模式促进了重庆市社区教育由传统的面向城

市中小学生校外教育,发展到以"城乡统筹、构建和谐、改善民生"为基本内容的新阶段。在 2000 年以前,重庆的社区教育还局限于主要面向中小学生开展的校外教育,实质上就是学校"升学教育、应试教育"的补充,虽然这时的社区教育与现阶段的社区教育存在着传承关系,但其内涵却有着本质上的差别。可持续的面向城乡居民的现代社区教育不但具有全员、全程的特点,而且还和社会建设、改善民生紧密联系在一起。2009 年以来,本模式的运行把重庆市社区教育迅速提升到了一个以"提升素质、构建和谐、改善民生"为基本特征的新阶段:市和区县利用电大系统和资源,构建了社区教育支撑体系;初步建立起了由社区学院、社区学校、社区学习中心构成的三级办学网络;利用信息技术建设由市到区、再到学习中心的数字化网络环境;适应城市化发展趋势,利用城市社区教育资源,开展农民工异地培训;对进入城市的低文化流动人口开展扫盲教育,以转移培训方式实现城乡社区教育互动;推动社区教育由主城区向城市郊区、农村乡镇发展等。

（二）实现了产学研相结合

城乡统筹社区教育可持续发展模式打破了传统社区教育以教为主的单一模式,在"产学研结合"中取得了理论创新的初步成果。重庆市城乡社区教育活动的开展,遵循"边研究、边实践、边产出"的策略,科学研究与实践推进结合,社区活动与人才培养结合。市和区县立项研究的科研课题呈现出多维度、立体化的特点,尤其是在社区教育宏观层面的发展模式、信息化环境建设、进入城市的群体（特别是弱势群体）社区教育的研究与实践等方面,都渗透着"城乡统筹、构建和谐、改善民生、以信息化带动社区教育现代化"的重要理念。科研的引领作用在模式实践中得到了较好的呈现,研究报告、典型经验总结、学术论文等具有学术含量的大批成果,不但彰显了城乡统筹社区教育可持续发展模式的价值,还促进了社区教育的理论创新。同时,理论创新的成果又推动着城乡社区教育活动的深入开展,并为我国具有城乡二元结构特点的"省"域发展社区教育提供了有益的借鉴。

（三）实现了共性与个性相结合

城乡统筹社区教育可持续发展模式实现了社区教育的统一性和特色性相融合,创新了我国的社区教育实践。城乡统筹社区教育可持续发展模式对全市社区教育的发展和活动开展具有明显的指导和引导作用,具有统一性的特点。同时,区县的社区教育活动又各有特色,如渝中区社区教育"数字化学习、产学研结合、改善民生"的特色在全国产生了广泛影响。沙坪坝区从既是文化区又具有城乡二元结构特征的区情出发,以"城乡统筹"为基本理念,统一布局社区教育体系，形成了城乡一体化发展社区教育的新格局。九龙坡区抓住"文化传承、构建和谐、打造品牌"等关键要素，举办的社区教育活动规模大、声势大、影响大，充分体现了全民参与的社区教育价值取向。渝州路街道社区学校，从街道经济社会发展需要、基层社会建设创新的角度大力开展社区教育活动，使街道的社区教育特色纷呈，尤其是帮助无业、下岗居民实现了就业和再就业，充分体现出社区教育的实用性。

# 参考文献

[1] 孙亚玲. 社区教育的基本问题 [J]. 云南教育学院学报, 1995 (8): 68-76.

[2] 赵想飞. 用远程教育平台促进农村社区教育的均衡化发展 [DB/OL]. http://www.etc.edu.cn/, 2008-12-03.

[3] 刘尧. 浙江省社区教育发展模式探讨 [J]. 宁波大学学报: 教育科学版, 2008 (1): 19-23.

[4] 欧阳忠明. 江西省社区教育发展模式研究 [D]. 南昌: 南昌大学, 2006 (1).

[5] 周良才、齐芳. 社区教育的发展现状与对策——以重庆市为例 [J]. 经济与社会发展, 2006 (6): 171-173.

[6] 上海市教委. 第六届长三角社区教育发展论坛文集 [M]. 上海: 上海教育出版社, 2008 (10): 4-6.

# 略论社区教育体系建设①

社区教育是我国终身教育体系的重要组成部分。考察我国发达地区和中心城市社区教育体系建设的实践，社区教育体系至少包括政府支撑体系、公共服务体系和施教机构内部的服务体系三大体系。这些地区的社区教育，从政策保障、领导机构到业务管理部门，从管理体制到运行机制、评价机制，从技术平台到服务组织等顶层设计和建构，都比较完善。与之相比，重庆市社区教育政府工作体系和公共服务体系建设都还存在差距，必须提高认识，转变观念，强化市、区（县）政府的职责，依托广播电视大学系统，加快社区教育体系建设，促进社区教育大发展。

社区教育是我国终身教育体系的重要组成部分，构建完善的社区教育体系，推进社区教育大发展，是一项重大课题和重要任务。

## 一、我国社区教育体系建设的相关考察

教育体系是指相互联系的各种教育机构的整体或教育大系统中的各种教育要素的有序组合。用大教育观的标准来划分，教育体系有广义和狭义之分。广义的教育体系，除教育结构体系外，还包括人才预测体系、教育管理体系、师资培训体系、课程教材体系、教育科研体系、经费筹措体系等。这些体系相对于教育结构体系而言，被称为教育服务体系。而狭义的教育体系，仅指各级各类教育构成的学制，或者称为教育结构体系，当然，这个所谓的结构体系与前者所指的结构体系内涵并不一样。

社区教育是我国教育体系中一个分支体系。由于社区教育的特殊性和我国社区教育发展对行政权力的依附性，构成社区教育体系的要素就比传统教育体系要复杂得多。从我国发达地区和中心城市社区教育体系建设的实践来看，社区教育体系至少包括政府支撑体系、公共服务体系和施教机构内部的服务体系三大体系，而政府支撑体系和公共服务体系还具有层级性的特点，它们在不同的行政区域又呈现出不同的模式。根据行政区域管理的层级差异性，我们把政

---

① 本文发表于《重庆广播电视大学学报》2012年第3期。基金项目：重庆市教育科学研究"十二五"规划重点项目"重庆市社区教育发展战略研究"（课题编号：2011 - TC -013）。

府支撑体系和公共服务体系归结为直辖市模式、中心城市模式和省域模式来进行分析。

在我国四个直辖市中，京、津、沪的社区教育体系中的政府支撑体系、公共服务体系相对完善。就政府支撑体系而言，这三个直辖市都建立了由党委或政府领导挂帅、相关职能部门领导为成员的市、区、街道（乡镇）社区教育领导机构，业务归市和区教育行政部门管理。公共服务体系则形成了由市级指导服务机构、社区学院、街道（乡镇）社区学校、社区（村）学习中心构成的四级网络，而且都建立了四级公共服务平台（见表1），数字化学习方式已进入大部分社区。

**表1 京、津、沪直辖市社区教育体系**

| 城市 | 政府支撑体系 | | | 公共服务体系 | |
|---|---|---|---|---|---|
| | 领导机构 | 业务主管 | 体系状态 | 服务机构 | 公共平台 |
| 北京市 | 各级社区教育委员会政府主要或分管领导任主任 | 各级教育行政部门设置相应职能机构管理社区教育 | 已形成市、区（县）、街道（乡镇）、居委会（村）四级支撑体系 | 依托电大系统建区（县）社区学院，整合资源建街道乡镇社区学校、社区（村）学习中心（市民学校） | 市、区（县）、街道（乡镇）、社区（村）均建有相互连接的数字化学习平台 |
| 上海市 | 各级推进学习型社会建设委员会办公室设在教委，党政领导任主任 | 同上 | 同上 | 同上 | 同上 |
| 天津市 | 各级社区教育工作委员会，政府分管领导任主任 | 各级社区教育委员会办公室设在教委，教委主任任办公室主任 | 同上 | 依托天津电大和天津城市职业学院建立各级服务机构（市支持服务中心、区县社区学院） | 市（电大承建与管理）和各区社区教育门户网站（城建院、电大） |

京、津、沪三个直辖市的社区教育,从政策保障、领导机构到业务管理部门,从管理体制到运行机制、评价机制,从技术平台到服务组织等顶层组织设计和建构,都已经比较完善(见表2)。

表2 京、津、沪直辖市市民终身学习顶层组织设计

| 城市 | 市委、市政府文件 | 学习型城市建设机构 | 学习型城市网站 | 广播电视大学承担的任务 |
|---|---|---|---|---|
| 北京 | 关于大力推进首都学习型城市建设的决定(2007) | 北京市建设学习型城市工作领导小组办公室 | 北京学习型城市网 | 北京电大承担网站建设与管理 |
| 上海 | 关于推进学习型社会建设的指导意见(2006) | 上海市精神文明建设委员会办公室 | 上海文明网 | 上海电大负责开发、管理上海社区教育网 |
| 天津 | 关于实施科学规划纲要建设创新型城市的政策措施(2006) | 天津市科学技术委员会、教育委员会 | 天津市社区教育网 | 天津电大负责承建与管理市社区教育网 |

社区教育体系建设在我国的一些中心城市也得到了较好的发展。我们选择计划单列市青岛市、广州市、成都市进行了分析(见表3),它们与京、津、沪三个直辖市相比几乎没有大的差别。所不同的是,青岛市和成都市都依托电大建立了社区大学,并赋予它们具体负责整个城市社区教育统筹规划、资源提供、基层办学指导与服务等的职能。

表3 青岛、广州、成都市社区教育顶层组织设计

| 城市 | 市委、市政府文件 | 学习型城市建设机构 | 学习型城市网站 | 广播电视大学承担的任务 |
|---|---|---|---|---|
| 青岛 | 中共青岛市委青岛市政府关于创建学习型城市的意见(2002) | 青岛市精神文明建设委员会、市委宣传部、市文明办、教委 | 青岛社区大学网 | 依托青岛电大建立青岛市社区大学 |
| 广州 | 广州市教育信息化发展规划(2002—2005) | 广州市"创争"领导小组、广州市教育委员会 | 广州教育科研网 | 广州电大承担广州远程教育中心建设与管理 |
| 成都 | 成都市创建全国文明城市工作总体方案 | 都市精神文明建设委员会办公室、成都市教育委员会 | 成都市社区大学网 | 成都电大加挂成都市社区大学牌子 |

关于"省域"模式,我们以地处"长三角"的江苏省和浙江省为例进行

分析。江苏和浙江两省构建的社区教育政府支撑体系与上述城市没有大的差别，只是行政管理层级增加了一级，社区教育公共服务体系有所不同。两省在省级建立了社区教育指导服务机构，为全省社区教育提供政策咨询、办学指导、资源提供、人员培训、科学研究等支持服务。社区大学都建在市（地），区（县）建立社区学院，乡镇（街道）建立社区学校，城市的社区和农村的"村"建立社区学习点，形成了四级公共服务体系。各级社区教育组织内部的服务体系主要存在于社区教育办学实体的内部，如社区大学、社区学院，它们在教学管理、师资队伍、平台资源、课程教材、教育科研、经费筹措体系等方面各有其特点。

## 二、重庆市社区教育体系建设

### （一）社区教育体系建设的现状

重庆是我国中西部唯一的直辖市，全市总人口有 3 200 多万，其中农村人口就有 1 700 万左右，仅国家级贫困县就有 14 个，城乡二元结构矛盾较突出。与京、津、沪三个直辖市相比，社会及教育的发展水平差距较大。据 2006 年《中国教育与人力资源发展报告》披露，重庆教育发展指数（EDI）为 68.8，在全国处于一般水平；而"北京（EDI：91.2）和上海（EDI：90.1）处于发达水平，天津（EDI：80.1）也处于较发达水平"。重庆市社区教育发展状况的差距更大。

2009 年 3 月，重庆广播电视大学承担了"构建社区继续教育体系，推进继续教育事业发展"项目试点任务（教育部与重庆市共建项目试点任务之一），根据社区教育体系建设方案设计，重庆市社区教育体系包括政府工作体系和业务指导服务体系。构建政府工作体系，要求市和区（县）成立社区教育工作委员会，由各级人民政府分管领导负责，成员由教育、精神文明办、发改委、农委、经委、科委、民政、财政、劳动人事等政府职能部门人员及重庆广播电视大学负责人组成。委员会下设办公室，具体负责制定政策、统筹协调以及推进工作。市和区（县）社区教育工作委员会办公室设在同级教育委员会。重庆市教育委员会成立继续教育处，与市社区教育工作委员会办公室合署办公；区（县）社区教育工作委员会办公室与区（县）教育委员会职成教科合署办公；乡镇、街道的社区教育工作由同级政府负责。

构建社区教育业务指导服务体系，要求依托重庆广播电视大学及全市电大教育系统建立重庆市社区教育指导服务中心。市社区教育指导服务中心在市社区教育工作委员会的领导下，开展全市社区教育理论研究、政策咨询、业务指导、信息服务、资源开发、项目推广和人员培训等工作。区（县）以当地电大分校、电大工作站为依托，整合当地教师进修院校、成人高校、成人教育中心等成教机构以及电教馆（站）等资源，建立社区教育学院。乡镇、街道则依托成人学校、农民文化学校、社区文化活动中心等建立社区学校。目前全市社区教育体系建设已取得了进展。比如，重庆广播电视大学建立了社区教育办公室，就发展社区教育和加强与政府、教育行政部门、社会其他机构的沟通协调开展了全市社区教育体系建设的相关工作。目前，全市已有社区教育国家示范区1个，全国试验区2个，社区教育学院2所，中央广播电视大学社区教育实验中心2个，建立了一批社区学校和数字化的社区学习中心。社区教育组织内部的服务体系，如课程资源体系、包括自愿者在内的师资队伍体系、科研工作体系等，也在逐步形成之中。

（二）推进社区教育体系建设的思考

近年来重庆市经济社会发展很快，2011年，全市国民生产总值（GDP）已突破了万亿元大关，地方财政收入已接近3千亿元人民币，工业产品出口、境外来渝投资、经济增长速度等位居全国前列，农村居民人均收入增长速度快于城镇居民人均增长速度，城镇化率超过了55%，工业化、城市化、城乡一体化进入了快速发展时期。教育发展也取得了显著成绩，全市基本普及了义务教育，高等教育毛入学率达到了30%。但是，在构建终身教育体系和建设全民学习、终身学习的学习型社会方面，与京、津、沪和经济发达地区相比，差距十分明显，社区教育政府工作体系和业务工作体系建设进展缓慢。

重庆市社区教育体系建设受到制约的主要原因在于大教育观没有真正树立起来，重基础教育、轻继续教育和社区教育的观念，在市和区（县）部分领导干部、包括教育行政部门的领导干部中，都不同程度地存在。"政府对社区教育的重要性认识不足，没有较好地发挥统筹领导作用"，从而导致在推进社区教育过程中至今还没有一个专项性、纲领性的政府文件出台，也没有建立市级层面统筹社区教育发展的机构或组织，市民终身学习的法规建设尚未启动。社区教育是一项公益性、社会性的教育事业，在我国政府主导教育发展的体制框架内，如果离开了各级政府的重视和支持，难以持续健康发展。

2012年3月，教育部发布了《关于加快发展继续教育的若干意见》（征求意见稿），明确提出发展继续教育要"落实各级政府管理职责"，"各级政府要根据《国家中长期教育改革和发展规划纲要（2010—2020年）》精神，研究制定本地区继续教育专题规划，把继续教育纳入地方经济社会发展规划、教育事业发展规划"，"地方各级政府建立相应的继续教育领导协调机构，统筹协调、指导本区域的继续教育工作"，"全国县级以上（含县级）教育行政部门成立继续教育专门管理机构"，要"建立健全城乡社区教育网络，引导各地完善区

（县）、街道（乡镇）、居委会（村）三级社区教育网络，并以社区教育机构和老年大学为依托建设老年教育网络"，"到2015年，全国副省级和地级以上城市社区建立专门社区教育机构的比例分别达到70%和40%"。这些意见为重庆市构建社区教育政府工作体系和业务指导服务体系指明了方向。

  2012年年初，重庆市召开的全市教育工作会提出，重庆要"率先建成学习型社会，要发挥普通高校、电大、进修院校等资源优势，充分利用电大远程教育资源，整合区县、乡镇、社区各类资源，建立社会教育资源定期开放制度。到2020年，形成全民学习、终身学习的学习型社会"。在重庆市教育委员会制定的2012年工作要点中，也明确提出要开展"社区教育试验（示范）区评估"工作。重庆市各级政府及其教育行政部门应抓紧制定发展重庆市社区教育的政策和规章，理顺和健全全市社区教育发展的体制和机制，推动全市社区教育政府工作体系的建立。构建重庆市社区教育体系，广播电视大学应发挥积极作用。"依托重庆广播电视大学和远程教育集团的综合资源平台，同时整合利用各区县业余大学、社区学院（学校）、电视大学分校和行业职工大学等成人教育资源，建立重庆开放大学"，搭建社区教育"立交桥"，为全市社区教育发展构建功能强大、资源丰富的公共资源服务平台。

## 参考文献

[1] 闵维方. 中国教育与人力资源发展报告 [M]. 北京：北京大学出版社，2006.
[2] 邱少旭. 重庆社区教育发展中的问题分析与思考 [J]. 继续教育，2011 (9).
[3] 黄奇帆. 重庆市教育工作会议精神学习资料 [EB/OL]. http：//wenku. baidu. com/view/6625fc25fbfc77da269b197. html，2012 - 03 - 16.

# 社区教育五维一体化评价体系研究[①]

现代社区教育在我国发展的时间虽然不长,但已基本形成从国家到地方纵向衔接的体系。与其他教育评价不同的是,社区教育评价更多的是对一个地区社区教育发展的总体水平进行判断和鉴定,而不是针对某个具体的项目,或者课程进行质量评价。以"统筹城乡"为视角,以城乡一体发展为目标,创新社区教育评价指标体系,引导社区教育在城乡的均衡协调发展,有助于促进城乡经济社会从二元结构向一元结构转型。

## 一、问题的提出

社区教育是实现终身教育、构建学习型社会的基础,是社区思想文化建设的重要手段,是城乡居民终身学习的重要载体。进入21世纪后,我国社区教育在东部发达地区和中心城市得到迅速发展,促进了社会稳定与繁荣。2010年,《国家中长期教育改革和发展规划纲要(2010—2020年)》颁布实施,明确提出要"广泛开展城乡社区教育",并把"加强城乡社区教育机构和网络建设,开发社区教育资源"纳入"构建灵活开放的终身教育体系"。

从总体上看,我国社区教育目前还处于政府主导下的试验阶段。社区教育发展具有中西部滞后于东部、农村滞后于城市的明显特征。在重视发展城市社区教育的同时,大力发展农村社区教育,形成城乡一体发展的格局,已成为我国社区教育发展新的趋势和必然要求。对社区教育的评价,无论是教育部开展的国家试验(示范)区评价,还是部分省市开展的地方试验(示范)区评价,其模式和手段都很单一,指标体系设计和评价标准的确定更多的是关注城市社区教育的发展,忽视了社区教育城乡一体发展的本质要求。如何利用教育评价的诊断性、导向性功能引导和促进省级区域社区教育城乡一体协调发展,从根本上改变了农村滞后于城市的被动局面,促进了农村经济建设、社会文化的繁荣与发展,推动了我国城乡经济社会二元结构向一元结构转型,在国家和地方

---

① 本文发表于《天津电大学报》2012年第4期。基金项目:重庆市教育科学"十二五"规划2011年度统筹城乡教育综合改革重点课题"重庆市统筹城乡社区教育发展战略研究"(课题编号:2011-TC-13);重庆电大2012年科研改革项目"重庆广播电视大学校史研究(1979-2011)"(项目编号:GG2012-02)。

开展社区教育试验（示范）区评价的同时，建立多样化的评价指标体系，创新社区教育评价模式，显得十分必要。

创新社区教育评价指标体系和模式，既要遵循教育评价的一般规律，但又不能被教育评价的经验和传统所限制，必须以全新的理念和开阔的视野，从评价理念、内容、标准、模式等方面进行创新。基于"统筹城乡"社区教育发展理念和社区教育"城乡一体发展"的战略目标，本文提出从空间形态、物质形态、社会形态、文化形态、技术形态五个维度和范畴，挖掘和选取最关键、最核心、最有价值的指标要素，构建社区教育城乡一体化发展评价指标体系，即"五维一体化"社区教育评价指标体系，以此推动社区教育评价模式的创新。

## 二、五维一体化社区教育评价指标体系设计

"五维一体化"社区教育评价模式的核心，就是构建以社区教育城乡一体发展为基本目标，从空间形态、物质形态、社会形态、文化形态、技术形态五个维度一体化统筹设计社区教育评价指标体系。指标体系内容主要包括指标的提出、指标的评价标准、指标的权重与分值的确定，具有科学性、前瞻性、导向性、可操作性。这个指标体系构建的关键在于各级指标的确定和内涵界定，以充分体现社区教育城乡一体发展的根本要求，这也是本文描述的重点。

（一）评价指标体系的内涵

1. 空间形态一体化

空间形态一体化要求对一定区域（主要针对省级区域）的社区教育的空间布局进行统筹谋划、综合研究，形成合理的格局，使城市和农村从事社区教育的院校、机构等空间实体与功能空间系统相互适应、相互整合。评价指标应反映城乡社区教育院校和机构的实体规划布局及功能的空间组合、社区教育实体机构办学条件与环境建设的均衡、社区教育生态环境的创建与布置等内容。具体指标包括不同区域内社区教育的功能定位、管理体制、发展目标、发展思路、规划计划、空间布局、功能组合、区域协调性、区域覆盖率、社会适应性等。

对社区教育空间形态一体化的评价，应重视社区教育网络的区域覆盖率和服务对象覆盖率、社区教育与社会发展和个人发展的适应性、网点布局的城乡比例和学习者的城乡结构、校地（社区教育院校与街道、乡镇、社区）的合作水平、面向企业和"三农"的办学等，特别强调社区教育城乡发展的布局和最终形成的格局，重点评价社区教育区域一体化协调发展的空间状态与要素

匹配。

2. 物质形态一体化

物质形态一体化要求统筹谋划、动态配置社区教育资源，以及社区教育资源在城乡的有机整合、合理流动和有效利用。物质形态一体化评价指标应包括办学基地、教学设备、办学队伍、师资力量、志愿者、课程资源、经费投入、交流合作等方面。涵盖社区教育机构校园占地面积、校舍建筑面积、教学设备、数字化学习设施；从业人员数量、平均受教育年限、专业化素养、整体适应性；专兼职教师配备、素质结构、专业化水平、教学适应性；志愿者队伍建设；培训项目、文化活动、教学活动协调性与社会适应性；投入机制、政府经费拨款、经费管理与使用；人员城乡互动、资源城乡共享等内容。

3. 社会形态一体化

基于纷繁复杂的社会分层，学习者对社区教育的诉求不同而接受教育的基本保障需要公平一致的考量，必须引导城乡社区教育发展始终保持均衡与协调。社会形态一体化评价应充分反映学习者由于家庭原因、地域原因、人口流动原因的参学差异，不同区域社区学习者的结构差异，体制机制、政策制度原因引起的学习需求差异，社区教育对流动人口、城市新市民、农民工、城乡经济困难群体的关注情况等。社会形态一体化评价指标应包括学习者的社会状况、社会环境与社会变革对社区教育发展的影响、城乡社会资源利用、社区教育政策保障、社区教育的地位、社区教育对终身教育体系建设的影响及对经济社会发展的促进作用等。指标要素关注学习者的社会分层、流动人口、社会职业变化，关注政府政策对社区教育发展的影响、社区教育与社会建设的融合度、社区教育对终身学习的支持和对良好社会风气形成的影响等。评价指标特别强调社区教育在促进城乡教育公平、改善社会民生等方面的功能作用与取得的成效。

4. 文化形态一体化

社区教育具有传承文化、促进社区文化建设的功能。文化形态一体化反映的是城乡社区教育在"全民""全面""全程"的"三全"教育中各具特色的形态、制度、底蕴和氛围。文化形态一体化评价指标包括社区教育的价值取向、办学理念、精神文化、制度文化、环境文化、课程文化、学习文化、质量文化，以及社区教育的定位与育人作用等。文化形态一体化评价指标应重点考察城乡社区教育院校的文化建设、文化积淀，关注传统文化与新兴文化、民族文化与外来文化的选择、继承和发展，关注教育方式方法与教育技术的选择以及课堂文化、活动文化、关系文化等对教学行为的影响和城乡社区教育的文化差异与特色，特别强调社区教育在弘扬社区文化、发展特色文化、传承传统文化、培育学习文化、促进区域文化大繁荣大发展中的功能作用和取得的实际效果。

5. 技术形态一体化

信息技术是缩短城乡社区教育发展差距的有效手段。技术形态一体化评价应考察信息技术在城乡社区教育发展中的应用,判断信息技术在推动城乡社区教育一体化发展中的重要作用,引导社区教育院校、机构开放和共享网络教育资源,评价信息技术在相关区域社区教育发展中的应用水平与协调性等。其指标设计应包括理念与规划、硬件基础设施、应用系统、学习平台、数字化学习资源、信息人才队伍、信息技术应用、社会影响力等。评价要素涉及信息技术发展规划与执行效果,特别关注门户网站和网络出口带宽、数据中心、计算机配置、管理平台、资源平台、学习支持服务系统、课程教学资源(网络课程、特色课程、视频录像、数字图书)、专兼职人员信息素养、学习者的信息化程度、社会评价等。技术形态一体化在一定程度上反映了社区教育发展的时代要求,通过评价引导和促进信息技术的广泛应用,进而缩短社区教育的城乡差距,推动社区教育城乡一体协调发展。

(二)评价指标体系的创新

与其他社区教育评价指标体系相比,"五维一体化"社区教育评价指标体系具有以下特点:一是理念创新。整个指标体系的设计充分体现了"城乡统筹"和"城乡一体发展"的核心理念,在指标内涵的把握上,立足于"统",关键在"筹",强调社区教育城乡发展的"一体"和"均衡"。二是思路创新。本指标体系变社区教育评价强调水平诊断为重视过程,变重视结果为引导发展,特别强调社区教育发展的文化内涵,引导社会对社区教育的关注点从城市向农村转移。三是内容创新。本指标体系设计不但与以往的社区教育评价,如教育部"领导与管理、条件与保障、教育培训与学习活动、社区教育成效、特色与创新"的模块迥然不同,而且还增加了"文化"和"技术"两种形态一体化评价的内容。四是结构创新。由"空间""物质""社会""文化""技术"五个形态维度构成的社区教育城乡一体化评价指标体系,在结构上打破了传统教育评价指标体系的固有范式,具有鲜明的创新性。

三、五维一体化社区教育评价指标体系的应用

"科学化、规范化的社区教育评价活动,是建设学习型组织,推动学习型社会发展的不可或缺的环节,也是社区教育发展的内在需求"。同社区教育其他评价指标体系一样,"五维一体化"评价指标体系也需要在实践中应用。

远程教育创新研究 >> >>

2009年,教育部批准重庆市、成都市、天津市滨海新区为国家统筹城乡教育综合改革试验区。社区教育作为教育综合改革的有机部分,在试验区城乡一体发展中的探索无疑为"五维一体化"评价指标体系的创新与实践提供了依据。从总体上看,"五维一体化"社区教育评价指标体系应用的区域主要还是省级区域,在地市或县市因城乡区域的逐步缩小,其应用效果也随之降低。本指标体系的实践应用应遵循以下步骤和程序:

(一)公布指标体系与评价标准

公布指标让评价对象明确评价的目的、内容、标准和方法等,为接受评价做好准备。如利用标准化的"五维一体化"社区教育评价指标体系对重庆市社区教育城乡一体发展水平进行评价时,通过一定的方式和媒体,让接受评价的区县和机构明确评估的目的、指标体系的内涵和标准,只有做到了公开和透明,评价指标体系的作用才能够充分显现出来。

(二)深入开展社区教育活动

这是"五维一体化"社区教育评价指标体系实践应用的基础,是社区教育评价的重要阶段。在这一过程中,相关区域的政府教育行政部门、社区教育院校与机构、社区组织,都应根据评价标准和评估指标体系要求制定行动方案,组织人力、财力、物力资源,深入开展社区教育活动,提升社区教育城乡一体发展的整体水平,为接受评价做好充分准备。

(三)自我评价与申请评估

社区教育城乡一体发展达到一定水平后,就可及时组织专家,按照评价标准和指标体系要求开展自评,发现存在的不足和问题,找出差距,采取有效措施,强化薄弱环节,打造特色亮点,使各项指标达到评价标准要求。一旦条件成熟后,应认真梳理,及时总结成绩和经验,形成自评报告和相应的档案材料,并向评估实施单位提出评估书面申请。

(四)评价实施和结果处理

评价实施的首要工作是确定评价对象,制定评价工作方案,组织评价专家组,确定评价的具体任务,对参加评价的人员进行培训。然后,专家组审阅受评机构提供的自评报告,收集受评单位与社区教育相关的信息资料,实地考察其社区教育活动开展的状况。在全面掌握情况后,整理评价信息,给予评价结论,提出整改建议。

对评价结果进行处理，主要包括专家组向评估对象反馈评价结论与整改建议，同时专家组撰写评价结论报告，向委托单位反馈评价结果。被评价的单位应该整理评价档案，组织力量对专家组指出的不足、提出的建议等进行梳理、整改。评价主管部门下达的评价结论可通过一定方式向社会公布。

# 参考文献

[1] 余善云，苏飞跃，刘建生，郭庆. 社区教育研究与实践 [M]. 重庆：重庆出版社，2012：69 - 72.

[2] 杨向群，项复民. 认真开展评价工作推动社区教育发展 [J]. 成人教育，2004 (11)：27 - 29.

# 重庆市社区教育发展的历史回顾与展望[①]

社区教育作为终身教育体系的重要组成部分和学习型社会建设的重要支撑,已从国家试验走向区域全面推动。重庆市现代社区教育发展经历了一个曲折的过程,对重庆市社区教育发展历史进行回顾,剖析重庆市社区教育发展中面临的困难和挑战,根据重庆市五大功能区的发展战略定位和建设学习型城市的现实需要,从实际出发提出推进重庆市社区教育发展的对策,展望重庆市社区教育发展的前景,对促进重庆市社区教育快速发展具有重要意义。

## 一、社区教育及其在重庆的发展

### (一)社区教育在世界各国的兴起

社区教育"是在一定区域内利用各种教育资源,开展的旨在提高社区全体成员整体素质和生活质量,服务区域经济建设和社会发展的教育活动"。具有现代意义的社区教育发端于 1884 年由丹麦教育家科隆威创建的世界第一所"民众中学",体现"为民众启蒙、为民众教育"的宗旨。当时欧洲其他国家相继效仿丹麦的经验,开展了轰轰烈烈的民众教育运动。由北欧诞生的社区民众教育运动,自 20 世纪中叶以后又在美国得到了延续与发展。美国社区学院的出现使社区教育的根深深植于民众的生活之中。

由于不同国家的发展历程不同,社区教育呈现的特点与形式也各不相同,因而世界各国对社区教育概念的界定也不统一,比较有代表性的解释有"民众教育""社会教育""非正规教育"等。民众教育的创始人柯隆威认为,社区教育就是"用教育的力量改善人民生活,用人文主义的精神来弥补民众受教育少的缺陷"。把社区教育界定为"社会教育"的典型代表是日本。在日本,社会教育与社区教育几乎是同义词。日本在 1949 年颁布的《社会教育法》就明确把社会教育定义为除《学校教育法》所规定的学校教育活动之外,面对全体社会成员所实施的有组织的教育活动。而在美国,社区教育则被界定为向社区提供教育服务的非正规教育。社区教育在美国被普遍认为是为社区不

---

[①] 本文发表于《天津电大学报》2014 年第 4 期,基金项目:2014 年重庆市社会科学规划项目——重庆市社区教育发展体制机制研究(项目编号:2014YBJY070)。

同种族、性别、年龄、职业、状况的所有成员提供的非正规的社会教育服务。1976年，美国在公布的《联邦任务》中，就清晰地列出了六项社区教育的内容，并指出社区教育就是为了社区的发展。

社区教育与社区建设、社会发展的紧密联系得到了国际社会的广泛认同。1960年，联合国在《社区发展与经济发展》一书中明确提出"社区发展是一种教育过程"。1995年，第七届ICEA国际社区教育大会在泰国召开，会议把"通过社区教育求得持续发展"作为大会主题，并在发表的《社区教育宣言》中指出："社区精神、社区教育、社区管理是一个良好的、强有力的社区内部的三种强大力量，第一，没有社区的建设就没有社会的持续发展；第二，一个强大的社区是医治各种社会疾病的基础；第三，良好的社区教育能够加强社区建设；第四，通过社区教育才能使社会持续发展。"

（二）我国社区教育发展的历史进程

我国现代社区教育发端于清末民初的"通俗教育"，其前身也称"社会教育"。1933年，著名社会学家费孝通就将"community"一词译成"社区"引入中国。在20世纪二三十年代，以黄炎培、陶行知、晏阳初、梁漱溟、卢作孚等为代表的大批志士仁人，"怀着赤诚的爱国之心，从城市走向了农村，以各具特色的乡村教育理论为指导，开展了独具匠心的乡村教育实验，致力于乡村教育和乡村社会改造"，形成了声势浩大的"乡村教育运动"。"乡村教育运动"的目的在于改变国民素质，改善民众生活，具备了现代社区教育的基本特征。

20世纪80年代以来，新中国社区教育在经历了终身教育理念孕育后进入了自觉的组织发展时期。它以上海出现的社区教育委员会为标志，建构了学校、家庭、社会互动融合的教育新格局，优化了教育环境，促进了教育社会化。20世纪90年代后，我国社区教育进入到以实体化、组织化为标志的发展时期。这一时期，北京、上海、天津、沈阳、南京、武汉、成都、杭州等大城市涌现出了各种形态的社区学校，形成了社区学院、社区学校及其教学点的三级网络。2000年以来，我国社区教育进入了试验时期。2000年4月，在教育部职成司与中国成人教育协会共同推进下，全国以创建学习型社会为主要目标，首批建立了28个社区教育试验区。2003年12月，教育部确定了第二批33个全国社区教育试验区，这时全国社区教育试验区已发展到61个，基本覆盖了各省（区、市）和计划单列市。2006年7月，教育部又确立了第三批20个全国社区教育试验区。2007年10月，教育部再次确立了第四批33个全国社区教育试验区。后来全国社区教育试验区一度发展到114个，2009年，教育部将其调整为98个。在全国各地广泛开展社区教育试验的基础上，2008年以来，教育部在国家社区教育试验区人的基础上，命名了68个全国社区教育示范区，2014年1月，教育部新命名全国社区教育示范区22个。迄今为止，教育部已分五批共命名全国社区教育试验区177个，社区教育示范区90个。

### （三）社区教育在重庆市的发展

重庆市现代社区教育的发展经历了民国和新中国成立后的两个时期，呈现出实践性、社会性、教育性、政治性四大特点。在民国时期，重庆的乡村教育试验有较好的表现，当时就在全国产生了重大影响。新中国成立后，特别是在20世纪末的城市社区教育发展中，重庆市面向城市中小学生的校外教育也曾在当时的四川省发挥了重要的示范引领作用。进入21世纪后，经过终身教育、终身学习理念孕育后的重庆市社区教育又被赋予了新的时代内涵，与和谐社会、学习型城市建设和城乡居民的终身学习紧紧地联系在一起。

20世纪二三十年代，晏阳初在重庆北碚歇马镇创办了中国乡村建设学院，陶行知在重庆合川草街镇建立了育才学校，梁漱溟创办了兼善中学和金刚碑职业中学，卢作孚则直接是重庆北碚的缔造者，他创造性地开展了乡村现代化试验，把北碚从一个小乡村建设成了当时在全国乃至世界都有名的现代化社区，开办了学校、医院、图书馆、体育馆、平民公园及煤矿、码头、车站、街道等。这批知识分子推行的乡村教育与建设模式及其取得的经验，实际上就是一种现代化的社区教育。

20世纪90年代初，在重庆市主城区又兴起了以城市中小学生为主要对象，开展"家庭、学校、社会"三结合的校外教育的社区教育活动。这种教育活动发端于九龙坡区的黄桷坪街道，后来推向了九龙坡区，再推广到渝中区、沙坪坝区、江北区、南岸区、大渡口区等重庆市主城各区，1993年推广到四川全省。1996年，教育部举行的全国社区教育年会在重庆召开，重庆市社区教育的经验受到了教育部有关领导和与会的全国社区教育理论研究者及实践工作者们的高度评价。

重庆市在这一时期开展的以城市青少年为主要对象的社区教育，实质上是学校教育的补充和延伸，也是社区与学校"双向互动、互惠互利"的阶段。到了20世纪90年代中期，重庆市主城区社区教育的对象逐渐开始向社区内的其他人群拓展。这时面向社区的成人教育和转岗、下岗失业人员的教育培训等变成了社区教育的又一重点，主城各区根据社区居民的不同需要，又先后办起了多功能的"市民学校"、职业技术培训中心（培训班）、老年大学、社区教育服务中心等。

2001年，教育部批准渝中区为全国社区教育试验区，标志着现代社区教育在重庆被赋予了新的时代内涵，发展到了一个新的阶段。2003年，沙坪坝区又被教育部批准成为全国社区教育试验区,在2009年又得到了教育部的重新认定。在这一时期,尽管全国社区教育在终身学习理念的引导下发展得很快,但社区教育在重庆的发展,无论是在城市或农村,与20世纪90年代的内容和形式相比,并没有发生多大的变化。2008年,重庆市建设国家城乡统筹教育综合改革试验区,社区教育的发展才逐渐引起了教育部门、区县政府、在渝高校的关注。

2009年,教育部批准渝中区为国家社区教育示范区,万州区为全国社区教育试验区。全市第一所社区教育学院在渝中区电大分校成立,重庆广播电视大学渝中区分校和九龙坡区分校同时被中央广播电视大学批准成为全国社区教育试验中心,重庆市的社区教育开始迈开了发展的新步伐。2010年,中共重庆市委、重庆市政府印发了《重庆市城乡教育中长期改革和发展规划纲要(2010—2020年)》,明确提出要"整合区县(自治县)、乡镇(街道)和社区各类教育资源,积极发展社区教育"。2012年,重庆市人民政府从构建重庆市终身教育体系、推进各类学习型组织建设、加快形成全民学习和终身学习的学习型社会的需要出发,印发了《重庆市人民政府关于进一步加强社区教育工作的意见》,对在新形势下发展重庆市的社区教育确定了目标,提出了措施,明确了政策。

以发展终身教育、促进终身学习、推动学习型和创新型城市建设为目标的重庆市社区教育,在近几年来取得了一系列的进展,主要表现在:一是推动建立了试验(示范)区县"政府主导、教委统筹、部门联动、社会参与"的社区教育新体制。二是以创建国家和市级社区教育示范(试验)区为抓手全面推进社区教育发展。目前全市已有国家社区教育示范(试验)区3个,重庆市社区教育示范(试验)区5个、中央电大社区教育试验中心3个。三是从2010年起,在全市连续四年举办了四届"全民终身学习活动周"活动,取得了良好成绩,引起社会强烈反响,扩大了社区教育的社会影响。四是社区教育三级网络正在形成。全市先后有渝中区、南岸区、沙坪坝区、九龙坡区、巴南区、渝北区、江北区、垫江县、武隆县等成立了社区教育学院,成立街镇社区学校100多所,初步构建了社区教育办学网络。五是建设社区教育数字化学习环境。2010年,由重庆市教委牵头建设的"重庆市终身学习网"正式开通。渝中区、九龙坡区等建立了社区教育门户网站,社区教育数字化学习逐步深入。六是重庆市人民政府印发了《重庆市人民政府关于进一步加强社区教育工作的意见》,社区教育发展有了一定的政策保障。

## 二、重庆市社区教育发展面临的挑战

在终身教育、终身学习理念广泛传播和学习型、创新型城市建设不断推进的双重因素的影响下，重庆市的社区教育在近几年来得到了快速发展。但受经济社会发展历史进程的制约和影响，重庆市社区教育的发展在总体上还明显滞后于京津沪直辖市和我国东部发达地区，与重庆市作为中央直辖市和国家五大中心城市的地位极不相称，社区教育在重庆的发展面临着一系列的挑战。

## （一）供需矛盾突出

进入21世纪后，重庆市经济社会发展的环境发生了深刻变化，近年来五大功能区的发展定位又进一步引起了产业布局、人口流动、教育需求结构的变化。2013年，全市转户进城的新市民累计达到400万人左右，城乡人口结构发生了巨大变化。全市当年60岁以上的老年人口达600万人，接近总人口的18%，高于全国平均水平3.5个百分点，位居西部第一。到2020年时，重庆市老年人口将达到675万人，人口老龄化率将超过19%。2013年，全市流动人口1 100多万人，其中从周边省域流入重庆的就达621万多人，且平均年龄为30岁左右，文化程度平均为初中。在2013年，重庆市城镇化率已达到58.34%，人均GDP达到了6 939美元，进入了世界中等偏上国家水平和公认的社会矛盾凸显期。

重庆市社会环境、人口结构、教育需求结构的巨大变化迫切需要发挥社区教育的功能和作用，并通过社区教育的发展，一方面满足城乡居民提升素质、提高技能、改善生活质量的需要，满足城乡居民多样化的终身学习需求；另一方面也需要社区教育在教化民众，创新治理，推动城乡居民思想、文化、法制建设，促进邻里和谐与社会稳定等方面发挥重要的作用，进而为和谐社会和学习型城市的建设提供重要的支撑。

需要指出的是，城市新市民快速增长，大量流动人口涌入城市，社会老龄化加速，都是重庆市在工业化、城镇化、市场化发展过程中出现的一个显著的社会现象，特别需要终身教育，尤其是通过社区教育的发展，来降低工业化、城市化、市场化快速发展所带来的负面影响，进而促进城市繁荣和社会和谐。但令人遗憾的是，重庆市社区教育发展的状态并不乐观，目前仅有的社区教育机构提供给城乡居民终身学习的产品和服务更是十分有限，包括社区教育在内的终身教育供需失衡的矛盾在全市的城市和农村都显得十分突出。城乡社区教育发展滞后引起的供需失衡矛盾，已在一定程度上制约和影响了重庆市率先全面建成小康社会战略目标的实现。

## （二）发展环境堪忧

社区教育是经济、社会发展到一定历史阶段的产物，但社区教育的持续、稳定、健康发展也需要良好的社会环境做保障。2013年，重庆市人均GDP达到 6 939 美元，城镇居民人均可支配收入 22 968 元，农村居民人均纯收入 7 383.27 元，从总体上看已达到世界中等偏上国家水平，其中有 14 个区县人均 GDP 超过了 10 000 美元，达到了发达国家的水平。在这种情况下，无论是政府还是公民个人，也无论是从促进社会发展、还是促进人的自身发展的角度，都应该更加重视教育和学习，社区教育发展环境因此会更好。但事实并非如此，全市社区教育发展的环境并不乐观，主要表现在发展理念、政策环境、投入体制、学习风气、参与状态等方面与发达地区相比还存在着差距。

（1）发展理念存在偏颇。因受传统思维观念和行为习惯的影响，市和区县里不少的领导干部眼睛盯着的始终是 GDP，他们对教育的关注主要还是基础教育，往往把与社会建设紧密相关的社区教育视为"软任务"，即使重视也是"口惠"多于"实惠"，社区教育的发展没有得到应有的重视。

（2）政策环境实在堪忧。客观地讲，重庆市发展社区教育的政策不但比较缺乏，而且已出台的一些政策也显得概念含混、定义模糊，不但不配套，还很难"落地"。2012 年，市政府印发了进一步加强社区教育工作的意见，对重庆市发展社区教育的目标、措施、保障条件等作了原则规定，但明显缺乏考核、督导、检查、评价的手段和措施，如对"一把手"的社区教育绩效考核，既没有明确考核的标准，也没有规定由谁来考核，考核结果如何处理等，给人一种在"忽悠"的感觉。

（3）投入体制不够健全。社区教育是公益性的教育活动，构建以财政投入为主，社会团体、个人投入为辅的多元化投入体制，是发展与我国国情相适应的社区教育的需要，但市财政对负责全市社区教育指导服务机构的投入一年只有区区几十万元，实乃杯水车薪，难以维持基本的业务开支。试验区县"每年按常住人口不低于人均 2 元的标准安排社区教育专项经费"的规定也很难落实，没有按规定安排专项经费的试验区县无人问津，安排了社区教育专项经费而不专用的实验区县也无人过问。

（4）社会学习风气不浓。社区教育作为终身学习的重要支撑，其发育程度与社会的学习风气紧密相关。重庆市在 2006 年就提出了要在 2010 年建成学习型社会的目标，但时至今日，"人人皆学"的社会风气远未形成，政府推进各类学习型组织建设也是虎头蛇尾，前几年红红火火，这几年又销声匿迹。终身学习良好社会风气的形成，显然与政府的倡导和作为有很大的关系。

（5）居民参与状态不佳。国内外社区教育发展的经验表明，自下而上的社区教育活动是社区教育发展的活力所在，社区居民基于自身发展和适应社会转型需要，主动自觉地参加社区学习，不仅是为了获得一技之长，更是社区精神的体现。如果社区教育缺乏居民参与，社区教育的价值将受到挑战。在重庆市，社区教育的覆盖面不广，居民对社区教育的认同度、参与度并不高，这不但反映了社区教育发展环境的不乐观,而且还对市政府提出的 2015 年社区居民"参加社区教育的参与率达到 50% 以上"的目标提出了挑战。

(三)体系建设迟缓

社区教育是一项社会化、系统化的教育工程,其体系建设包括政府工作体系和指导服务体系两个方面,涉及管理体制、协调机制、动力机制、技术手段、人员编制等众多方面。就政府工作体系而言,市政府至今都未建立相应的统筹协调机构,区县建立社区教育统筹协调机构的更是微乎其微。就服务体系而言,全市仅有 13 个区县成立了社区教育学院,仅占 38 个区县的 34.2%,成立街镇社区学校 100 多所,仅占全市 1 012 个街镇(乡)的十分之一,社区教育体系的网状结构远未形成。

与社区教育体系建设紧密相关的还有体制机制、机构定位、技术手段、人员编制等问题。就社区教育管理体制而言,主要还是教育部门在跳"独角戏",党政统筹、教委主管、部门参与的社区教育领导体制和多部门协调机制,在市和绝大部分区县都还没有建立起来。市政府促进区县社区教育发展的动力机制,主要还是通过试验(示范)区县的评审和对"全民终身学习活动周"活动开展的先进单位进行表彰来进行激励,手段十分单一。社区教育数字化平台建设在绝大部分区县都还没有启动,网络课程学习资源的开发利用明显不足,而与社区教育发展息息相关的人员编制在市和区县都没有得到落实。

社区学院是社区教育服务指导体系建设的关键,社区学院的成功运行直接影响社区教育指导服务的水平和质量。重庆市已成立的社区学院主要是依托区县电大分校、电大工作站建立,也有个别区县依托教师进修校、职教中心建立,但全市目前还有三分之二的区县没有建立社区学院。而更让人们感到尴尬的是,各区县社区学院的"身份"有点不明不白。全市迄今为止已成立的 13 个社区学院,没有一所具有法人地位,政府也没有明确机构、编制、人员、拨款等关键问题。"社区学院因在高等教育体制中难以定位而处于较为尴尬的境地。"社区学校同样存在法人地位缺失、性质不明、办学资质不健全等问题。

(四)资源整合不够

教育资源是教育实施的基础和前提。社区教育资源既包括传统意义上归属于教育领域的人力、财力和物力资源,也包括那些原属于教育领域后来又被划归为文化领域的设施,如图书馆、博物馆、科技馆等,甚至那些归属旅游事业的自然景观、历史古迹、名人故址、会议旧址等资源。重庆市社区教育的发展,一方面存在着资源不足、城乡资源拥有量差距大的问题;另一方面又存在着教育资源的网络"孤岛"、难以共享,乡土资源、特色资源开发建设不够,部门资源、社会资源整合利用不够等问题。

在网络资源开发、汇集、整合、利用问题上，由于市和区县社区教育网络平台自成体系，没有互联互通，因而形成了资源"孤岛"，社区教育资源基本上不能共享。由于技术力量不足，区县社区学院、街镇社区学校基本不具备资源开发的能力，乡土资源、特色资源建设即使选题再好，也落不到实处。由于区县、街镇政府对社区教育统筹不够，一些由其他政府部门、社会单位控制的文化、科技、法制、环保、旅游等资源也很难整合进入社区教育，供社区居民学习利用。

再者，虽然人们都承认社区教育是我国近年来在教育领域出现的新事物，但在人们的心目中，仍然把社区教育视为低端教育或者边缘化的教育活动，尽管各地的社区教学活动不乏社会贤达、教育精英作为志愿者参与教学与服务。但除了广播电视大学为履行服务终身学习的时代使命致力于发展社区教育外，普通高校和教育精英、社会贤达几乎没有参与重庆市各个区县的社区教育活动，这显然不利于社区教育质量的提升和扩大在社会上的影响力。

### 三、重庆市社区教育的未来展望

党的十八大三中全会作出了"创新社会治理方式""拓宽终身学习通道"的决定，把社区教育发展与促进终身学习、创新社会治理方式、促进社会建设有机地统一了起来。随着国家长江经济带发展战略的实施，重庆市经济、社会、教育、科技、文化的发展都将进入一个新的阶段，社区教育在服务重庆市经济社会发展和人的发展中，将展现出更加广阔的发展前景。

#### （一）确立社区教育地位，更新教育发展观念

对社区教育的战略定位，教育部在2004年就将其作为"全面建设小康社会，构建终身教育体系和建设学习型社会"的战略性措施。需要指出的是，社区教育首先是教育，是我国终身教育体系的组成部分，教育行政部门就应该将其与学校教育并列，统筹规划其发展。同时还必须认识到，社区教育的最终目标是为了人性的完善和人格的健全发展，与社会建设的终极目标完全一致，因而对社区教育的发展，政府就不能就教育论教育，应将其纳入社区建设进行统筹。社区教育在发展过程中，还必须充分考虑重庆市城乡二元结构和五大功能区的区域差异，既要关注居民的职业与生存，实现部分功利性目标，更要肩负起教化民众、提升市民精神素养和生活品质的使命，实现提高社区居民精神品质的终极目标。只有这样，社区教育才可能在重庆实现"学习型社会"的过程中确立自身的价值和地位。

基于重庆市社区教育发展的现状，市和区县各级政府应切实站在促进全民终身学习、繁荣社会文化、改善社会民生、构建社会和谐的战略高度，进一步提高对社区教育的认识，确立全民教育、终身教育的理念，并把社区教育纳入当地经济社会发展规划统筹，为现代社区建设、新农村建设、构建和谐社会服务。社会的各个方面也要从学校教育的狭隘教育观念转变到全民教育、全面教育、全程教育、终生教育的大教育观念上。要改变重人才培养、轻公民素质提高地重经济、轻教育的旧观念，确立社区发展与人的发展辩证统一的新观念。要让社区中的每个人都认识到社区教育的作用，增强参与意识，共建发展合力。

(二) 加强政策环境建设，完善发展体制机制

在我国社区教育发展相关法律法规尚不健全的情况下，重庆市人大应加快制定重庆市终身学习促进条例或社区教育促进条例，形成地方性的终身教育、社区教育法律法规，确立社区教育在终身教育体系中的法律地位，明确各级政府及其相关部门促进终身学习、发展社区教育的职责；界定社区教育的内涵，规定各级社区教育机构的法人地位和设置条件、人员编制、财政投入等，为城乡社区教育发展创造良好的法制环境。要从重庆的市情特点和区县实际出发，细化落实有利于促进社区教育发展和学习型城市建设的"政策落地、机构有责、组织有形、服务有度（法度）、经费有源、活动有色"的措施和要求。按照科层级管理的要求，分别按照市和区县不同层级、城市和农村不同区域的特点，优化完善"政府搭台、机构唱戏、群众参与、社会受益"的各具特色的社区教育发展机制，落实市和区县教育行政部门的终身教育专门机构设置和人员编制。针对重庆市"五大功能区"的功能定位、产业布局、人口聚集的特点，采取"统筹规划、典型示范、梯度推进、区域互动"的策略，推动社区教育在重庆的发展。要按照创新社会治理、促进社会管理方式转变、维护社会稳定与和谐的新要求，优化完善社区教育与基层社会管理，创新一体设计、互动共赢的机制，建立由教育部门牵头的社区教育协调机制，完善社区教育评价机制，建立社区教育工作考核机制，促进社区教育与社区管理、社会建设互动融合发展。

(三) 加强办学体系建设，提升办学队伍能力

社区教育办学体系由市级指导服务机构、区县社区学院、街镇社区学校、社区和农村自然村学习点构成。在四级办学服务体系中，市社区教育指导服务机构负责全市社区教育业务的指导和组织实施。社区学院是区县社区教育办学服务的龙头，负责本区域社区教育的规划、组织、指导、服务、评价，在整个

社区教育办学服务体系链条中处于关键环节。社区学校、社区学习点直接面向居民,因地制宜地组织、开展社区教育、文化活动,是社区教育办学体系的基础。在现阶段,构建重庆市社区教育办学服务体系,应把重点放在区县社区学院和街镇社区学校建设上。

基于社区学院在社区教育办学服务体系中的重要性,要推进重庆市社区教育的发展,就要打破"条件论"的束缚,在全市三分之二的区县加快建立社区学院,尽快实现社区教育办学服务机构在区县的全覆盖。在建设社区学院时,应明确社区学院服务终身学习的法律地位和办学服务机构的法人地位,明确机构设置、人员编制、经费投入的公益性质和来源渠道,要特别注意防止既无法人地位,又无机构、人员编制和专项经费拨款,只有一块牌子的"三无"社区学院的出现。依托街道、社区文化活动中心、市民学校、农民文化技术学校建立社区学校和社区教育学习点,形成覆盖全市城乡的社区教育服务体系和办学网络。

社区教育的发展水平和办学质量与社区教育工作者队伍的能力紧密相关,要促进重庆市社区教育的发展,还必须狠下功夫,采取得力措施加强社区教育专业化队伍建设,全面提升社区教育工作者的办学服务能力。可借鉴日本、美国、新加坡等先进国家的经验,引入社区教育工作者由大学培养的制度,以确保师资力量。在现阶段,应特别注意加强对在岗的社区教育工作者开展系统的岗位技能培训。要从重庆市社区教育发展的现状出发,适时组织区县相关政府部门、街镇社区教育管理干部外出考察调研、观摩学习,深化他们对社区教育的认知。要组织区县和街镇社区教育工作者参加市教育机构和有关部门举行的业务培训活动。要定期或不定期地开展对街镇社区学校、社区学习点工作人员的业务培训,有效开展社区教育志愿者的业务培训;鼓励和倡导社区教育工作者自主学习和相互学习,全面提升社区教育各类人员的专业化水平。

(四)加强平台课程建设,以人为本开展办学

利用互联网发展社区教育,是现代社区教育发展的一个重要趋势。建设重庆市社区教育的网络平台,当务之急是要建设好重庆市终身学习网,使之成为全市社区教育教学、管理、资讯、服务的信息化平台。各区县要依托社区教育学院网络环境,开发建设终身学习门户网站,建设数字化终身学习平台。街镇社区学校可采取多种方式建立社区教育网络学习室,有条件的城市社区还可以配备一定数量的数字化学习终端,逐步形成覆盖本区域的社区教育数字化学习网络,以提升社区教育的信息化水平,为城乡居民的终身学习和本区域社区教育的快速发展提供技术支撑。

高度重视社区教育学习资源的开发、汇集、整合、呈现、提供、利用。把

数字化学习资源的整合利用和街镇、社区特色资源及本土资源的开发利用紧密结合起来。做好与重庆市终身学习网的链接，促进全市社区教育资源的共享。加强资源整合力度，统筹利用社会文化、科技、法制、环保、旅游等资源，促进社区教育学习资源的多样化。加强本土资源的开发和建设，促进社区教育资源的本土化、特色化。引导区域民办教育培训机构参与社区教育活动，鼓励社会公共教育资源向居民免费开放，多种渠道增加社区教育办学资源和居民终身学习的资源。

社区教育的课程设置和教学活动，要以人的发展为中心，坚持以人为本，重视社区每个成员的归属需要、自我发展需要，灵活多样地设置课程。按照服务当地经济发展、社会发展、社区全体成员发展的全面性要求，为社区内所有成员提供接受教育的机会和条件。针对不同教育对象实施不同的课程内容、教学方式、学习方式，促进社区教育专业化、技能化和个性化发展。充分利用每个社区的独特文化传统和特色，开展具有"本土"特色的活动，坚持从不同街镇、不同社区实际出发，着力开展"一街一品，一社一特"活动，以打造社区教育课程品牌，培育不同街镇、社区的社区教育特色。如九龙坡区的社区教育文化艺术节，沙坪坝区的"黄桷树广场故事会"等，都非常富有区域特色。

## 参考文献

[1] 教育部关于在部分地区开展社区教育试验工作的通知 [EB/OL]. http://www.zsrpxy.com/Article/ShowArticle.asp? ArticleID, 2006 (3): 27.

[2] 包国庆. 21世纪教育的新视野：学习型社区——关于终身学习的一个社区模型 [J]. 高等教育研究, 2000 (2): 20 – 23.

[3] 吴遵民. 我国当代社区教育的历史回顾与展望 [J]. 远程教育杂志, 2011 (3): 9 – 13.

[4] 黄云龙. 社区教育的中外比较 [J]. 上海师范大学学报, 1992 (1): 118 – 122.

[5] 赵晓林. 二十世纪二三十年代乡村教育运动的特点及其现实启迪 [J]. 陕西师范大学学报：哲学社会科学版, 2006 (2): 124 – 128.

[6] 张秉福. 旧中国乡村建设的三位探索者 [J]. 炎黄春秋, 2006 (4): 11 – 16.

[7] 杨东. 困境与启示：从乡村教育试验看当代社区教育试验 [J]. 远程教育杂志, 2012 (3): 94 – 100.

# 城乡统筹：现代社区教育发展模式的有益探索[①]

社区教育是我国近年来教育领域出现的新事物，它和国家构建终身教育体系和建设学习型社会的社会发展战略目标紧密地联系在一起。受长期以来城乡较为悬殊的经济、社会、教育发展水平影响，我国社区教育的发展及相关研究主要集中在城市，特别是集中在经济、社会、教育发展水平相对较高的东部沿海城市区域，而农村社区教育的发展及有关研究则十分鲜见，这明显有违党的十六大提出的"统筹城乡经济社会发展，全面建设小康社会"的战略任务以及《国家中长期教育改革和发展规划纲要（2010—2020年）》提出的"广泛开展城乡社区教育，加快各类学习型组织建设"的战略目标。笔者基于这一实情，试图以"统筹城乡"的思路，来研究并推动我国现代社区教育的创新发展。

## 一、城乡统筹发展社区教育的历史性趋势

### （一）城乡统筹发展社区教育顺应社会经济发展的必需

受地区间经济发展不平衡与城乡二元结构的影响，我国传统的社区教育发展表现为城市集中化。从总体上看，中西部滞后于东部，农村滞后于城市。从推进工作层面看，全国社区教育目前还只是在发达城市的实验区先行先试、重点突破、局部开展。这种教育优质资源的城市集中化倾向明显已不适应现代社会经济发展的需要，极易造成城市社区教育与经济发展两者间的良性循环（即越来越完善的社区教育将有力地促进当地经济发展，反过来良好的经济又社区教育提供充沛的物质保障）和农村社区教育与经济发展两者间的恶性循环（即越来越相对落后的农村社区教育无力助推当地经济，而贫乏的农村经济却又难以支撑社区教育）。现代社会经济的发展必然要求打破传统城乡经济二元结构的桎梏，加强社会主义新农村建设，实现城乡统筹发展。农村居民作为社会主义新农村建设的主体，其受教育程度的高低必然成为新一轮农村经济

---

[①] 本文发表于《江西广播电视大学学报》2013年第4期。

体制改革成败的关键。因此,转化农村的人口负担,释放农村潜在的人力资源优势,保障新农村建设的顺利进行,这必然要求让社区教育从传统的城市集中化走向城乡统筹发展。

(二)城乡统筹发展社区教育是适应国家政治战略的必需

1999年,国务院在批转教育部《面向21世纪教育振兴行动计划》中,明确提出"开展社区教育试验工作,逐步建立和完善终身教育体系,努力提高全民素质"。党的十六大又提出"形成全民学习、终身学习的学习型社会,促进人的全面发展"。很明显,国家在新时期的政治战略发展目标中提及的全民是蕴含了广大农村地区的社区成员的。同时,"社区本身是一个社会学的概念,它虽然以共同的地域为首先界定点,但是更加着眼于一种社会观念和一种社会行为。作为一种社会观念,它体现了一种认同感、互助性和共同的利益,表达了一种相互交往、共享资源的愿望,一种社会的整体意识和互助的关系"。以社区为重要依托,以社区教育为突破口,通过地缘关系开展社区教育,体现了"以人为本"的教育基本理念,满足了社区成员间相互交往、共享教育资源的愿望,保障了该区域成员的基本学习权利和终身学习需求,进而实现成员的能学、可学及相互间助学的可能。因此,城乡统筹发展社区教育,整合各类教育资源,在城市和农村构建起一个个经由家庭、近邻融合而成的学习型社区,为社区成员创造一个持续的学习和教育机会,提高其文化素质,加强其生产技能和劳动能力的培训与培养,关注其观念、情感、价值观等的熏陶与培育,再通过社区与社区间的不断融合,形成一个个更大的学习型组织,这必然能适应国家建设学习型社会和终身教育体系的政治战略的根本需要。

## 二、城乡统筹:现代社区教育发展模式的有益探索

(一)对已有社区教育发展模式的分析

探索基于城乡统筹的社区教育发展模式,不是摒弃已有,而是对现实条件下已有模式的制度创新,毕竟对受制于现有社会经济发展的社区教育模式的研究仍然需要从政府、市场、社区主体等因素入手。据此,我们需要再次对已有的几种社区教育发展模式进行了解。

1. 学校主体模式

这里所指的学校,主要是指城市的中小学,其核心是:中小学利用自身的办学资源和优势开展校外的社区活动。这种模式的特点集中表现为"学校为主,自愿结合,互惠互利,便于管理"。它主要出现在我国社区教育发展的初

期，如 20 世纪末重庆市九龙坡区等地方的社区教育。该模式的不足之处是：以中小学作为社区教育的组织者、协调者而开展的社区教育，其影响层次及范围均有限，未能充分发挥出社区教育应有的功能，不太适应现代社区各类人员终身学习的需求。

2. 街道中心模式

这种模式主要是指街道作为社区教育的组织者、实施者、监督者、协调者，以社区服务及社区文化为着眼点，开展各种休闲、文体活动的教育活动。其特点是"地区为主，政府协调，社会参与，双向服务，共育人才"。以街道为中心的社区教育模式，往往是各种文化、休闲、娱乐活动开展得很好，而且活动的组织也比较容易，但由于教育资源的相对缺乏，使社区固有的教育功能明显不足，也不太适应社区里各类人员多样化的终身学习需要。

3. 地域边界模式

这种模式主要是指由社会各界共同组成社区教育协调委员会，对社区教育进行总体协调和具体策划。其特点是"以学校为主体，以学区为依托，动员社会各方面力量发挥各自优势，实现教育的社会化"。由于这种模式组织结构比较松散，缺乏政府主导，与基层社会建设结合又不够紧密，教育资源整合的难度也比较大，社区教育活动的开展往往要受到很多因素的制约，虽然其社会化特征比较突出，自治性也比较强，但其持续性却受到挑战。

4. 企业中心模式

这种模式往往是以大型企业的厂区为主体，组织开展社区教育活动。其特点是"学校与外部的关系畅通，各有关单位之间亲合力与凝聚力强，便于组织和管理，经济实力雄厚"。近几年来，以厂区为主的社区教育又和学习型企业建设结合了起来，因而容易得到企业的重视。

5. 学院牵头模式

这种模式是近几年出现的社区教育新模式，主要是由地方政府整合当地成人教育资源建立的社区教育。学院为龙头，通过统筹社区相关机构的教育资源，开展学历、非学历教育，进行文化性、职业性、专业性社区教育活动。这种模式融合了当地政治、教育、社会等各方面的因素，能较好地解决社区教育中需要的政策保障、资源提供、学习服务等社区教育发展的关键性问题，得到了社会较为广泛的认同，是我国当前社区教育发展中比较理想的一种模式。

(二)基于城乡统筹发展社区教育的探索

1. 城乡统筹社区教育发展模式的构建理念

统筹城乡发展的实质是促进城乡分割的传统"二元经济社会结构"向城

乡一体化的现代"一元经济社会结构"转变。统筹城乡发展，需要观念、机制和体制的诸多变革，是一个长期、艰巨而又复杂的系统工程。所以，基于城乡统筹的社区教育发展模式的构建应该综合上述传统模式，体现在政府参与组织引导、提升社区自治组织的自治能力、提高教育资源的利用效率等优点，以城乡统筹的理念作指导，以社区教育在城乡的一体化、均衡化发展为目标，以破解城乡二元难题为重点，在城市和农村的良性互动中实现社区教育在较大区域的协调发展，为城乡居民平等地接受社区教育创造条件。在构建时需要综合考虑明确而有力的领导机构及得力的办事机构的成立、教育资源的充分挖掘和开发、优质合格的管理人员和师资队伍的培养以及多样化、特色化方式的开展等方面。

2. 城乡统筹社区教育发展模式的基本框架

基于城乡统筹的社区教育发展模式的基本框架可以概括为"省级统筹、公共平台、专业指导、城乡互动"十六个字。

省级统筹，指社区教育的发展应由省、自治区、直辖市，或者具有一定发展权的副省级计划单列市和中心城市，对城乡社区教育一体化、均衡化发展进行统筹规划，制定政策，提出具体的措施和办法。由于社区教育是一项系统工程，以及农村滞后于城市等实际情况，需要通过政府统筹，合理整合、配置各种资源，形成教育合力。因此，省级政府及其教育行政部门应在政策保障、资源配置、资金投入等方面进行统筹，并重点向农村倾斜，推动城市社区教育资源和要素向农村合理流动，为城乡社区教育的均衡、协调、一体化发展提供制度保障。

公共平台，指为适应社区成员的多样化学习需求，促进城市优质教育资源向农村流动，方便城乡社区成员时时、处处学习，必须利用信息技术建立统一的省域社区教育数字化资源平台，为城乡社区教育开展和居民终身学习提供管理、信息、资源等公共服务，在有效解决农村社区教育资源不足等困难、提升农村社区教育水平的同时，为城乡社区教育的一体化、均衡化发展创造条件。需要指出的是，这种公共平台必须是公益性的，并由专业性教育机构管理。

专业指导，现阶段的社区教育已发展到学历教育、专业教育、商业培训、社会公益培训、文化娱乐活动等诸多方面，需要专业性的机构提供教学指导与支持服务。建立从省市到地县的教学业务指导支持服务机构，对省域社区教育发展进行规划，汇集整合提供教学资源，指导社区教育教学活动开展，组织开展社区教育研究，总结推广社区教育经验，评估社区教育质量等都是非常重要的。上海、浙江、四川等地依托电大建立了覆盖全省（市）的社区教育支持服务体系，取得了很好的效果，就充分证明了这一点。构建城乡统筹社区教育发展模式,完全可以利用电大办学网络资源,对区域内的社区教育开展专业指导。

城乡互动,是指城市和农村社区教育的互动发展,其内涵包括以城带乡、典型示范、对口帮扶、转移培训、特色共享等诸多方面。由于城市和农村社区教育发展的基础、条件、规模、质量、水平等存在差异,为促进社区教育在城乡的均衡发展,地方政府在整体规划辖区上内的社区教育布局和基础设施建设时,要坚持"城乡共进、区域协调、联动发展"的方针。安排社区教育重大项目、条件改善、师资配备和资金投入时,按照"城乡一体,重在农村"的思路进行资源搭配。通过接对子、捆绑式、区县"联姻"、转移培训等多种方式,以城带乡、城乡互动,促进城乡社区教育一体化发展。

城乡统筹社区教育发展模式中,省级统筹是体制,公共平台是条件,专业指导是保障,城乡互动是特色,四个方面相互促进,相得益彰,通过各自功能和作用的发挥,形成具有城乡统筹特点的社区教育发展的标准式样。

(三)城乡统筹社区教育发展模式的运行保障

1. 加强政府对社区教育的统筹职能

根据我国社区教育实际,应建立起政府统筹、教育主办、社区参与、资源共享的社区教育管理体制和运行机制。地方各级政府可建立社区教育委员会,统筹领导本区域的社区教育工作。各级社区教育委员会由当地政府主管教育的领导任主任,组织、宣传、人事、教育、财政、民政、劳动、公安、科委、工、青、妇等部门领导及骨干企业集团代表为成员。在社区教育委员会的统一领导下,建立和完善省(市)社区教育指导服务机构、县(市)社区学院及各街道(乡镇)社区教育学校、居民区(村)社区市民学校(村民学校),形成省(市)、县(市)、街道(乡镇)、居民区(村)四级社区教育网络。

2. 加强社区教育师资队伍建设

发展社区教育的关键,是要有一支比较专业化的师资队伍。各地应根据不同情况,建立一支以专职人员为骨干,兼职人员为主体,专兼结合,适应社区教育发展需求,富有工作责任心与事业心的社区教育管理队伍和教师队伍。组建社区教育志愿者队伍,支持和鼓励社会各界人士为社区教育活动的开展提供志愿服务。在有条件的地方,还可选送若干优秀干部或教师,作为专职社区教育干部下派,具体负责社区教育工作。

3. 多渠道筹措社区教育办学经费

社区教育是一项公益性事业,应着眼于社会效益。但社区教育也需要经费投入和保障,需要政府建立相应的财政性资金投入制度,保障社区教育经费的正常来源。各级政府还可在社区建设资金中安排一定比例用于社区教育。通过采取"政府拨一点、社会筹一点、单位出一点、个人拿一点"的办法,多渠道筹措社区教育的办学经费。

4. 挖掘整合社区教育资源

社区教育具有"全面、全员、全程"的特征。社区教育内容全面广泛,包括学历教育、职业技能教育、社会生活教育、文化艺术教育、休闲娱乐教育等;社区教育对象涉及辖区干部、职工、农民、市民、外来人口等;社区教育过程涉及早期教育、青少年教育、成人教育、中老年教育等。可见,社区教育是一个开放式系统,而社区本身的教育资源已不能满足人们的教育需求。只有整合利用社区内外教育资源,不断建立和完善社区教育的基地和网络,才能有效推动社区教育的发展。

### 三、城乡统筹社区教育发展模式实施对策建议

#### (一)转变教育观念,进一步提高对社区教育的认识

社区教育作为一种新兴的教育形式,代表了我国教育变革和发展的方向,是推动教育与社会、教育与社区有机结合、协调发展的基本途径和有效手段之一,是发展终身教育、建设学习型社会的切入点和有效载体。社区教育具有综合性,可以促进全民族素质的提高,社区成员应从学校教育的狭隘教育观念转变到全民教育、全面教育、全程教育、终生教育的大教育观念上。要改变重人才培养、轻公民素质提高和重经济、轻教育的旧观念,确立社区发展与人的发展辩证统一的新观念。让社区中的每个人都认识到社区教育的作用,增强参与意识,特别是社区行政人员的参与意识和教育需求意识。确立城乡统筹发展社区教育的观念,克服重城市社区教育、忽视农村社区教育的倾向。各地党政领导和教育主管部门,要站在构建学习型社会及和谐社会的高度,转变教育观念,确立全民教育、终身教育的理念,重视城乡社区教育的统筹发展,并把城乡社区教育纳入当地经济社会发展规划统筹,为现代社区建设、新农村建设、构建和谐社会服务。

#### (二)加强社区教育统筹规划,促进社区教育均衡发展

我国要以城乡社区建设的总体规划为依托,进行社区教育的总体决策,使之成为社区建设的一个有机部分。我国是一个幅员广阔、地区差别巨大的多民族国家,各地发展不平衡。因此,从满足城乡社区成员教育需求的角度来看,我国社区教育必须逐步建立起城乡一体化、不同地区均衡发展的社区教育体

系。为此,我国社区教育要在总体规划的前提下,结合政府与民间的力量,运用组织与教育的方法,将经济建设与社区建设联结在一起,进而将地方建设与社区建设联结在一起。切忌一哄而起、一哄而散,搞形式走过场。"十二五"期间,针对社区教育,在国家试验的基础上,国家应加大省、市、自治区的试验区建设,并逐渐推开,应选择一些中小城市和农业县,发展一批国家级和省级社区教育试验区,解决我国社区教育试验区发展不平衡问题,提升城乡社区教育水平。

(三)加快立法进程,实现社区教育规范化、制度化

近些年来,世界各国社区教育的发展趋向有一个突出的特点,即以政府法律、法令、法规、条例等形式规定为社区和学校必须履行的法定义务。我国社区教育历史不长,许多工作还处于无章可循的试验阶段。因而,系统总结各地社区教育试验的成功经验,对现有的章程、条例或规定进行修正、调整和充实,通过合法的程序使之成为地方社区教育发展的行政法规,再通过一定的法律程序,形成地方和国家的社区教育法。要在总结经验的基础上,根据各地实际,进一步完善"党政统筹领导、教育部门主管、有关部门的配合、社会积极支持、社区自主活动、群众广泛参与"的管理体制和运行机制。只有建立和完善一套有效的管理体制和社区教育运行机制,才能更好地规划统筹城乡社区教育工作,形成社区教育在城乡的良性互动。

(四)加强政府统筹,实现社区教育资源的优化

地方各级党委和政府,要加强对社区教育工作的领导,建立起政府牵头、相关部门负责人参加的城乡社区教育工作领导机构,明确各有关部门的职责和分工,建立基于城乡统筹发展社区教育的专项工作制度,并落实相应的管理机构、人员和经费。依托广播电视大学系统,建立起一支以专职人员为骨干,以兼职人员和志愿者为主体的,适应社区教育发展需要的管理队伍和师资队伍。采取政府投入为主,"社会筹一点、单位出一点、个人拿一点"的办法,多渠道筹措经费,确保社区教育的经费投入。社区学院是社区教育的龙头和实体,是开展社区教育的主要形式。区和县要特别重视社区教育学院的地位和作用,大力发展社区教育学院,依托社区教育学院形成社区教育网络。

(五)发挥社区教育研究组织作用,开展社区教育理论研究

我国的社区教育正处于试验阶段,大部分地区缺乏开展社区教育的认识和经验。各种类型的社区教育模式在组织形式和教育内容上还有待发展完善。因

此，要发挥社区教育研究组织的作用，加强社区教育发展模式的理论和实践研究，注重行动研究和决策咨询研究，使社区教育从经验水平提高到科学水平，将其引向规范化、制度化，最大限度地把研究成果转化为社区教育的决策和实践。要以项目和课题为抓手，开展专题试验或综合试验，推进社区教育更快更好的发展。

## 参考文献

[1] 陈乃林. 坚持以科学的理念指导社区教育发展 [J]. 教育研究, 2004 (1).
[2] 沈光辉. 我国社区教育的发展现状与推进措施研究 [J]. 继续教育, 2008 (1).

# 第四部分

## 远程教育内涵建设

> 远程教育创新研究 >> >>

# 远程教育的转化发展及其与高职教育的融合[①]

在各类高等教育界线日益模糊、不同高等教育类型逐步走向趋同、融合发展的世界潮流中，如何认识我国远程高等教育从"形式"到"类型"的转化，及其在一个大学实体里与高职教育的融合发展，是地方开放大学建设不可回避的全新课题。以一体化教育学理论为支撑，分析我国远程高等教育从"形式"到"类型"的转化，研究提出我国一个大学实体里远程高等教育与高职教育取长补短、衔接融合的理论基础和实践路径，具有重要的理论意义和实践意义。

## 一、我国远程教育从"形式"到"类型"的嬗变

把远程高等教育作为一种新"类型"，并不是中国的特有现象。进入21世纪后，在国家宏观政策引导下，远程高等教育在中国迅速实现了从"形式"到"类型"的转化，并彰显出越来越鲜明的特征。远程高等教育从"形式"转化成新的"类型"，是远程高等教育发展中国化的客观反映，具有鲜明的中国特色。

### （一）关于高等教育的分类

高等教育分类起源于英国。英国高等教育经历了从二元制到一元制的变迁，高等教育分类由二元制时期的层次分类逐步演变为多维度分类。1992年以来，英国把高等教育或高等学校大致分为了普通大学、专业学院、开放大学、私立大学四种类型。美国的高等教育分类具有极大的包容性，强调"英才教育与大众教育相互融通"，明显在淡化不同类型高等教育的界线。对高等教育的分类，我国学者提出了不少见解，但主要还是对大学进行分类。一是潘懋元用"培养类型和层次分类法"，提出了综合性研究型大学、多科性或单科性专业型大学或学院、多科性（单科性）职业技术型或技能型专科学校（学

---

[①] 本文发表于《探索》2014年第3期。基金项目：重庆市高等教育学会2013—2014年高等教育科学研究重点课题（CQGJ13B765）重庆广播电视大学事业改革与发展规划研究重点项目（FG2013A04）。

院)三种基本类型及其体系的构想。二是武书连的"大学分类法",把大学分为研究型、研究教学型、教学研究型、教学型四种类型。三是陈厚丰用"高校综合分类法",将高校分为研究型、教学科研型、教学型、应用型四种类型。四是马陆亭的"高校结构分类法",提出了21世纪前期中国普通高校的层次结构以及研究型大学、教学科研大学两类高校的边界条件。显然,这些都是在对大学进行分类,对高等教育的分类在我国还处于探索阶段。

(二)我国高等教育的类型

在国际教育标准划分中,高等教育被明确划分为两种类型,即学术型和职业型。我国对高等教育的分类虽然还没有形成广泛的共识,但在国民教育体系中,人们通常已把高等教育划分为"普通"和"成人"两大类型。在这两种类型中,高职教育和远程高等教育自然分属其中。对高等教育类型的划分,在我国还存在着多个分类主体和多种不同的划分维度。王怀宇认为,高等教育分类有三种方式:一是政府主导,二是社会机构,三是在历史发展过程中自然形成的。也有媒体认为,我国现阶段的高等教育包括普通高等教育、成人高等教育、远程高等教育和高等教育自学考试四种类型。

进入21世纪后,我国远程高等教育已从一种独特的办学形式转化发展成为一种新的教育形态,这种转化完全可以从高等教育不同类型在计划安排、招生办法、注册方式、学制与教学模式、学历证书颁发等方面的区别看出。远程高等教育作为一种新的高等教育类型,在国家的政策文件中也可以找出答案来。2010年6月,中共中央、国务院印发了《国家中长期人才发展规划纲要(2010—2020年)》,明确提出要"构建网络化、开放式、自主性终身教育体系,大力发展现代远程教育",这里所说的"远程教育",显然是把它作为一种新的教育类型来讲的。在国家相关统计中,以"网络教育"作为一项单独指标来反映远程高等教育发展的状况也并不鲜见。显然,远程高等教育在保留自身特点的同时,已发展成为我国高等教育的一种新的类型,彰显出鲜明的中国特色。

(三)"形式"到"类型"的嬗变

1995年,亚洲开放大学学会(AAOU)章程把远程教育定义为"学生与教师、学生与教育组织之间主要采取多媒体手段进行系统教学和通讯联系的教育形式",但在时隔18年之后,在中国远程高等教育已经发生质变的今天,仍然把它看成是任何一类教育都可以应用的"形式"就显得有些脱离实际。国际开放与远程教育协会(ICDE)首席执行官瑞德·罗尔曾经指出:"现代远程教育已成为21世纪全世界人民获得高质量教育机会的重要途径。"罗尔所讲的

"途径"也显然是把远程教育作为一种新的类型来讲的。我国远程高等教育的发展，经历了一个从"形式"到"类型"的转化过程。在1999年以前，我国远程高等教育主要还是利用不同时期的教育技术实施远程教学，远程教育依附于普通高校或者成人高校的特征明显，但从1999年开始，国家实施"现代远程教育工程"，在全国有67所普通高校和广播电视大学系统开展"网络教育"之后，我国远程高等教育就开始了从"形式"到"类型"的转化。远程高等教育作为我国培养高等专门人才的一种新的类型，从招生计划编制，到人才培养方案的制订和实施，已形成了一个完整的过程，其特点越来越鲜明。到目前为止，无论是举办远程高等教育的高校网络学院，还是广播电视大学，或者开放大学，教育部都是把它作为高等教育的新"类型"在进行管理。2012年，教育部批准建立国家开放大学和北京、上海、江苏、广东、云南开放大学，可以说是进一步强化了远程高等教育的"类型"特征。截止到2011年，我国远程高等教育在校生总数已达484.5万多人，占同期高等教育学生总数的15.4%，如果再把它视为一种"方式"或"手段"，显然有悖于客观事实。

## 二、远程教育与职业教育融合发展的理论依据

辩证唯物主义认为，任何事物都是发展变化的。中国远程高等教育从"形式"到"类型"的转化，可以说是远程高等教育自身适应经济社会发展的一种变化，而远程高等教育与高等职业教育的融合发展也反映了事物新的发展变化。远程高等教育与高职教育的融合，可以从这两大教育的本质特征和对国际远程教育不同的理论观点中找到理论依据和现实可能性。

### （一）远程高等教育与高职教育的本质特征

远程高等教育与高职教育的本质特征既有共同之处，又有不同之处。远程高等教育和高职教育的共同特征在于它们的高等性。高等性是指远程高等教育和高职教育都是建立在中等教育基础之上的，教学内容具有高等水平，以研究高深学问、培育高级人才为己任，即"探求高深学问"。

在过去，人们一直把高等教育与职前的专业学历教育等同起来，高等教育发展到今天，其外延和内涵都已发生巨大变化，它已经不再是职前高等学历教育的代名词了，包括了越来越多职后的学历高等教育。高深学问在今天也具有了更为宽泛的含义，即"高深学问"不再是狭窄深奥的，而是由许多种专门知识结构而成，这种专门知识有的较深奥，有的较浅显。如果说私立和民办高等学校以及研究机构的加盟只是从形式上丰富了高等教育的含义，那么在高中阶段以上、适应社会和人们不同需要的各种职后教育，则进一步拓展了高等教

育的空间和功能,建立在信息技术基础之上的现代远程教育使高等教育走出了"象牙塔"而进入了"寻常百姓家"。显然,这些新的变化和现象,已经不是传统意义上的高等教育概念所能够容纳和同化的。高等教育的高等性不在于它是远程高等教育还是高职教育,也不在于它采取"面授"或者"网络"的形式进行,而在于它是建立在中等教育基础上,以探求高深学问为己任,教学内容具有高等水平。远程高等教育和高职教育都以培育高级人才为己任,其教学内容具有高等水平,高等性是他们共同的本质特征,也是融合发展的重要基础。

除了共同特征之外,远程高等教育和高等职业教育还有它们各自不同的本质特征。如开放性,这是远程高等教育的本质特征,但它却不是高等职业教育的本质特征。同样,职业性是高职教育的本质特征,但不是远程高等教育的本质特征。需要指出的是,开放性和职业性这两个分属远程高等教育和高等职业教育的本质特征,恰恰又是这两类教育应该给予高度重视的一个重要属性,是远程高等教育与高职教育融合发展的重要基础,深入认识它们的特点,以及在两类教育中的重要作用与相互关系,将为远程高等教育和高职教育的融合发展提供重要的理论支撑。

(二)国际远程教育不同学派提供的融合发展理论依据

国际远程高等教育通过半个多世纪的发展,在总结实践模式的基础上,逐步形成了不同的理论学派。远程高等教育在发展中因国情、环境和文化的差异出现了单一院校模式(如英国等)、双重院校模式(如美国、俄罗斯和澳大利亚)、多重系统模式(如中国、法国和加拿大)三种主要的实践模式。"远程教育的实践模式的差异反映在理论概括上,就有了不同的理论学派。"与远程教育实践模式相对应,国际远程教育理论也出现了革命学派、趋同学派、谱系学派三大学派,这三大学派的理论都为远程高等教育和高职教育融合发展提供了重要的理论依据,只是在程度上有所差别。

革命学派认为远程教育是教育史上的一场革命,纯粹的传统校园面授教育和理想的开放与远程教育是两种理想化的抽象模式,如果过于硬性地把传统教育和开放与远程教育截然分开,都是在理论上根据不足、在实践上有害无利的。谱系学派的观点是淡化传统校园教育与远程教育的界线,认为两种教育在"你中有我、我中有你"中融合发展。趋同学派认为,远程教育和传统教育正在趋同,即由对立走向并合,两者的界线越来越模糊,只有应用教育科学的普遍概念和原理才能阐述远程教学和学习。"开放与远程教育的最终归宿是与传统教育的重新归并和统一,而不是完全分离和并行发展。教育界的任务是要创造一体化的教育学,即一体化的教学理论和学习理论,而不是两种教育学理论。"

无论是革命学派的"不能把校园教育与远程教育截然分开"的观点，还是谱系学派"你中有我、我中有你"融合发展的观点，抑或趋同学派关于远程教育与传统校园教育一体化的教学理论和学习理论，都对我国远程高等教育与高职教育的融合发展提供了重要的理论依据。

### 三、远程教育与职业教育融合发展的实践途径

远程高等教育与高职教育融合发展的命题成立与否，在我国学术界还存在着不同的看法。用辩证思维和发展的观点来看，远程高等教育与高职教育的融合发展，不仅是我国高等教育体制改革和教育学发展的需要，而且还具备一定的实践基础，尤其是在"开放大学体制改革试点"中，两者的融合具有重要的理论意义和实践意义。

#### （一）充分利用远程高等教育与高职教育融合发展的实践成果

从20世纪90年代起，澳大利亚政府积极鼓励传统院校开展分散灵活的校外教育和开放学习，倡导建立校内与校外教育综合一体化的体制和教育学理论。与此同时，英国的一些传统大学也开始介入远程高等教育。20世纪末，我国的传统高校出现了争相举办远程高等教育的热潮，67所高校的网络教育发展到今天不能不说是与远程高等教育融合发展的成果。尤其是在进入21世纪后，在我国44所省级广播电视大学或开放大学中，基于适应地方经济社会发展和自身创新发展的双重需要，已有22所利用举办多年的普通专科教育建立新的高职学院，以一体化的教育学理论探索实践远程高等教育与高职教育融合发展的新路子，不但得到了地方政府的认同，同时也得到了国家教育行政部门的认可，并取得了双赢的良好办学效益，呈现出蓬勃发展的势头。省级广播电视大学、地方开放大学与高职学院整合建构的大学实体，已在以下两个方面实现了初步融合：

（1）管理体制融合。在22所省级广播电视大学、地方开放大学与高职学院并行设置的大学实体中，除四川华新现代职业学院属于民办性质外，其余都属于政府举办的全民所有制高等学校，实行的都是"一套班子、两块牌子"，即省级政府领导，教育行政部门管理的体制。这些院校不但具有合法的地位，而且还实现了在一个大学实体里两类教育管理体制的初步融合。

（2）运行模式融合。通过远程教育与高职教育资源整合建立的大学实体，都能根据自身资源状况和条件，采取比较切合实际的统分结合、主补结合、一体办学、各具特色的运行模式。统分结合的院校，由学校统筹规划和安排事业

发展，对远程教育和高职教育两类教育办学分别配置资源并建立相应的教学和教学管理机构，分类实施。主辅结合的院校，学校的办学和资源配置则根据不同校情，或以远程教育为主，或高职教育为主。一体办学的院校，其教学工作除遵循远程教育和高职教育不同的规律与教学特点外，其机构设置、资源配置、教学管理等均不分电大和高职，实行一体化运行。

### （二）抓住开放大学建设为远程与职业教育融合提供的契机

2010年，国家教育规划纲要颁布实施，明确提出了"办好开放大学"，搭建终身学习"立交桥"的战略任务。在国务院"开放大学体制改革试点"的推动下，国家和北京、上海、江苏、广东、云南开放大学应运而生，但建设什么样的开放大学，一直成为社会关注的热点。江苏、广东、云南在开放大学建设中，融入了高职教育的内容，这不仅彰显了终身教育开放、灵活、全纳的理念，而且还强化了地方开放大学建设的基础，适应了公民终身学习的多样化需要，并为我国发挥远程教育优势、打造职业教育特色、建设地方开放大学积累了宝贵的经验。

建设地方开放大学，有多种模式可供选择，但最关键、最重要的是能够以更加开放的模式，最充分地利用有限的教育资源，最大限度地为全体人民的终身学习提供多样化的机会和条件。运用一体化的教育学理论，以远程高等教育与高职教育的融合发展为特色，建设差异化、特色化发展的地方开放大学，不失为一条重要途径，美国、加拿大、澳大利亚等发展高等教育的经验已经充分说明了这一点。

利用建设开放大学的历史性机遇，促进远程高等教育与高职教育融合发展，需要破除影响不同类型教育融合发展的理念羁绊和制度障碍。对此，教育部应以贯彻落实党的十八届三中全会"试行普通高校、高职院校、成人高校之间学分转换，拓宽终身学习通道"的决定为契机，深入推进高等教育办学体制改革，在终身教育理念的指导下，制定更加开放的政策和措施，支持地方政府在开放大学建设中开展远程高等教育与高等职业教育融合发展的探索和试验。已把高职教育纳入学校办学整体规划建设的地方开放大学，应充分发挥体制优势和信息技术的作用，率先展开远程高等教育与高职教育融合发展的探索与实践。需要建设地方开放大学的地方，也应以开放、全纳、终身的教育理念，充分利用高职教育资源建设地方开放大学，提升服务全民终身学习的能力。

### （三）发挥资源整合优势推进远程教育与高职教育融合发展

所谓的资源整合优势，是指在我国已经实现远程高等教育与高职教育两类院校合并建立了一个大学实体的高等学校,或在地方开放大学建设中,有可能整合广播电视大学和地方高职院校资源,建设新型开放大学而形成的资源整合优势。这类院校在管理体制上已无障碍可言,自身有追求管理效益最大化、提高人才培养质量的强烈愿望,也有推进两类教育融合发展的改革诉求,理应大胆探索实践,打造我国远程高等教育和高职教育融合发展的特色。

(1) 以一体化教育学理论统揽运行设计。在地方广播电视大学与高职院校合并的大学实体中,不少院校在探索建立适应两类教育管理模式的过程中,由于思路不清也走过一些弯路,如有的在学校内部管理体制、机制设计上,把远程高等教育与高职教育的管理从机构设置到内涵建设对立起来,机构设置时分时合,内涵建设"各唱各的调",始终找不到一种能够争取管理效益最大化的优选办法。分析其原因,主要还是高职和电大"两张皮"的思想在作祟,学校办学运行管理缺乏一体化的运行设计与统筹。要实现远程高等教育与高职教育融合发展的管理学目标,关键是要以终身学习理念为统领,以一体化教育学理论为支撑,以实现办学管理最优化和效益最大化为目标,一体化设计学校办学运行的制度和模式,在综合考虑两类教育自身特点的同时,统筹院校运行管理,力求能统则统,一体运行,强化过程监控,确保运行的质量和效益。否则,这两类教育在一个大学实体中虽然有体制上的优势,但也很难融合发展,形成新的办学特色。

(2) 从专业和课程入手推进两教融合。专业和课程是高等学校传播学科知识的载体,也是远程高等教育和高职教育培养人才的核心要素,要促进远程高等教育与高职教育的融合发展,必须从专业与课程建设入手。远程高等教育以应用型人才培养为目标,高职教育以培养高素质技能型人才为目标,在人才培养目标上,这两类教育大同小异,没有本质上的区别。在教学方式上,高职教育仍然是按传统的以教师为中心的集中面授教学,而远程高等教育却是以学生为中心,支持个别化自主学习,两者的差别较大。但必须看到,以学生为中心的教育理念及其教学实践正在发展成为国际高等教育的新潮流,不少传统大学纷纷转型,以学生为中心组织教学,高职教育已与远程高等教育构成了新的大学实体,应该学习先进的教育理念,向以学生为中心的教学实践转化。另外,高职教育在专业、课程、师资、实训等方面明显强于远程高等教育,远程高等教育也应充分利用高职教育的资源和优势促进自身的改革与发展。充分考虑两类教育不同的优势和特点,以一体化教育学理论为支撑,建设可共同设置的专业和课程,促进资源共享,不仅有利于远程高等教育与高职教育相互取长补短、衔接融合,还有利于推进远程高等教育的专业和课程改革,培育远程高等教育与高职教育融合发展的新特色,创建新的大学学习文化。

(3) 把人才培养模式改革放在突出位置。远程高等教育与高职教育人才培养目标的相同或相近为推动这两类教育人才培养模式改革打下了基础。趋同学派理论认为，远程教育也需要适当的面授教学，传统教育也应更多地采用教育技术、教学媒体，教学日益强调学生自学，这就为远程高等教育和高职教育人才培养模式的融合创造了前提条件。我国的一些远程高等教育与高职教育合并的院校，在高职教学中采用面授教学与在线学习相结合的混合教学模式，在远程教学中强调学生自主学习的同时辅以适当的面授教学，不但提高了人才培养的质量，还促进了学生学习能力的提升，这就是很好的证明。改革高职教育人才培养模式，在保持工学结合的基本教学格局的情况下，更多地在高职教学中注入远程教学的元素，构建"面授教学+在线学习"的混合学习模式，不但有利于深化高职教育"在学中做，在做中学"的内涵，还可使高职教学在工学交替过程中变理论教学与实训实习的脱节为统一，真正达到"在学中做，在做中学"和"学"与"做"融为一体的境界。改革远程高等教育人才培养模式，是在坚持以学生自主学习为中心的前提下，针对远程教育学生客观存在的学习困难，由学校利用高职教育的师资力量，开展适当的集中面授教学，以帮助远程学习者知识建构的系统化，解决远程学习的难点和疑点问题，提升远程学习的效果和人才培养的质量。采取"面授教学+在线学习"的混合学习模式，可使远程高等教育与高职教育的人才培养模式并合为一，在保证人才培养质量的同时让学生学会学习，这也是终身学习的本质所在。

(4) 大力推进教育与信息技术的深度融合。在当今世界，"网络的工具理性日益被推崇和提升"，网络信息技术已成为推动教育改革和创新的革命性力量，应该看到"网络学习已经成为人们获取知识的主要方式之一"，要促进远程高等教育与高职教育融合，必须充分发挥网络信息技术的作用。一是统筹规划教学信息化基础设施建设。在一个大学实体的院校内，高职教育的信息化水平明显滞后于远程教育，这是一个较为普遍的现象。要促进远程高等教育与高职教育融合发展，必须统筹规划教学信息化基础设施建设，重点是要建设好高职教育教学所需的信息化基础设施，如网络接入、学习终端、数字化资源等。二是着力提升高职教育师生的信息素养。信息素养是终身学习的基础能力，要像远程高等教育那样，十分重视对从事高职教育教学、管理、服务的人员及其学生信息素养的培训。三是利用信息技术和方法，推进高职教育教学模式改革。如改革以教学班为单位的课堂面授教学为利用校园网络进行教学，把在线学习纳入课程教学计划，在学生到工厂、企业实习、实训期间，开展在线远程指导、答疑、解惑，对通识课程实施在线考试等，以打破校园面授教学的传统模式，构建"面授+在线学习"的新模式，进而创新大学办学育人模式，培育大学新的办学特色。

## 参考文献

[1] 杨宗仁. 国外高等教育分类及对我国的启示 [J]. 兰州交通大学学报, 2011 (9).

[2] 吕静, 陈啸. 欧美高等教育分类的比较研究及对我国的启示 [J]. 合肥学院学报：自然科学版, 2011 (4).

[3] 武书连. 再探大学分类 [J]. 中国高等教育评估, 2002 (4).

[4] 王怀宇. 中国高等教育分类中的几个现实问题 [J]. 北京教育：高教版, 2005 (3).

[5] 瑞德·罗尔. 远程和基于信息技术的教育：高等教育能力发展和质量发展的关键 [J]. 中国远程教育, 2006 (5).

[6] 余小波. 成人高等教育概念的诠释 [J]. 长沙理工大学学报：社会科学版, 2006 (2).

[7] 丁兴富. 远程教育比较研究的分类学理论 [J]. 中国远程教育, 2001 (5).

[8] 张茂聪. 网络文化对我国青少年道德发展的影响 [J]. 山东社会科学, 2012 (81).

[9] 张豪锋, 李海龙. 网络学习障碍分析及其对策研究 [J]. 河南师范大学学报：哲学社会科学版, 2011 (3).

第四部分 远程教育内涵建设

# 远程教育在城乡统筹发展中的作用[①]

国家批准在重庆建立城乡统筹发展综合配套改革试验区，给重庆带来了新的战略性发展机遇。充分发挥电大远程教育的优势，促进重庆城乡统筹发展，对打造西部教育高地，推动长江上游经济中心建设、实现在西部"率先"建设全面小康社会的目标具有十分重要的意义。本文试对这一问题进行探讨。

## 一、城乡统筹发展与远程教育使命

统筹城乡发展，打破城乡经济"二元"分割的格局，实现城乡发展的均衡化，是重庆在西部"率先"建设全面小康社会的客观要求，同时也为电大远程教育的可持续发展创造了新的历史性机遇。主动适应经济社会发展需要，为重庆城乡统筹发展培养多样化的应用型人才，是电大远程教育在新的历史条件下的重要使命。

### （一）城乡统筹发展的基本内涵

所谓城乡统筹发展，就是按照科学发展观的要求，通盘筹划城市和农村的发展，通过社会资源在城乡的合理配置，打破城乡经济"二元"分割的格局，缩小城乡之间的差别，实现城乡发展的均衡化。统筹城乡发展，必须充分认识到"发展"是"统筹"的前提和基础，只有坚持"发展"，才能实施"统筹"；"发展"是目的，也是一切工作的出发点和落脚点。"统筹"不是"统一化"或"同一化"，也不是"城乡混合"，而应当是一种"整合"与"融合"，是推动发展的"手段"或"技术路线"。"城乡统筹"不是"城乡一体"，"均衡化"也不等于"均等化"。"统筹城乡发展"是在承认城乡差别的前提下，从总体上谋划区域经济与社会的发展，致力于城市与农村发展的良性互动和双赢共进，以不断提升区域的核心竞争力，促进区域经济与社会的协调、和谐发展。

### （二）客观存在的城乡发展差异

重庆既是大城市又是大农村，城乡二元经济结构的特征十分突出，这种差

---

[①] 本文发表于《中国远程教育》2008年第2期。

异可以从城镇化发展水平、居民人均可支配收入、劳动人口接受教育的年限与文化构成等直接反映经济社会发展状况的指标看出：2006年年末，重庆市常住人口2 808万，其中城镇人口1 311.29万，城镇化率仅46.7%，略高于全国的43.9%，但远远低于上海、北京、天津的88.71%、84.32%、75.7%。而在重庆市范围内，主城6区的城镇化率已达到100%，最低的巫溪和酉阳却仅有17.2%，差距悬殊。2006年，全市GDP实现3 486.2亿元，人均劳动生产总值达到12 437元，城市居民人均可支配收入达到11 570元，而农村居民人均可支配收入只有2 874元，城乡居民人均可支配收入相差3倍多。[①] 2005年重庆市1%人口抽样调查显示，全市劳动力人口平均受教育年限仅7.7年，其中城镇达到9.3年，农村仅6.5年。高中以上文化程度占劳动人口总数的15.5%，其中城镇达到了31.1%，接近全国平均水平，乡村却只有4%，约为城镇的1/8，差距悬殊。数据表明，城乡经济与社会发展的严重不平衡已经成为制约区域经济发展的关键性因素。实施统筹城乡发展战略，加快工业化、城镇化、农业产业化进程和农村剩余劳动力转移，充分发挥教育的功能和作用，强化对"守土"和"进城"农民的素质提升和技能培训，对于加快重庆区域经济发展、率先实现建设全面小康社会的目标具有特别重要的意义。

（三）远程高等教育的历史使命

统筹城乡发展，涉及一定区域经济与社会发展的各个领域，现代远程高等教育也不例外。统筹城乡发展，一方面给现代远程高等教育的发展开辟了广阔的前景，另一方面也赋予了现代远程高等教育新的责任。如何适应区域经济与社会发展的需要和求学求技者的需要，把沉重的人口负担有效地转化为丰富的人力资源，无疑是现代远程高等教育在新的历史条件下的重要使命。

远程高等教育是指学生与教师、学生与教育组织之间主要采取多种媒体手段进行系统教学和通信联系的高等教育形式。与传统教育相比，以现代信息技术、多媒体技术、网络技术为主要手段和教学环境的现代远程教育，具有远程性、开放性、灵活性、多样性、效益性等特点，特别适合大规模劳动人口的素质提升和学历结构改造，因而受到世界各国政府的普遍重视。

重庆城乡二元结构经济特征突出，区域经济发展极不平衡，三峡库区、民族地区、边远贫困山区经济相对落后，且农业人口体量大、素质差，特殊的区情条件和时代进步的要求迫切呼唤远程高等教育发挥应有的作用。在推进城乡发展的改革洪流中，各类远程高等教育院校都具有责无旁贷的责任，可通过人才培养、技能培训、教育服务功能的发挥，努力培养经济与社会发展急需的应

---

① 数据来源于2006年重庆市国民经济和社会发展统计公报。

用型专门人才,为农村劳动力转移提供技能培训,为城乡居民素质提升和知识结构改造提供教育服务。无数事实表明:只有通过多样化的人力资源开发,才能把沉重的人口负担转化为新的人力资源,为重庆的新一轮发展夯实基础,提供智力支撑。

## 二、电大的迅速发展与独特优势

进入21世纪以来,重庆现代远程教育展现出蓬勃发展的势头,高校网络教育兴起,境内教育培训机构进入重庆,电大远程开放教育迅速发展,形成了远程教育百花竞艳的格局。在各种形式的远程教育中,重庆广播电视大学以其独有的系统办学优势、整体规模效益、高教大众化贡献率和服务当地经济与社会发展的综合能力发挥着主力军的骨干作用,已经成为我市统筹城乡发展十分重要的高等教育资源。

### (一)电大教育的蓬勃发展

针对重庆大城市大农村并存,城乡二元经济结构突出,高等教育资源主要集中在主城区,区县农村特别是三峡库区、边远山区、少数民族地区人才匮乏的市情特点,重庆电大坚持面向基层农村、边远山区、三峡库区、少数民族地区办学的方向,加快了教育教学改革步伐,极大地推动了远程开放教育的发展。

一是优化和完善了覆盖全市40个区县、伸入乡镇农村的远程教育办学网络。由49所区县、行业电大分校、教学管理工作站和300多个基层教学点构成的远程高等教育网络,在一定程度上改变了重庆高等教育资源主要集中在主城区的不合理布局,适应了高等教育弱势群体和基层农村、边远贫困地区求学者就近在职学习的需要,为彰显教育公平、促进区县经济建设与社会发展做出了贡献。

二是构建了由卫星电视传输网、计算机城域网以及由重庆市和各区县电大、教学点有机联系的管理系统组成的"天网地网人网结合,三级平台互动"的现代远程教育技术平台,形成了适应学习者个性化自主学习的网络环境,使电大远程教育成为统筹城乡发展不可或缺的重要教育资源。

三是服务经济社会发展的能力大为增强,以远程开放教育为主体的多种形式办学,为区域经济与社会的发展提供了重要的智力支撑。重庆电大自建立以来,已为重庆经济社会发展培养了近15万名本、专科毕业生,常年在校生规模保持在8万人左右,约占全市高等教育大众化的两个百分点,也就意味着全市常住人口每1 000人中,就有2.8人在电大参加学习。电大在农村劳动力转移培训、干部电视远程培训等大规模社会化培训，以及为高校网络教育、行业和企业考试、认证培训等提供的远程教育服务上，都取得可喜的成果，引起了社会的强烈反响，受到政府的关注。

### （二）电大教育的独特优势

区别于传统教育和网络教育，电大远程开放教育在改革中发展，在发展中调整，形成了自身的独特优势，归结起来，主要表现在以下五个方面：

（1）低成本优势。即以少量的投入培养大量的应用型专门人才，获得人才培养的规模效益。数据统计分析显示，重庆电大2007年生均支出仅765.3元。电大高等教育人才培养的低成本大大降低了政府的财政支出，有效节省了政府的教育投入，这是其他任何高校都无法与之相比的。

（2）贴近社会优势。通过近30年的发展，重庆电大的办学网络已伸入到乡镇社区、机关学校、企业农村，电大品牌进入千家万户，贴近社会基层组织。电大在服务社会中已把触角伸入到社会的每一个角落，能够及时准确地反馈社会和求学者的需求，通过主动适应而使自身的办学更具针对性。

（3）集群办学优势。一所电大的力量固然微不足道，但在一个省级行政区域，电大的服务和力量表现却是以系统集群的方式出现的，哪怕是对任何一个学生的服务，都是通过系统的一体化运作来实现的，使学习者能够享受到优质的教育服务。重庆电大在区县设置的任何一所分校或者是教学工作站，只要凭借电大系统的资源优势进行一体化运作，都可以为当地培养出合格的应用型高等专门人才。

（4）市场应变优势。社会经济发展，产业结构调整变化，成人学历文凭由过度需求向结构性需求转化，使重庆电大的办学与市场教育需求紧紧地连在了一起。主动适应，按需办学，形成了电大独特的市场抗风险能力。利用专业设置多、教学资源丰富、办学方式灵活、技术手段先进等有利条件，应对市场需求变化，使学校始终保持发展的活力。

（5）支持服务优势。实用、周到、快捷的学习支持服务，是顺利开展电大远程教育的关键。为了帮助学生的学习，重庆电大专门建立了导学中心，抽调一批责任心强、熟悉远程教学规律和现代教育技术的专业教师担任各门课程的责任教师，开通网上导学、网上答辩，开展学习方法指导、学习技能培训、学生心理咨询等服务，帮助学生完成学业。

### 三、发挥电大远程教育优势推动城乡统筹发展

辩证唯物主义认为，人是生产力中最能动、最富有革命精神的要素。统筹

城乡发展,必须把人的素质提升和知识结构改造特别是农村劳动人口的素质提升和知识结构改造摆在突出的位置。利用远程教育的优势和条件,加快城乡居民的知识素养和职业技能培训,为城乡统筹发展提供智力支持,这无疑是广播电视大学在新的历史条件下的重要任务。

## (一)构建重庆市城乡统筹远程教育平台

重庆电大通过参与"中央电大人才培养模式改革和开放教育试点"项目研究,构建了由远程教育双向视频教学系统、计算机城域网、重庆电视台教育频道电大教学时段构成的现代远程教学平台,为构建重庆市城乡统筹远程教育平台打下了坚实的基础。充分利用电大远程教学平台的网络和资源,结合在市信产局立项的"重庆市城乡统筹远程教育中心建设与示范研究"项目的实施,整合重庆电大系统远程教育资源,构建适应城乡统筹发展需要的、具有较高信息化水平的重庆市城乡远程教育平台,为开展学历教育培养应用型高级专门人才、面向农村和城乡居民开展教育与培训服务提供技术支持和保障。

## (二)办好学历教育加快培养应用型人才

城乡统筹发展,需要大批的专业技术人才。随着城镇化进程的加快,城市不断新生的求学者、大批"离土进城"的农村务工人员要适应就业、转岗和发展的需要,因此他们迫切需要提高文化层次、专业水平和职业技能;"留土"或"返乡"的农民,要适应农业产业化发展、建设新农村的需要,也要求提高自身的科学文化水平;成人高等教育由过度的学历文凭需求向结构性需求转变等,都为电大远程教育应用型人才培养开辟了新的前景。发挥电大远程教育优势,面向基层农村、三峡库区、边远山区和民族地区,利用电大远程开放本专科学历教育、成人高等教育、高职高专教育、网络教育等多种资源和信息化技术手段培养应用型专业技术人才,为重庆城乡建设和发展,特别是区县和中小企业、基层企事业单位的发展,提供强有力的人才支持和智力支撑,以适应城乡统筹协调发展和市民求知、求技、求学的需要。2010年,力争把电大在校生人数占全市常住人口总数的比例从目前的千分之二点八提高到千分之三点三。

## (三)面向农村和农民实施远程培训工程

统筹城乡发展,必须把农民的素质提升和技能培训摆在突出的位置,把电大的资源优势转化为促进农村发展的智力资源,面向农村和农民实施远程培训工程,可以起到事半功倍的效果。

(1)继续实施"一村一名大学生"计划。在此之前,重庆电大已在全市的8个区县300多个乡村开展"一村一名大学生"培训计划,收到了很好的效果。今后要继续实施"一村一名大学生"培训计划,进一步加强与区县组织、农业、扶贫等部门的联系与合作,扩大培训试点范围,力争为全市600多个乡镇每村至少培养一名掌握基本理论和知识、具有过硬的农业技术或农村经营管理技能的专门人才和科技带头人。

(2) 配合开展农村信息官与信息员培训。加强与市信产局合作,全面实施"重庆市城乡统筹远程教育中心建设及示范应用"项目,利用电大遍布巴山渝水,延伸到农村乡镇的办学网络和远程教育资源,力争用三年时间为全市的每一个乡镇培训一名信息官,为每一个行政村培训一名信息员。通过人才培养,打通了现代信息技术进入农村的渠道,并使现代信息技术真正成为农民发家致富的"千里眼"和"顺风耳"。

(3) 大力开展农村劳动力转移技能培训。建立和完善农民工职业技能培训体系,充分发挥电大办学优势,积极配合政府开展"农村劳动力培训阳光工程、温暖工程",大力开展农村劳动力转移培训,努力将农村劳动力转移培训打造成为重庆电大非学历继续教育培训的品牌项目。要在全市电大推广政府资助、学校和企业参与的"订单式"培训方法,根据企业需求,定向培养农民,提高农民的就业技能、相关知识和礼仪,让"离土"的农民带着一技之长进城,让"进城"的农民能更好地融入城市生活。

(4) 继续开展农村中小学教师技能培训。按照市教委的要求,继续抓好农村中小学教师的通识培训和"走进新课堂"等的技能培训。充分发挥区县电大与教师进修校整合后的资源优势,大力开展农村中小学教师的继续教育,不断提高农村中小学教师的专业水平和业务技能。

### (四)构建适应市民终身学习的服务体系

适应终身教育体系和学习型社会建设的需要,利用电大远程教育网络和多种媒体教学资源,努力构建覆盖全市城乡的终身学习远程服务平台。进一步加强基层电大和教学网点建设,把办学网络伸入到基层乡镇、社区学校、机关企业,建设起覆盖社区和农村、辐射到户、服务到人的远程学习网络。积极参与城市社区教育,利用电大现代信息手段和教育技术,拓展社区教育服务的功能,深入开展社区教育活动,适应城乡居民素质提升和提高生活质量的需要。配合教育部"数字化学习社区的建设与示范"项目的实施,在有条件的地方支持基层电大积极参与"数字化学习型社区""数字化学习型乡镇"的建设试点。配合政府有关部门,在条件较成熟的地方组建社区学院,组织开展社区继续教育、岗位技能培训、下岗职工再就业培训等,努力探索和构建具有电大远程教育特色、适应城乡居民终身学习的远程教育服务体系。

## (五)面向社会开展大规模的岗位技能培训

充分利用重庆电大业已形成的网络和资源优势,以社会需求为导向,以项目开发为重点,以计算机网络、卫星教育网络和重庆电视台教育频道电大教学节目时段为主要手段,以适应社会多样化的需求为目标,大力开展面向社会的岗位技能培训、专项培训、考试认证培训等,为提高城乡居民岗位职业技能做出贡献。当前,要重点抓好在职人员的计算机技能培训;充分发挥重庆市干部远程教育培训点的功能和作用,认真做好干部远程培训工作;积极配合市教委、市农业局等政府部门,开展中小学生素质拓展教育和农村实用技术培训;适应市场需要,继续开展注册会计师、婴幼儿早期护理师培训;针对社会老年化趋势,不断开发适合老年人提高生活质量、有利于老年人身心健康的培训项目。

## 参考文献

[1] 2006年重庆市国民经济和社会发展统计公报 [OL]. 重庆市统计局,2007.

[2] 2005年重庆市1%人口抽样调查报告 [OL]. 重庆市统计局,2006.

[3] 重庆市劳动力资源状况分析 [OL]. 重庆市人民政府公众信息网,2007.

[4] 余善云. 中央电大"总结电大历史经验,看省电大发展走向"研究报告 [R]. 中央电视广播大学,2007.

[5] 刘建生. 远程教育打造西部教育高地的优势 [J]. 现代远程教育研究,2007(5).

# 远程教育创新与西部教育高地建设[①]

## 一、引言

人类社会进入21世纪后,随着科学和技术的进步与发展,信息社会正在由一个抽象概念发展成为现实。国家间和国内利用信息通讯技术进行的交流更为迅速和广泛。基于卫星和互联网的现代通讯使不同国家或地区的人们能够进行视频交流,增进了解,这在人类历史上是前所未有的。便捷的交通和电信的进步缩短了世界各地间的距离,使世界正在变成"地球村"。

在既相互依赖又相互竞争世界中,教育成为影响发展的首要因素,发展的关键则是人的发展与知识的丰富。一方面,社会只有通过教育构筑知识基础,培养有知识的人,才能自立、持续发展,并具有竞争力;另一方面,科技的不断进步需要人们跟上发展的步伐,从而要求社会中的每一个人都必须不断地学习知识,接受终身教育,进行知识的结构改造和更新。一个不争的事实是,在竞争日益激烈的世界里,国家必须具有丰富的、拥有知识和受过教育的人力资源才能够在竞争中获胜。各国政府基于教育对经济、社会发展具有重大贡献的认识,纷纷通过教育体制改革,积极推动教育从传统的精英教育向更为开放和多样化的方向发展,为未来社会的发展奠定基础。在高等教育领域,改革也同样推动了远程教育的发展。在远程教育迅速发展的过程中,开放大学则采用更为先进的教学信息传输系统,利用一体化的媒体和先进教育技术,以更高的效率使更多的人接受高等教育。在先进教育技术和知识媒体支持下,终身教育的理念正在变成现实,而与之相适应的远程教育开放式的学习方式也得到社会的普遍认同。运用远程教育方式和手段促进教育的开放,已经成为我国教育改革和发展的潮流。以最少的成本取得最大的社会效益,使更多的学习者得到以往不可能得到的优质教育资源,同时也促进整个社会教育水准的提高和整个受教育者水平的提高,已成为教育界的共识。电大的创办和开放教育的成功实践,使远程教育在中国成为与传统教育相对应的新的教育形式。在重庆,以重庆广播电视大学(以下简称"重庆电大")为代表的现代远程教育,正在西部教育高地的建设中发挥着越来越重要的作用。

---

① 本文发表于《中国远程教育》2009年第4期。

## 二、重庆教育的历史使命

2007年3月8日,胡锦涛同志发表重要讲话,要求把重庆加快建成西部地区的重要增长极、长江上游地区的经济中心、城乡统筹发展的直辖市,在西部地区率先实现全面建设小康社会的目标。胡锦涛同志对重庆未来发展提出的要求和战略性部署为重庆的发展指明了方向、带来了新的机遇、开辟了新的前景。为贯彻落实胡锦涛同志对重庆发展的总体部署,促进重庆经济、社会、教育、文化的跨越式发展,2008年1月,重庆市人民政府结合建设城乡统筹发展的直辖市和创新型城市的需要,规划部署把重庆建设成为长江上游的金融中心、商贸物流中心、综合交通枢纽、自主创新高地、教育人才高地和文化高地,实现六大功能领先西部,以大幅提升城市核心竞争力,提高重庆在西部的集聚、辐射、带动能力。重庆经济建设和社会发展的提速对教育也提出了更高的要求。教育是先导性、基础性的知识产业,对经济社会的发展起着重要的支撑作用。随着重庆工业化、市场化、城镇化、国际化战略的深入实施,以及重庆经济结构、产业结构、社会结构的调整变化,及其引起的就业结构变化,人力资源建设将成为重庆"率先实现"全面小康社会和"领先西部"发展目标的关键性因素。在这一过程中,重庆高等教育肩负着重要的历史使命。

改革开放30年以来,特别是直辖10年多来,重庆教育发展实现了历史性跨越。截止到2007年,全市"两基"工作通过国家验收,"两基"人口覆盖率达到100%;初中毕业生升入高中阶段学校的比例达到84.5%;高等教育进入大众化阶段,毛入学率达到23%;职业教育和成人教育稳步推进,远程教育特色明显,全市人均受教育年限提高到8.4年①。虽然重庆的教育发展很快,并在"科教兴渝"和创新型城市建设中发挥了重要作用,但必须看到,无论是重庆教育的整体发展水平,还是全市城乡居民的整体素质和竞争力,与京、津、沪三直辖市相比都还存在着较大的差距。高水平大学建设、高等教育在校生与人口的比例,高等教育大众化水平等重要指标,与同属西部的陕西、四川相比,也还存在一定差距。加快重庆教育的改革发展,把重庆建设成为西部的教育高地、长江上游的教育中心,不仅是重庆教育发展的内在要求,也是重庆"率先实现"全面小康社会和"领先西部"发展的客观需要。而所谓的教育高地,就是指重庆的整个教育,其体系、规模、水平、质量、功能、作用应高于西部其他11个省区的一般标准或平均程度之上。

经验表明,无论是建设西部教育高地和长江上游教育中心,还是重庆"率先实现"全面小康社会和"领先西部"发展,都必须以城乡居民整体素质和竞

---

① 数据来源于重庆市统计局。

争力的全面提升为基础，没有城乡居民，特别是基层、农村、库区、民族地区居民整体素质和竞争力的全面提升，重庆就不可能实现既定的发展目标，而在这一过程中，以电大为主体的重庆现代远程教育将发挥不可替代的重要作用。

### 三、远程教育创新与特色

1995年，亚洲开放大学学会（AAOU）章程将远程教育定义为"学生与教师、学生与教育组织之间主要采取多媒体手段进行系统教学和通讯联系的教育形式"。远程教育在重庆的发展，经历了以邮政信函为主要媒体的函授教育、以广播电视为主要媒体的广播电视教育和以互联网、数字卫星、电子通讯为主要媒体的网络教育三个发展阶段。进入21世纪后，以应用网络技术、通讯技术、多媒体技术为主要教学手段的现代远程教育在重庆迅速发展，并成为重庆市高等教育的重要组成部分和创新型城市建设的重要力量。

重庆现代远程教育的发展，以1979年电大创办为标志，以2000年后教育部先后批准电大开展开放教育，西南大学、重庆大学开展网络教育为转折。截止到2007年，全市远程教育在校学生总规模达12万余人，其中电大65 803人，西南大学46 968人（含市外学生），重庆大学9 694人（含市外学生），市场经济总规模达2亿多元人民币。形成了卫星电视教育网络与计算机教育网络相结合，以网络环境为技术平台，电大开放教育为主体，西南大学、重庆大学网络教育蓬勃发展，中国人民大学、浙江大学、中南大学、湖南大学等12所高校在渝开展的网络教育、奥鹏远程教育公共服务体系学生为补充，远程学历教育与非学历继续教育并举，专科教育与本科教育协调发展的格局。

由邓小平同志亲自批准创办的广播电视大学，伴随着中国改革开放的历史进程，在促进我国高等教育改革、服务国家现代化建设中取得了巨大成就，在构建全民终身学习的学习型社会中发挥着越来越重要的作用。2008年1月31日，国务委员陈至立在教育部召开的纪念邓小平同志批示创办电大30周年暨推进国家终身教育体系建设座谈会上指出：创办电大是邓小平优先发展教育、多出人才快出人才、教育现代化、发展高等教育"两条腿走路"教育思想的伟大实践，是中国高等教育发展史上的伟大创举。电大创办30年来，各级电大为增加人民群众接受高等教育的机会，为加快我国高等教育大众化进程，为我国终身学习体系的建设，做出了巨大贡献。

远程教育的发展，首要的是以适应当地经济建设和社会发展的需要为前提，并在与地方经济建设与社会进步融合中彰显特色。重庆广播电视大学办学30年，为重庆经济建设和社会发展培养输送了本专科毕业生近15万人，目前各类本、专科在校学生已达91 760人，按2007年重庆市常住人口2 816万人计算，重庆每万人中就有电大毕业生53人、在校生32.5人。2005年以来，电大学生已连续三年占全市高等教育毛入学率的两个百分点，由此可见，电大教育与重庆经济建设和社会发展的融合程度已是相当的深入。

办学30年来，重庆广播电视大学始终以创新为动力，并在创新中发展，构建了与传统教育相对应、具有开放和现代化特色的现代远程教育体系，成为重庆建设西部教育高地和长江上游教育中心的重要力量。重庆电大远程教育创新，最主要的是人才培养模式创新和发展模式、办学模式的创新。

通过30年的探索和实践，特别是通过开放教育的探索和实践，重庆广播电视大学逐步形成了以适应经济社会发展为目标，以适合从业人员学习需求的专业和课程为内容，以整合优化的学习资源为基础，以网络学习环境为支撑，以学习者自主学习为主要方式，以严格而有弹性的过程管理为保障的开放式人才培养模式。其基本特征是：理论实际融合，多方资源整合，多种媒体组合，天地人网结合。2005年11月，教育部组织专家组对重庆电大的人才培养模式进行了评估验收。重庆广播电视大学在发展模式上的创新，是以重庆经济社会发展对人才的需求为动力，积极推动办学从长期单一的成人高等教育的转型，形成了以远程开放教育为主体、高等职业教育和非学历继续教育为两翼的"一体两翼"发展模式。其基本特征是：主体明确，两翼齐飞，资源共享，协调繁荣。

重庆广播电视大学在办学模式上的创新，即推动学校以管理为主向办学、管理、服务并举的实体转型，通过远程教学平台、电大办学体系、合作分享机制，形成覆盖全市、深入基层、天地人网结合、两级电大配合、独具远程开放特色的办学模式。其基本特征是一体化、信息化、网路化。

### 四、教育高地的建设策略

要把重庆建设成为西部的教育高地和长江上游的教育中心，从总体上讲，就必须完善两大体系，推进"三化"建设，抓好四项工作。即形成发达的现代国民教育体系和完备的终身教育体系，推进基础教育的普及化、高等教育大众化、高水平大学的精英化，抓好统筹规划、落实措施、共享资源、促进成教改革等方面的工作。

#### （一）统筹规划各类教育的协调发展

按照国家发展目标，到2020年前，要建成全面小康社会。重庆则要在2018年前率先实现这一目标。为此，必须在目标期内综合规划各类教育的协调发展。一是普及小学和中学基础教育，提高城乡居民接受教育的年限，夯实经济发展、社会发展、教育发展、文化发展的基础，发挥基础教育对高等教育的支撑作用。

二是大力发展大众化高等教育，提高城乡居民的整体素质和竞争力。进一步加快远程教育、高职高专教育、本科学历教育的发展步伐，提高高等教育大众化水平，力争在2018年前高等教育毛入学率由2007年的23%提高到35%~40%，保持在西部的领先地位，同时缩小与京、津、沪的差距。三是切实抓好精英化教育，发挥精英教育的高端引领作用。加强"211"大学、"985"大学、国家级重点学科、博士硕士点建设，使精英教育真正"精"起来，发挥精英教育创造知识、支撑发展、引领未来的作用。通过教育的"三化"建设，形成发达的现代国民教育体系和完备的终身教育体系，实现重庆人均受教育年限高于全国平均水平以及人力资源开发、人才培养和科技创新能力居西部领先地位的目标，使教育真正成为人力资源开发、人才培养、科技创新和服务的重要支撑。

### （二）大力推动现代远程教育的发展

基于远程教育能以最少的成本取得最大的社会效益，能使更多的学生得到以往不可能得到的优质教育资源，同时也能促进整个社会教育水准提高的优势，建设西部教育高地和长江上游教育中心，应把现代远程教育的发展摆在十分突出的位置。一是提高对现代远程教育重要作用的认识。远程教育对经济社会发展的独特作用已被世界各国政府所认识，以电大开放教育为主流的现代远程教育，在国家和地方现代化建设中的重要作用已被社会广泛认同。建设西部教育高地，必须克服对远程教育的传统偏见和习惯思维定式，提高认识，统筹规划，加大投入，加快发展。二是尽快改变远程教育机构分散办学的状况。重庆的现代远程教育办学既有高校，也有中小学，高校除电大为专业性远程教育院校外，还有普通高校、市外来渝机构、奥鹏等，资源分散，管理缺失，统筹乏力，应尽快建立重庆远程教育中心，制定行业规范，加强管理，形成整体优势。三是促进远程教育资源的开放与共享。实现远程教育教学资源的开放与共享，降低远程教育成本，是国际远程教育发展的共识。在重庆，远程教育网络精品资源不足、低水平重复建设、资源应用与共享不够的情况比较突出，应加强沟通，开展合作，克服资源开放与共享的体制性、机制性障碍，提高远程教育资源利用的有效性和效益。

### （三）充分发挥电大开放教育的独特作用

电大办学30年，形成了联系社会基层密切、办学网络深入城乡、办学形式开放多样、响应市场需求及时、远程教育经验丰富等优势，充分发挥电大面向基层、面向农村、面向边远贫困地区和民族地区的办学特色，破解城乡二元结构难题，提高城乡居民整体素质和竞争力，为区县经济发展提供智力支撑。同时，为因各种原因失去普通高等教育机会的社会成员、或高等教育的"弱势群体"提供接受高等教育的机会，以教育公平促进社会公平。发挥电大非学历继续教育点多面广、资源丰富、紧贴社会需求实际的优势,大力开展各种专项培训和大规模的社会化培训,努力提高进城务工人员、城市下岗及失业人员、农村剩余劳动力等的职业技能,帮助社会弱势群体提高生存能力,让电大远程教育发展的成果惠及人民,为实现重庆社会的整体和谐做出贡献。

### (四)用远程教育方式改造成人高等教育

现代教育技术和互联网在时空上的强大功能和多媒体教学资源的开发运用,从技术层面上为成人高等教育的教学方式从传统的集中面授、群体学习为主向学生个性化学习为主的转变提供了可能。用现代远程教育的方式和手段,改革成人高等教育,大力推进成人高校教学方式从群体学习为主向学生个别化学习为主的转变,无疑是成人高等教育改革发展的重要方向。通过改革,提高成人高等教育的技术含量,促进成人高等教育的信息化和传统的函授教育、成人高等教育的转型,为建设西部教育高地和长江上游教育中心整合、积聚资源。

## 五、结束语

重庆要"率先实现"全面小康社会和"领先西部"的发展目标,人力资源建设将成为关键性的因素。建设西部教育高地和长江上游教育中心,是重庆"率先实现"全面小康社会和"领先西部"发展目标的重要基础。建设西部教育高地和长江上游教育中心,必须遵循教育发展的基本规律,按照国民教育体系的行业分工,既要建设好高水平大学,以精英化教育引领创新,又要扎扎实实地开展好面向社会大众的大众化教育,以提高全市城乡居民的整体素质和竞争力,为经济社会发展提供具有整体性功能的智力支撑。加快发展以电大为主体的现代远程教育,并将其作为破解城乡二元结构难题、统筹城乡发展和以教育公平促进社会公平、推动经济社会发展的战略性措施,是符合客观实际的科学选择。通过各类教育的科学定位、协调发展,促进重庆建设西部教育高地和长江上游教育中心,进而为重庆率先建成全面小康社会做出贡献。

### 参考文献

[1] 余善云. 现代远程教育理论与实践研究 [M]. 北京:中央电视广播大学出版社,2003.

[2] 陈至立. 充分发挥现代远程教育在建设人力资源强国中的重要作用 [OL]. 中国教育信息网,2008,(1),31

[3] 中央电大. 中央电大人才培养模式改革和开放教育试点总结性评估自评报告 [R]. 2007-03-14.

# 远程高等教育质量控制浅议[①]

## 一、远程高等教育质量控制的制约因素

所谓的质量控制,就是运用科学的手段、方法和技术,对教学过程进行全面设计、组织实施和检查分析的行为。质量控制的根本目的在于保证人才培养的规格质量。要使远程高等教育的质量控制达到预期的目的,就必须对影响教育质量控制的因素进行全面分析。制约远程教育质量控制的基本要素主要包括社会、学校以及学生自身三个方面。

### (一)社会因素

社会因素包括具体化的教育目标和教育宗旨,法律化的教育法令和法规,不同时期社会经济发展对人才的质量要求取向,社会思想、文化、生活方式以及价值标准对师生的影响,社会环境如当地经济发展状况、科学文化水准、道德风貌、就业条件等。

### (二)学校因素

学校因素包括学习风气、质量控制体系和条件。学习风气如教风、学风、校园文化等对人才培养的影响不言而喻,质量控制体系则包括培养目标、教学内容、课程建设、过程管理、支持服务、考试考核、评价评估等方面,以及对教学质量产生影响的质量标准、制度、措施、办法和手段等。质量控制的条件主要是指实施质量控制必需的人力和信息技术水平。质量控制体系是确保人才培养规格质量的核心内容。学校的教师是教学活动的组织者和教学质量的直接控制者,对教学质量控制起着主导作用。学校的教学条件和形成的教学管理水准也是影响教学质量控制的重要因素。

### (三)学生因素

学生因素主要表现为影响教学质量的学生的原有知识基础、智力水平、思想素养、学习态度和学习方法。

---

① 本文发表于《中国远程教育》2005年第5期。

## 二、加强质量控制促进可持续发展

由于我国远程高等教育的办学主体众多,质量控制的情况又十分复杂,各高校面临的质量问题又很不一致,所以要加强办学质量的控制,就必须抓住关键,突出重点,采取有效的措施,确保控制目标的实现。

### (一)实行全面质量管理

全面质量管理,就是要求从事远程高等教育的院校根据自身办学的实际情况,因校制宜,抓住教学过程这个核心及其人才培养全过程的所有环节实施标准化的质量管理;对实施教学和教学管理、技术支持的所有人员提出质量要求;对影响教学质量的环境和因素实施有效监控,努力实现全方位、全过程、全员的质量管理和质量标准化。

对教学过程的管理应根据函授教育、电大教育、网络教育的特点和个性,把着力点放到课程建设和科学管理上。课程建设是远程高等教育质量控制的基础工程,在课程建设中,必须坚持制订课程建设规范,坚持一体化设计与多种媒体综合利用的原则,规范课程建设流程,严格进行质量审查等。同时,还要充分考虑成人学习的认知特点,使编制的文字教材、音像教材、网络媒体、光盘、课件等适合成人学习。对教学过程的科学管理首要的是要根据函授教育、电大教育、网络教育不同的教学特点、方式、技术状况、信息化水平、教学要求等制定严格的管理规范和制度,使一切管理活动有章可循、有规可依。同时,要进一步加强教学过程管理的计划性,克服管理的随意性和盲目性。

实行全员质量管理,就是作为办学主体的远程教育院校,要在全体教职员中加强质量教育,强化质量意识。尤其是在当前社会不正之风侵蚀高校校园、远程高等教育教学质量面临挑战、学校信誉有所下降的情况下,提高全员质量意识就显得特别重要。

要实行全面质量管理,还有一个校园质量环境的问题。要通过校园文化建设和网络文化的营造,加强与社会、学生家长的互动等措施,抵制社会不良风气对校园和学生的影响,努力营建良好的校风、教风和学风。

### (二)实现适度规模办学

要解决远程教育规模与质量的矛盾,保证人才培养的规格质量,当务之急就是要适当控制办学规模,走适度规模发展的路子,从规模上防止办学质量的失控。

要实现适度规模办学,首先,要正确认识办学规模的现状。通过近几年来的连续扩招,全国普通高校全日制教育的办学规模迅速扩张,高校师资队伍的数量和质量、教学基础设施、后勤服务能力都达到了饱和状态,已难以兼顾函授教育和网络教育所需要的师资力量、基础设施等,加上一些成教学院、网络学院在经济利益的驱动下到处盲目设点招生办学,使普通高校有限的教育资源显得更为紧张。从实际情况来看,一些普通高校举办的函授教育、网络教育的办学规模已超过了自身资源的供给和质量控制能力。电大教育开展现代远程开放教育试点后,在校生规模已超过180万人。虽然近年来全国电大系统在教学基础设施建设、信息化建设、教学资源开发及队伍建设等方面都取得了巨大的成绩,但如不注意控制规模,也有可能引起质量失控。必须恰当地把握办学规模的"度"。远程教育办学规模的"度",取决于经济社会发展对人才需要的"量",制约于各办学主体的办学条件和质量控制能力。对规模"适度"的把握,可根据经济社会发展对应用型人才的需求状况,充分考虑函授教育、电大教育、网络教育投资的规模效益,远教资源的有效利用率,以及各办学主体的办学条件和质量控制能力的容纳程度等进行确定。只有真正做到规模和质量的彼此相应,才能有效避免教学质量的失控。需要指出的是,规模适度是一个动态的概念,随着办学条件的改善,办学管理、质量控制能力、信息化水平的提高,适度规模的绝对量就可能增加。

(三)优化质量控制体系

优化远程高等教育的质量控制体系,既要充分考虑成人在职学习的特点,又要充分考虑远程教育的特点,还要结合函授教育、电大教育、网络教育各办学主体的自身特点,从有利于促进学习者学习和有效控制教学质量的角度,因类制宜、因校制宜地进行。

(1)准确进行质量定位。无论是函授教育,还是电大远程开放教育和网络教育,都属于成人在职教育,属于大众化高等教育的范畴。因此,在优化质量控制体系时,显然就应该按照大众化教育的质量标准来确定教育目标,定位质量控制体系。

(2)突出学校个性和特色。远程高等教育侧重于培养应用型人才,注重适应多样化的社会需求和学习需求,在教育实践中,任何学校在确定质量标准、构建质量控制体系时,既要考虑同类教育的共性要求,也要注重自身办学的个性和特色。因此,优化质量控制体系就要充分突出学校的办学特色。

(3)抓住教学过程的主要环节。虽然我国从事远程高等教育的学校众多,各个学校在办学体制、管理层次、教学方式、方法和手段运用上又存在着很大的差异,但在主要教学环节上却比较相似或相近。因此,优化远程教育质量控制体系,就必须抓住教学过程的主要环节,如培养目标、课程建设、资源建设、学习过程监控、学习支持服务、质量测评、教学检查评估以及信息化手段的应用等。

(4)加强质量控制的反馈。任何一种质量控制体系都应该能够及时准确地反馈质量控制结果的闭合系统,只有加强质量控制的反馈,才能使办学主体及时调整教学行为,加强影响教学质量各要素的监管,确保各个层次的教与学按既定目标或标准运行。

### 三、充分应用信息技术改善质量控制手段

在远程高等教育办学主体中,由于各种原因的影响,质量控制手段显现出两极分化的态势。网络教育、电大教育等技术先进的学校的质量控制的手段已经部分实现了数字化、网络化,如数据传输、网上检查、网上考试等。但也有一些办学主体的教务管理手段、教学信息传输方式等仍然处于手上操作或面对面的口传心授状态,质量控制手段相当落后,对提高教学质量和教学管理效率、管理水平不无影响,必须引起高度重视。

#### (一)切实转变办学理念

远程高等教育办学主体应切实转变办学理念,树立强烈的教育信息化、教育现代化的意识,主动自觉地跟踪国内外信息技术发展和远程教育变革的趋势,为质量控制手段的更新、改造、建设奠定思想基础,明确优化方向。

#### (二)加大投入,加快建设

在当今世界,信息技术日新月异,信息产品层出不穷,运用信息技术控制教育质量已经成为高等教育改革的潮流。因此,无论是从事函授教育还是电大教育、网络教育的高校,都必须根据自身的实际状况,加大经费投入,加快信息化基础设施的建设、改造和优化。

#### (三)加强人员培训

要实现质量控制手段的信息化,还必须加强对管理人员、教学人员信息技能培训。通过培训,提高远程教育高校教学、管理人员的信息素养,这是改善质量控制手段不可或缺的重要措施。

### 参考文献

[1] 于云秀. 广播电视大学开放教育的质量保证 [J]. 中国远程教育, 2004 (10).

[2] 杨治朝, 余善云. 论中国广播电视大学的开放办学与质量控制 [J]. 现代远距离教育, 1996 (3).

[3] 丁兴富. 远距离高等教育学 [M]. 北京: 中央电视广播大学出版社出版, 1990.

[4] 杨云, 田忠. 论现代远程教育质量控制 [J]. 湖北广播电视大学学报, 2003 (3).

[5] 李巧林. 浅谈高等学校教学质量的控制 [J]. 机械工业高教研究, 1994 (2).

# 远程教育教学资源开放共享与品牌战略[①]

教学资源是远程教育的重要支柱,是教师表现和传递教学内容、学生学习知识和提高能力的载体。从某种意义上讲,现代远程教育就是基于资源的教育。无论是国际上的远程开放大学,还是普通高校网络学院,都把资源建设作为远程教育成功的重要保障。发端于21世纪初国际远程教育界的"资源运动",亚洲开放大学协会(AAOU)近年来在中国举行的"学术论坛",推动中国教育资源共享的中国开放教育资源协会(CORE)等,都对远程教育教学资源共享给予了充分的关注。广播电视大学是综合运用文字资料、广播电视、计算机网络等多种媒体资源实施远程教学的开放型大学,加强教学资源的开发、利用,推动教学资源共建、共享,适应学习者个性化学习的需要,是提升核心竞争力、实现电大教育可持续发展的必然选择。

## 一、远程教育中的教学资源

远程教学资源是具有储存和传递教学信息功能并负载着某种教学信息的各种教学材料的总和,如文字教材、视听教材、多媒体教材、网络教材等。与传统面授教学相比,远程教育中的学生与教师处于时空分离状态,学生更多地利用学校提供的教学资源,主要采取个性化的学习方式完成学业,因此教学资源的数量、质量和适合度在远程教学中的作用就显得尤为重要。教育资源在远程学习中的重要性和它与教学的关系已引起国际远程教育领域的高度关注。2008年4月在大连召开的"2008开放教育国际会议"上,许多与会者都特别强调开放教育资源与教学之间的关系。

教学资源的丰富程度和质量水平将直接影响远程教育的教学质量。如果缺少教学资源,远程教育的教学活动就无法开展。利用教学资源,可以有效地开展导学、辅导、答疑等教学活动,开展素质教育和校园文化建设。利用教学资源,可以实现学习者的个性化学习,实现教师的异步教学。随着信息技术的运用,教学资源呈现出多媒体化、网络化和智能化的特点,文字教材、音像教材、网络课件等构成了远程教育立体化的教学资源体系。

---

[①] 本文发表于《现代远程教育研究》2008年第6期。

推动教学资源的开放与共享,节约教育成本,提高教学资源利用率,已发展成为远程教育的世界潮流。2006年9月,中国开放教育资源协会(CORE)第三届开放教育大会在西安召开,对教育资源开放共享理念及其指导下的开放共享行动等问题进行了交流和研讨。中国政府十分重视教学资源建设与资源共享,早在2000年,教育部就投入3 000多万元建设了300多门大学网络课程、案例题库等,在2003—2007年教育信息化行动中,又启动了1 500门国家精品课程建设,目前已建成的750门国家级精品课程全部实现了网络共享。

中央电大从2004年以来牵头实施的国家现代远程教育资源库工程项目,目前已整合入库远程教育教学资源46万多件,注册用户达到3.1万人,总访问量达100万次。全国共有102家教育机构部署"国家现代远程教育资源库系统——节点资源库",通过分布式资源库系统向各节点配送超过8TB的各种类型的教学资源,涉及200多个专业、3 000多门课程。

## 二、电大教学资源建设的轨迹

与任何事物的发展一样,电大的资源建设,无论是人们对其重要作用的认识,还是电大对教学资源的开发利用,都经历了一个循序渐进和逐步深化的过程。在1996年前,电大办学主要是借用普通高校教材来录制音像教材、开展"课程学习包"研究。1996年黄山会议后,教材建设作为实现电大发展总目标的两大建设之一被摆上了重要地位。从1996年到1999年,全国电大资源建设的任务主要是共建课程资源、研制多媒体学习材料、把一体化设计理念引入教学媒体资源建设。

开放教育试点项目的实施极大地推动了全国电大系统的资源建设,并引领电大资源建设向网络化、精品化、多媒体化和面向社会共建共享的方向发展。1999年8月5日,中央电大在印发的《"中央广播电视大学人才培养模式改革和开放教育试点"项目研究工作教学教务管理暂行办法》中,提出了要"积极开发适应网上教学需要的软件制作平台,制作试点专业主干课程的网上教学课件。同时,组织规划好导学与实时性教材(网上资源利用)的建设,形成新的媒体资源"的资源建设任务。1999年9月1日,中央电大印发《广播电视大学现代远程教育基础设施建设规划》,提出"在现代远程教育理论指导下,发挥电大优势,充分调动各方面的积极性,分工合作,建设一批软件开发基地,自主研制、合作开发、挖潜改造和积极引进多种媒体教学资源,建立电大系统中央、地区和学校教学资源库"。

截止到2007年4月,全国电大教学资源建设已取得重大进展。中央电大新建了一系列质量较高、特色鲜明的多种媒体教学资源,其中文字教材 873 种,音像教材 5 150 学时(录像 4 807 学时、录音 343 学时),IP 课件 5 551 讲,CAI 课件 64 个,网络课程 50 门,网上资源 36 306 件(篇);全国电大 93.3% 的统设必修课都配备有 3 种以上比较稳定的教学媒体,一大批优质教学资源和课程获得国家和省部级奖励。

电大资源建设适应了电大远程开放教育发展和学生在网络环境下自主学习的需要,为深化电大教学改革、确保应用型人才培养的规格和质量发挥了十分重要的作用,但也必须看到电大资源建设也存在一些值得关注的问题。

一是教学资源对远程学习的适应性没有根本解决。早在 2001 年年底,中央电大副校长严冰在《电大教学资源建设的基本原则与任务》中就指出:"电大的教学资源建设滞后于或者说不适应发展的需要是显而易见的。"2004 年,教育部远程教育协作组专家任为民在《电大"试点"评估和多媒体资源建设》一文中,就全国电大开放教育试点总结性评估指标体系作出说明时指出,电大"目前网上资源品种与数量不少,适应学生需要的不多。内容展示性的资源较多,指导性、针对性和交互性较差,探究性的自由资源则更少"。

二是重复建设与应用明显不足。电大系统由中央电大和 44 所省级电大所组成,在开放教育办学中,统设课程教学资源由中央电大负责建设,约占资源总量 40% 的非统设课程教学资源则由省级电大建设,由于版权、署名、利益等众多因素影响和缺乏整体规划,课程教学资源重复建设、低水平建设的情况甚为严重。由于受传统观念和学习习惯的影响,以及平台、服务、教师引导等因素的制约,电大远程学习者利用网络资源学习的比例并不理想。有资料显示,"开放教育试点"总结性评估后,全国电大开放教育学生上网学习的比例出现了下降的趋势。

三是教学资源共建共享的机制远未形成。教学资源共建是实现共享的前提,共享则是有效降低教育成本的重要途径,要实现教学资源共享以降低办学成本,首先就应抓好教学资源的共建。电大虽然在开放教育试点中形成了"天地人网结合,三级平台互动"的多媒体、数字化、交互式的网络环境,建立了全国电大教学资源协作会以推动教学资源合作共建,但由于体制、机制、版权、付费、条件、理念等因素的制约和影响,教学资源共建与优质教学资源共享的机制在电大系统内并没有真正形成,电大与普通高校网络学院在资源建设上的密切合作与共建共享还任重道远。

### 三、教学资源开放与共享的障碍

实现教学资源开放与共享,降低远程教育成本,不仅在国际远程教育界达成共识，也是电大远程开放教育发展的必然选择。从 2001 年美国麻省理工学院启动"公开课程材料计划"以来，开放教育资源在全球范围内形成了一种新的"运动"和"潮流"。在这一进程中，相关国家和机构不仅对开放教育资源所秉承的"开放"与"共享"理念有了越来越多的认可，而且在相关研究和实践方面取得了不少实质性的进展，但教学资源的"开放"与"共享"仍然存在众多的困难和挑战。同样，电大在推动教学资源的"开放"与"共享"中，越来越面临一些深层次的矛盾和体制性、机制性问题。

教育资源开放与共享源于全球工业社会向信息社会全面转型的大背景，目的在于缩小知识鸿沟、促进新知识的创造、推动知识经济社会的进步与发展。计算机技术、网络技术的快速发展为教育资源的开放与共享提供了良好的技术条件，并推动远程开放教育迅速发展。美国、日本、英国、法国、西班牙、泰国、委内瑞拉等众多国家，纷纷都以各种形式开展教育资源开放与共享的实践。中国政府十分重视教育资源的建设与共享，目前，教育部已建成上 1 000 门精品课程资源上网共享，广播电视大学则通过广播、电视、互联网面向学习者和社会大众开放教学资源。

2004 年下半年，教育资源的开放与共享问题在国内远程教育领域迅速成为引人注目的"焦点"。长江三角洲地区高校网络学院召开研讨会，签署了《长三角地区高校远程教育资源共享备忘录》。不到 20 天，全国电大教学资源协作会也在上海召开，研讨地方电大教学资源的合作共建与共享。2008 年 4 月，第四届开放教育国际会议在大连召开，与会专家围绕开放教育资源的发展、应用、合作和可持续性进行了交流，并对如何消除教学资源获取与应用在版权、语言、文化、技术等方面的障碍进行了探讨。

消除教学资源开放与共享在版权、技术等方面的体制性、机制性障碍，提高资源的可获取性，是远程开放教育实现持续发展的要求。但在远程教育领域却存在着事实上的"门户"障碍与知识产权障碍，如 67 所高校网络学院和电大就是 68 个独立的"门户"，各有各的利益诉求，各有各的合作伙伴，自成一体，"老死不相往来"，教学资源不求我用，但求我有，哪怕性能和水平十分低下。中央电大与 44 所省级电大也存在着不同的利益诉求。开放教育统设课程教学资源由中央电大牵头建设并提供学习者使用，但在社会的开放度却越来越低，非统设课程资源、非学历继续教育资源在系统内的开放、共建与共享也还未形成。由于在观念、利益、技术、习惯等方面的不尽一致，以及一些机制性矛盾难以克服，省级电大非统设课程资源"不求我用，但求我有"，自成体系，重复建设、低水平建设的情况依然存在。实现远程教学资源在系统内的开放、共建与共享，以及建设课程平台、提升教学资源质量与应用能力、探索和构建优质教学资源共享机制等任务还十分艰巨。

### 四、教学资源建设中的品牌战略

品牌是目标消费者及公众对于某一特定事物心理的、生理的、综合性的肯定性感受和评价的结晶物。人和风景、企业、学校、产品、资源、商标等，都可以发展成为品牌对应物。品牌战略是经济学研究的范畴，通常是指企业在生产经营过程中为占有市场、赢得一定的市场份额，通过采用先进的科学技术、提高质量、降低成本、广告宣传等一系列方法与手段，使其生产的产品得到消费者与社会普遍认同的长期效用的建立过程。品牌战略是市场经济竞争的产物，在科技高度发达、信息快速传播的今天，产品、技术及管理诀窍等容易被对手模仿，难以成为核心专长，而品牌是一种不能被轻易模仿的消费者的认知和心里感觉，一旦树立，不但具有价值，并且不可模仿。

对"品牌"的最先研究是在经济学、营销学领域。20世纪90年代，商品品牌理论被引入我国，国家为促进企业的持续发展，倡导企业实施"名牌战略"。目前，我国仍处于品牌营销的萌芽时期，还没有建立起系统的适合我国国情的品牌理论。

在教育界，英国的剑桥、牛津，美国的哈佛、西点，我国的北大、清华等等，都被称之为名校。经过历史的演变，这些院校都形成了一套创建、管理、经营名校的方法。然而，真正意义上的如同经济学、营销学把品牌当成一门专业学科来研究的目前还没有出现。伴随着我国市场经济体制的日趋成熟，品牌已渗入到包括教育在内的我国社会生活的各个领域。电大正面临激烈的远程教育市场竞争，品牌对电大的生存和发展也将起着同样重要的作用。

资源品牌是高等学校或教育机构社会地位的一种现实反映，尤其能够提高包括电大在内的远程教育院校、组织机构在发展过程中跨越时间和空间的社会认可程度。资源品牌意识的确立更多的是远程教育院校、教育培训机构为适应市场经济的挑战而选择的一种生存与发展方式。把资源建设的品牌战略引入电大是通过品牌战略的实施提升电大的核心竞争力。电大在教学资源建设中实施品牌战略，通过长期的开发、建设全面提高教学资源的适应性、针对性和美誉度，进而产生品牌效益，使电大教学资源的特色和优势得到学习者和社会的普遍认同，进而确立电大远程开放教育面向市场、面向社会、面向未来的整体优势或办学特色。

实施电大教学资源建设品牌战略，就是要把优质教学资源建设摆在全国电大远程教育改革、建设、发展的全局性、关键性地位，通过创建教学资源的品牌，提升教学资源对远程学习者的针对性、适应性和有效性，为远程学习者的个性化自主学习提供优质资源服务，确保远程教学质量与人才培养的规格质量。通过实施教学资源品牌战略，为教学资源在更大范围内的开放与共享创造条件，推动和促进电大教学资源面向国内高校、甚至国外或境外开放大学的开放与共享。实施教学资源品牌战略，强化电大在远程教育领域的竞争优势与办学特色，提升电大办学的综合实力和核心竞争力。

与普通高校网络学院相比，电大在资金、技术、人才方面处于明显的劣势，但具有资源整合、政策支撑、系统办学的优势，实施教学资源建设的品牌战略，必须扬长避短，整体规划，整合力量，认真解决好资金、技术、政策、策略、机制、重点等关键性问题，发挥系统优势全力推进。基于电大开放教育教学资源"有无问题"已经解决的实际情况，和精品教学资源在远程学习中的重要作用，应立足电大远程教育发展的长远需要，确立电大系统教学资源品牌建设的战略思想，制定电大教学资源品牌建设的战略规划。

根据电大远程教育学科专业众多、办学规模巨大的特点，电大教学资源建设应采取多品牌的战略发展路径，并把重点放在精品课程网络资源建设上。切实改变电大系统教学资源建设长期以来形成的"只重量，不重质""只想用，不想投"、低水平重复建设的观念和习惯，树立教学资源的精品意识和品牌理念，为实施教学资源建设品牌战略扫除思想障碍；充分利用牵头实施国家现代远程教育资源库工程项目建设的有利条件和远程开放教育特别是非学历继续教育的公益性特点，构建电大网络精品教学资源建设的投入机制，为实施教学资源的品牌战略提供资金保障；综合采取引进改造、联合开发、系统共建、整合更新、补偿共享等多元模式加快教学资源品牌建设步伐，努力构建具有电大开放特色、合理利用市场机制、又能有效推进品牌战略的精品资源建设模式；充分利用、有效整合全国电大系统教学资源建设的力量，努力建设一支由教师和技术、科研人员组成、中央电大与地方电大结合的电大资源建设队伍，构建网络精品课程建设团队；积极探索和构建电大系统精品教学资源共建共享机制，加强电大教学资源品牌的宣传、经营和维护，突出电大品牌资源的定位和核心价值，树立电大品牌教学资源形象，提高远程学习者、用户对电大品牌教学资源的认知度、忠诚度，进而提高远程学习者、家长、用人单位和社会公众对电大教育良好的认知印象。

# 略论远程教育教学支持服务体系建设[①]

现代远程教育是指学生与教师、学生与教学组织之间主要采取多媒体手段进行系统教学和通讯联系的教育形式。由于现代远程教育教与学在时空上处于分离状态，加上教育对象具有广泛的社会性、教学资源十分丰富、信息传输双向互动等特点，决定了"教学支持服务"与"教学资源"成为远程教学的两大支柱。电大从创办以来，就十分重视教学支持服务体系建设，特别是在"人才培养模式改革和开放教育试点"中，全国电大系统以开放教育理念为指导，采取切实有效措施加强远程教育教学支持服务的"硬件"和"软件"建设，积极探索和构建既具有统一性要求和规范，又具有不同区域特点的电大远程教学支持服务体系。远程教育适应了网络环境下学生个性化自主学习的需要，为电大构建开放式人才培养模式、有效实施远程教学、提高远程教育人才培养的质量、确保开放教育试点取得成功提供了重要支撑。

## 一、教学支持服务体系的概念

教学支持服务（或学生支持服务）体系是教育过程中一切辅助性教学活动的总和。在教学支持服务体系中，"教学支持"与"学习支持"是两个互为前提、各有侧重的组成部分。教学支持是学校或教学组织者为确保教学进程与质量，通过各种形式为教师和学生提供的指导、帮助与支持。随着传统教育向现代教育的发展，教学支持服务的含义也有了新的定义。现代教育教学支持服务的内容主要包括作为条件保障的系统/平台支持与环境服务，信息技术整合与应用的技术支持与服务，服务"教"与"学"的教学支持等。

学生支持服务的思想和概念产生于英国开放大学丰富的远程教育实践。1978年，英国开放大学的大卫西沃特（Davesewart）教授在德国哈根远程教育大学发表了《远程学习系统对学生的持续关注》一文，正式提出"学生支持"概念，对"学生支持"最初界定为"开放与远程教育学生支持是一种服务产业，它以满足服务产业大多数人的利益为普遍原则"。在后来的研究中，他又将学生支持定义为一种手段，通过这种手段，学习者可以充分利用远程教育机

---

① 本文发表于《北京广播电视大学学报》2009年第1期。

构提供的各种功能。1983年,在大卫·西沃特与基更·霍姆伯格合编的《远程教育:国际展勤》一书中,第一次将"学生支持服务"与"媒体选择:新的通讯技术"课程开发等并列为远程教与学的核心内容。1993年后,大卫·西沃特又对远程教育学生支持服务系统的构成要素提出了"要素无限"和对远程学习者"持续关注"的理论。2003年1月,英国开放大学东英格兰分校校长罗杰米尔斯教授在中英远程教育学习支持服务专题研讨会上,做了题为"中国开放大学学习支持服务体系的结题"的学术报告,把学习支持服务的相关定义阐释为"帮助学生理解教材,帮助学生解决可能影响学习的各种问题,这些问题可能和他们正在学习的专业或课程没有直接的联系",并在结论中指出,"提供良好的学生个别化支持服务是远程教育体系成功的关键,它也是远程教育与函授的基本差别","提供良好的学生个别化学习支持服务和制作高质量的学习资料一样重要"。世界其他远程开放大学也同样重视学习支持服务体系建设。法国国家远程教育接待中心(CNED)、美国西部加州远程教育开放中心等都把探索和完善学习支持服务系统作为学校研究与实践的重点,香港开放大学、日本放送大学等都十分重视远程学习者的学习支持服务。

电大开放教育的一切教学活动,都是围绕学生"个性化自主学习"为主、教师"导学"为辅的核心思想展开,形成了鲜明的远程教育教学支持服务特色。电大开展的教学支持服务(或学习支持服务)既包括对教师"教"的支持服务,又包括对学生"学"的支持服务。对教师"教"的支持服务,它要求电大的教学管理体制必须支持远程教育以学生"个性化自主学习"为主的教学活动的开展,学校或教学组织者应采取一切必要的手段(硬件、软件)支持教师尽快转变角色,适应和主动承担起远程教育环境下的"导学"任务,并与学生"学"的支持服务相辅相成。

电大对"学"的支持服务,即学生学习支持服务,要求各级电大的教学组织者或教师要为学习者的学习提供便利的条件,创设适合"个性化自主学习"的环境,对学习者在学习过程中出现的困难提供有效帮助。其主要内容大致包括学习导航、学法指导、资源提供、问题解答、信息传输、心理咨询等,而导航与解困又是学习支持的主要环节。电大学习支持服务的质量将直接影响乃至决定着学习者学习的质量和效果。从本质上讲,学习支持是为了培养、提高学习者的学习能力,通过学习者能力建设,既要帮助他们完成电大学习的阶段性学习任务,还要为他们获得继续学习、终身学习的能力提供帮助。

基于上述分析,我们可以把电大教学支持服务体系概括为:各级电大组织或教学组织者,在现代教育思想指导下,利用现代教育技术、资源、环境和设施,面向远程学习者、教师和管理人员提供信息、资源、设施、策略、咨询等支持和服务构成的有机整体。电大教学支持服务体系具有系统性、层次性、多

远程教育创新研究 >> >>

样性、网络化、个性化等特点。

## 二、电大教学支持服务体系的发展

电大教学支持服务体系，经历了一个循序渐进，不断发展、优化的建设过程，与电大远程教学改革的不断深化、办学开放的不断扩大以及成人在职学习方式的改变紧密地联系在一起，并随着电大"学导结合"教学模式的构建而不断走向深入，最终发展成为电大远程开放教育质量保证体系的"五要素"之一。

1979年电大创办后，由于传统教育观念影响和电大初创时期的条件限制，教学支持服务体系建设在全国电大系统并没有得到足够的重视。1995年9月，国家教委批准电大（教成厅〔1995〕19号）开展"注册视听生"教育试点。"注册视听生"教育是电大按照开放教育要求进行制度设计的重大改革，"为省市电大和学生提供多种形式的教学服务"，并作为中央电大的职责第一次被国家教育行政管理部门提了出来。随后远程教育教学支持服务体系建设被纳入电大教学工作的重要内容，并不断得到强化。

1979年9月，国家教委电化教育办公室决定对全国电大开展教学评估，在下发的《关于开展广播电视大学教学评估工作的意见》中，把教学支持服务作为评估的重要内容，提出电大教学支持服务应"采用音像、面授、作业、函授以及电视等多种形式进行教学辅导"，并有相应的规定和要求：通过开展教研活动对各级教师进行教法指导，根据学生特点制定学习方法指导的方案；沟通教与学之间的信息反馈渠道，及时下达各种教学信息处理，定期开展教学检查，征集各种意见并妥善处理；能为师生及时提供图书、资料以及音像磁带的借用、复制、播放等服务。第一次以规范性文件的形式对电大教学支持服务的对象、方式、内容、范围、要求等做出了明确的规定。电大教学支持服务体系建设及其运行效果从此被正式纳入电大教学工作的范畴和教学评估的重要内容。

1999年国家启动人才培养模式改革和开放教育试点项目研究，教学支持服务体系被作为项目研究的重要内容进行建设。同年8月，教育部在印发的《中央电大人才培养模式改革和开放教育试点项目研究工作实施意见（试行）》中指出：中央电大安排音像课的播出，负责网络课程的运行管理和文字、音像等多种媒体教材的征订、发行，为试点电大和学生提供多种形式的教学服务。

2000年7月，中央电大印发了《中央广播电视大学人才培养模式改革和开放教育试点研究课题指南》，把"远程开放学习支持服务系统的研究"列入全国电大课题研究计划，在全国电大系统组织力量，紧密结合开放教育试点实践，对远程学习支持服务系统的基本要素、运行机制及其职能，与国外远程教育机构学习支持服务系统的比较，学习资源的提供与服务，学习过程的辅导与帮助，学习中心的建设与研究，学习支持服务系统的理论概括等一系列重大问题，开展全面系统的专题研究。

中央电大在2002年到2003年实施的开放教育试点中期评估和2007年4月底前完成的总结性评估，都把"面向学生的教学支持服务""对试点电大教学支持服务工作的指导""形成和发展电大系统教学支持服务体系"等教学支持服务内容作为核心指标评价教学改革的成果。

2007年1月9日，《中国教育》对电大教学支持服务取得的成果进行了报道。电大教育的教学支持服务把远程教育机构的支持服务对象进行了扩展，既包含远程教育机构及教师对学生'学'的支持服务，也包括远程教育机构对教师"教"的支持服务。中央电大重点对教学支持服务的定位、特色以及教学支持服务的体系构架和运作模式进行了探索研究，逐步建立起及时、便捷的服务学习者自主学习和心理健康等学习全过程的导学、助学工作网络，并确立了以中央、省、地市、县级电大及行业教学点的办学条件和教学设施为平台，以基于天网、地网的信息技术平台和集中面授为手段，以学习资源、教学条件、疑难解答、咨询建议等为主要内容的教学支持服务体系框架。

2008年4月，中央电大校长葛道凯博士在全国电大书记校长会上报告了全国电大系统自2007年来学习支持服务体系建设取得的新进展：一是开展远程接待系统建设项目试点。远程教育接待中心由中央电大远程接待中心和若干省级电大远程接待中心构成，"网络化分布式"的广播电视大学远程接待系统雏形已经显现；浙江、广州、沈阳、贵州、天津电大等省级电大远程接待中心基本建设完成，上海电大正在建设中；初步建设完成学生常见问题数据库，收集有关学习支持服务的问题1 450条；通过IP电话互转实现远程接待系统的互联互通。二是利用网上教学平台为学生学习提供支持服务，发布文本信息5 260篇，制作IP课件108讲，开展网上教学活动1 515场，午间直播课堂154场，召开网上会议114场等。

在中央电大指导下，各省级电大结合开放教育办学实践，对具有区域性特点的远程教育教学支持服务体系的建设进行了卓有成效的探索，取得了一系列重要成果。如陕西电大杨立军提出了基于"学习支持服务体系应当是支持学习者进行自主学习的各种学习资源的组合，是教学过程中一切教学条件和教学活动的总和"的理念，并按"非学科学习支持服务"和"学科学习支持服务"分类，涉及学习环境、入学教育、招生咨询、心理咨询、教学管理、资源提供、文件支持、教学辅导、小组学习、形考支持、实践教学、课程补修12个方面的内容，由技术人员教学管理人员、教学导学人员配合实施，构建学生自主学习支持服务体系的功能框架，在陕西电大开放教育教学实践中收到了比较好的效果。四川电大刁纯志提出的硬件要素、软件要素、队伍（人员）要素合理配置、有机结合、有序管理和有效运行的现代远程教育学习支持服务系统，湖北电大构建的省、地、县三级电大互动，设施、资源、技术等要素支撑的"三级互动、多元支撑"的教学支持服务体系，浙江电大玉环学院基于资源学习的教学支持服务系统的建设与实践等，对推动教学支持服务向纵深发展都发挥了积极的作用。

## 三、学习支持服务对开放办学的推动

教育理论告诉我们："开放教育是以崇尚自由、顺应自然为理念，以社会化教育、终身教育为宗旨，以希冀获得教育者为对象，以受教育者的自主学习为中心，以最大限度的选择和最小限度的限制障碍，借助社会力量与科技成果，提供一切利于此种自由、自主学习的教育思想、教育方式、教育方法、教育手段的总和"。开放教育的本质是人人享有终身接受教育的权利，由此而意味着办学具有广泛的开放性，包括教育对象、教育观念、教育资源、教育过程等的开放。

1999年，教育部批准中央电大开展"人才培养模式改革和开放教育试点"项目研究，开放教育从此作为推动电大办学走向开放的主要形式而在全国电大系统全面展开。由于开放教育的"办学开放"和学生"自主学习"的特点所使然，也由于学习者自身诸多因素的制约，开放教育要完成培养人才的任务和促进自身发展，一个重要的前提就是要帮助学习者在特定的网络学习环境下解决学习过程中遇到的各种困难和问题，有效的教学支持服务就成为开放教育和学习者实现各自目标的重要条件。

远程开放教育的发展历史和办学实践已充分表明，教学支持、学习支持与周到、体贴的助学服务是远程开放教育的重要内涵和质量保证，也是远程开放教育与函授教育自学考试的主要区别。如果教学支持服务缺失，远程开放教育存在的意义和价值就将大打折扣。远程开放教育的有效性与教学支持服务的质量和水平密切相关，没有良好的教学支持服务，远程开放教育的办学就可能"广种薄收"，难以实现规模效益。教学支持服务是提高远程学习者学习有效性的必要条件，如果没有学校和教师的支持和帮助，学习者在远程学习条件下就很难完成电大的阶段性学习任务，更谈不上提升继续学习的能力。教学支持服务的质量和水平与远程教育办学开放的程度紧密相关，教学支持服务的有效性越高，就可以起到支持学习、增强远程学习有效性、减少学生流失、提高远程学习的成功率和社会对远程开放教育人才培养模式的认同程度的作用，进而促进办学的开放。因教学支持服务的缺位而导致远程开放学习有效性的下降，必将导致求学者和社会对远程开放学习失去信心，远程开放教育在缺乏"客户"认同的情况下最终只能走向封闭。显然，有效帮助远程学习者解除学习过程中面临的各种困难，提高远程学习的有效性，是电大扩大办学开放的客观需要。

在开放教育办学中，远程学习者面临的困难是多方面的。2008年，匡贵秋、蒋国珍在《电大学生的学习困难与求助策略》一文中介绍，通过采取分层与整群相结合的方法对全国1所省级电大和2所地级城市电大开放教育的学生求助情况进行了专项调查，结果显示：学习者年龄最小18岁，最大50岁，90%以上的学习者是边工作、边学习；所学专业与原来学习专业不一致的占51.79%，与所从事工作不一致的占52.19%。在电大学习过程中，面临的最突出的困难是"工学矛盾"以及"家务与学习的矛盾"，缺乏适当有效的"学习辅导"是学习者面临的主要困难，求助对象主要是同学和朋友，而"打电话"是最方便快捷的方式。在开放教育试点过程中，张万仪、余善云于2002年对重庆电大19个分校、7个开放教育试点专业的3 530名本科学生等距抽取了202个样本进行问卷调查，结果显示：远程学习的主要困难是"工学矛盾""家庭拖累"和"经济压力"，解决学习困难的主要方式是师生间的"讨论交互"和"寻求答疑"。可见，远程学习者在学习过程中存在着来自工作的、家庭的、学习的、心理的各种各样的困难，在自由、自主学习的氛围中希冀获得学校老师和同学的支持与帮助，而这种学习支持服务在帮助学习者克服困难的同时，又为促进电大自身办学的开放开辟了广阔的前景。

教学支持服务对电大办学开放的促进作用是显而易见的。研究表明，电大对教学支持服务的真正重视源于"注册视听生"教育试点，目的在于适应"注册视听生"教育不组班教学、学生学籍8年有效、通过教学支持服务提高学习者学习有效性的开放办学需要。"注册视听生"教育对学习支持服务的尝试为电大远程开放教育的全面展开积累了比较丰富的远程学习支持服务经验。在开放教育长达8年的试点中，电大教学支持服务得到了充分的重视，从提出要求到课题研究，从理论认知到实践运作，从一般服务向深度开发，电大对学习者的教学支持、学习支持与服务完成了从自发到自觉的转型，对促进开放教育试点取得成功发挥了不可或缺的重要作用。电大远程开放教育办学规模从1999年试点之初的本科4个专业、专科3个专业、在校生30 597人，发展到2007年的本科18个专业、专科41个专业、"一村一名大学生"计划15个专业，在校生达1 986 250人，占同期全国现代远程教育在校学生3 023 500人的65.7%，成为中国现代远程教育当之无愧的主流，开放教育由试点转入"常规"办学，显然与各级电大开展的教学支持与服务分不开。

## 四、教学支持服务的运行与改善

有专家指出，评价远程教育学习支持服务体系的运行质量，要看它是否体

远程教育创新研究

现了以学习者为主体、是否有利于学习者个性化自主学习。也有学者认为，评价远程教育学习支持服务体系的运行质量，最根本的标准是教学支持服务的有效性，而对"教"的支持服务有效性要最终落实到对"学"的支持服务的有效性上。综合两种观点，评价远程教育学习支持服务运行质量和水平的最重要的标准应该是支持服务的有效性和对学习者个性化自主学习的针对性以及服务的规范化。

从总体上看，在电大远程开放教育9年的办学中，学习支持服务体系的运行是有较高质量的，主要表现在：全国电大从中央到地方基于网络的平台建设、多媒体资源建设和以教师队伍为核心的教学管理、技术、科研人员队伍建设取得重大进展，形成了一系列学习支持服务的管理制度、操作规范、研究成果，建立了与电大远程开放学习基本相适应的学习支持服务运行机制，适应了学习者自主学习的需要和电大扩大办学开放的需要。但必须看到，电大学习支持服务体系建设在服务理念的完全确立、服务品牌的建设、服务体系的完善以及学习支持服务的针对性、规范化、标准化等方面还任重道远。张泽宁、张玉花于2006年对甘肃电大开放教育学习支持服务进行了专题调研，指出甘肃电大各分校的学习支持服务，"要达到对远程学习者全方位服务的目标，为学习者提供一个高效、完善的学习支持服务系统尚需努力"。周蔚于2005年对江苏省各电大的支持服务进行了区域性对比分析，指出"省、地、县三级电大学习支持服务的共同弱点是教学资源服务和技术支持不够到位，县级电大一个突出问题是资源不足和网上学习缺乏"。2008年1月，中央电大印发了《中央广播电视大学"十一五"发展规划纲要》，明确提出要"制定学习支持服务标准和质量评价体系，规范学习支持服务行为，提高服务水平"。"要加强教学过程设计方案的落实与反馈，加强学习过程的反馈和跟踪，突出对学习的导学和助学服务，拓展学生心理咨询、毕业后继续教育等外延服务。"纲要虽然提出的是电大远程学习支持服务需要进一步加强和改进的工作，但也同时反映出电大远程学习支持服务存在的不足。

早在2004年，教育部远程教育处李平就在《中国远程教育》撰文，提出了现代远程教育学习支持服务的主要内容，即创设方便的学习条件和周到的综合服务，科学、经济地做好教学资源的传输与配送，搞好教学全过程的组织与管理，提供远程学习的指导与咨询，创设合作式学习和交互式学习的环境，帮助学生解决学习中的各种问题。时至今日，电大学习支持服务体系建设勿容质疑已取得显著成效，电大学习支持服务的有效开展对质量的保障与开放的促进也是有目共睹，但远程学习支持没有最好，只有更好，对学习者的服务也没有止境。如果用李平提出的远程教育学习支持服务的主要内容作标准，电大的学习支持服务体系建设还有许多工作要做，对学习者学习支持服务的质量和水平也亟待提高。

改善电大远程学习支持服务的质量和水平,必须认真审视电大系统学习支持服务体系建设与服务开展的状况,针对存在的问题与不足,采取切实有效措施,推动和促进远程学习支持服务健康发展,使之真正成为推动远程开放教育不断前进的"轮子"。要进一步强化远程学习支持服务的理念建设,促进教师和教学管理人员角色转换,加强培训,提高教师开展支持服务的能力。增加投入,完善学习支持服务"硬件"设施建设以及规范、制度、标准建设,优化"天网地网结合,三级平台互动"的网络教学环境,充分利用国家数字化多媒体、交互式远程教育教学平台及应用支撑平台进行教学和教学管理,为学生的个性化自主学习提供支持服务。要以提高远程学习者个性化自主学习的有效性为目标,以建设中央电大、省级电大远程接待中心和基层电大学习中心为抓手,要把专业化远程标准咨询服务与零距离交流互动解困服务相结合,促进远程学习支持服务的信息化、个性化、规范化、标准化。要增强远程学习者"客户"意识,针对不同地区的经济社会发展水平、文化教育特征和学习者的特殊要求,激发远程学习者的学习动机,提升他们的自主学习能力。通过开展有差别的学习支持服务,提高学习支持服务的针对性和有效性,努力创建电大远程开放教育学习支持服务的品牌。

## 参考文献

[1] 中央电大校办. 广播电视大学文件选编 [M]. 北京:中央电视广播大学出版社,1999.

[2] 杨立军. 学习支持服务:以建构主义理论为指导的实践探索——陕西电大人才培养模式改革的探索与实践 [M]. 西安:陕西人民出版社,2006.

[3] 刁纯志. 现代远程教育学习支持服务系统的理论与实践 [J]. 中国远程教育,2004 (1):44-46.

[4] 余善云. 现代远程教育理论与实践研究 [M]. 北京:中央电视广播大学出版社,2003.

[5] 蒋国珍. 电大学生的学习困难与求助策略 [J]. 中国远程教育,2008 (6):42-45.

[6] 余善云. 远程学习者教育环境调查及建设亻 [J]. 现代远程教育研究,2002 (3):24-28.

[7] 中央电大. 中国广播电视大学统计年鉴 (207) [M]. 北京:中央电视广播大学出版社,2008.

[8] 何猛. 现代远程高等教育质量保证体系构成要素与运行机制研究 [J]. 中国远程教育,2005 (1):9-20.

# 远程开放教育"2+2互动式"教学模式的研究[①]

自中央广播电视大学开展"人才培养模式改革和开放教育试点"以来,我们在远程开放教育实践中,针对重庆市既是大城市又是大农村、城乡二元经济结构特征突出的特点,探索构建具有区域性特点的远程开放教育"2+2互动式"教学模式,有力地促进了教学改革。

## 一、"2+2互动式"教学模式结构

结构是事物内部各要素的组合方式。教学模式结构,是指在一定的教育思想和教与学理论指导下,教师、学生、教学资源、教学环境在教学活动中相互联系、相互作用所形成的稳定结构形式。由于重庆市大城市大农村并存,城乡不同的学习者拥有的学习环境、学习条件、信息素养、经济实力和文化背景等方面都存在着巨大的反差,这就要求我们在构建远程开放教育教学模式时,坚持从重庆的实际出发,采取适合城乡二元经济结构特点和不同学习者状况的策略,因地制宜地探索和构建具有重庆市区域性特色的远程开放教育教学模式。

### (一)"2+2互动式"教学模式的基本框架

所谓"2+2互动式"教学模式,可以概括表述为:在现代远程教育条件下,以学生自主学习为中心,以教学支持服务为支撑,以资源利用为基础,教师和学生充分利用网络环境和资源条件,采取远程导学和面授助学相结合、个别化学习与协作学习相结合方式开展互动式教学活动的结构模式,简称为"2+2互动式"教学模式(如图1所示)。"2+2互动式"教学模式以主体性教育理论、教育技术理论、混合学习理论为理论依据,以重庆电大开放教育试点为实践背景。

在"2+2互动式"教学模式中,第一个"2"指"远程导学和面授助学",是"教"的两个方面;第二个"2"指"个别化学习与协作学习",是

---

① 本文发表于《重庆广播电视大学学报》2005年第2期。

"学"的两种方式。"教"和"学"两个方面的互动交流全方位多层面展开。"远程导学"由居于二线的省市电大教师分别采取在线导学、视频导学、科健导学三种方式实时或非实时进行,实时导学时师生又可远程交流互动,非实时导学主要由学生在利用学校和教师提供的网络资源、CAI 课件、VCD 光盘进行自主学习时接受指导。"面授助学"由学习中心的一线教师采取多种媒体助学、传统面授助学、小组指导助学的方式,集中或个别地进行课程学习指导、答疑解惑、作业评审、实训指导等。"个别化学习"由学生个人根据自身的实际情况利用媒体资源自主学习。"协作学习"是学生两人或两人以上,或以小组的形式为达到共同的学习目标采取合作互助方式进行的学习。支持服务贯穿于教与学活动的各个方面,既有学校对教师、省市电大对基层电大"教"的支持服务,又有学校和教师对学生"学"的支持服务。

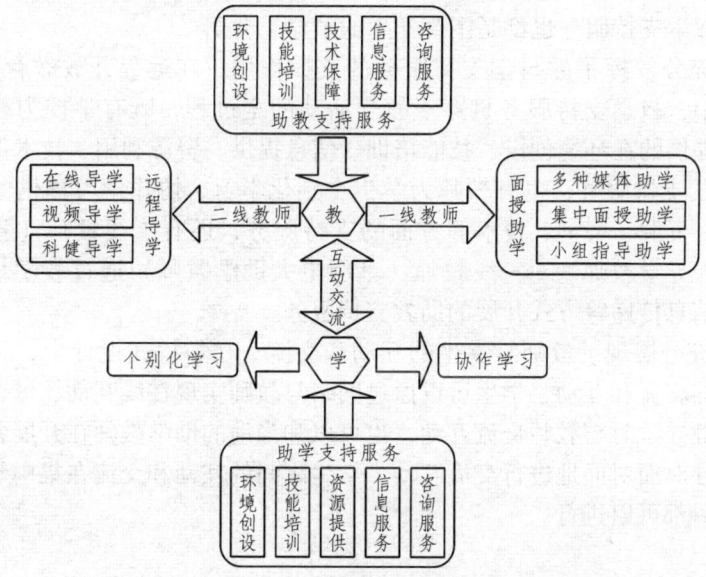

图1 远程开放教"2+2互动式"教学模式的结构

(二)"2+2互动式"教学模式的特点

(1)适应性。兼顾了城市和农村学习者不同的学习环境和条件,既适应了大中城市远程学习者的学习需要,又适应了边远贫困地区学习者的需要。

(2)简明性。概括了远程开放教育的本质因素和教学特征,能有机地把构成教学模式的教师、学生、资源、环境四大要素结构相互联系起来并形成教学过程的稳定形式。模式架构简洁清晰,内在逻辑关系严密,并体现教学互动相长。

(3) 实践性。本模式是教学理论与教学实践相统一的具体表现形式,能为教学理论运用于教学实践提供切合实际的、可操作的实施程序,有利于教育者和学习者在教与学的实践中发挥各自的优势和风格,较好地体现了远程开放教育的教学特征。

(三) "2+2互动式"教学模式的评价

(1) 充分体现了以学生为中心的教学指导思想。在本模式中,教师和学生的角色发生了根本变化,学生始终处于中心地位,发挥着主体性作用;教师不再是单纯传授知识者,而是帮助学生完成新的知识建构的指导者。另外,一切教学要素都是围绕学生的"学"进行安排,教师的"导学""助学",学生的"自主学习""协作学习","四学"同一,都落实到"学"上,而且资源、环境以及教学支持服务也都是围绕学生的"学"展开。

(2) 充分发挥了教与学支持服务的支撑作用。在远程开放教育条件下,在本模式中,教学支持服务贯穿于教学活动的全过程,既有学校为教师的导学、助学提供的在环境创设、技能培训、信息提供、资源利用、技术保障等方面"教"的支持服务,也有教师为学生个别化学习、协作学习提供的环境创设、信息、资源、咨询、技术等方面的支持服务,还有二线教师(省市电大责任教师、导学教师)对一线教师(基层电大助学教师)通过教学培训、技术培训、信息传递等方式开展的助教支持服务。

(3) 充分展现了教师与学生的互动和交流。在本模式设计中,特别注意师生之间的交流和互动,学生可以通过网络与教师实现在线互动,可以在视频导学、科健导学时与教师交流互动,也可以和当地的助学教师在开展各种各样的助学辅导时面对面地进行交流互动,学生之间的互动和交流在集中学习或非集中学习时都可以进行。

## 二、"2+2互动式"教学模式的实施策略

"2+2互动式"教学模式的实施应以现有条件为基础,区别城乡不同情况,各有侧重地进行。

(一) 学习中心建设

(1) 基础设施建设。基础设施建设的重点仍然是扩大教学场地,加强信息化基础设施建设,特别是建立具有独立域名的校园网主页,增加联网计算机和多媒体视听教室数量,扩大网络出口,完善和优化卫星电视教育网络与计算机教育网络相结合的远程教学技术平台。

(2)营造网络环境学习氛围。要进一步强化远程开放学习理念;加强学习者在线学习技能培训;及时对各级电大提供的课程教学资源进行在线整合;营造网络环境下个别化自主学习氛围,积极引导学习者利用网络资源在线学习和使用其他资源学习等。

(3)办学队伍建设。坚持以师资队伍建设为核心、兼顾技术和管理人员队伍建设的方针,区别不同情况,采取专职与兼职结合、专任与专聘结合、引进与提高结合等多种方式,因地制宜、各有侧重地进行。

(4)规章制度建设。应立足现有基础,以自主学习为要求,充分考虑当地的实际情况,优化和完善规章制度。各项制度的建设力求方向性、操作性、实效性的统一。

(5)加大建设投入。即在学习中心建设的投入上,既要自力更生,又要不失时机地争取地方政府和上级电大的支持。

(二)导学与助学

(1)师生角色的重新定位。教师必须由单一的知识传授者转变为学习者学习的指导者、帮助者和促进者,学习者也须由知识的被动接受者变为学习的主人。这种师生角色的重新定位,要求教育者必须树立新的教学理念,并在教学活动中努力实现以单纯传授知识和技能向既传授知识和技能,又注重培养学习者自主学习能力和综合素质的转变。

(2)导学与助学的协同配合。在二元经济结构条件下,远程开放教育的导学任务通常是由省市电大的教师以在线方式实施的,城镇学习者可以得到实时或非实时的远程学习指导,但边远落后地区的学习者也可能得不到任何指导。解决远程教学自身缺陷和不同学习者条件障碍的有效办法,就是要充分利用基层电大教师与学习者直接接触的条件,配合远程导学开展面授助学活动,以此延伸远程导学功能。导学与助学的协同配合是实现教学目标的客观要求,既不能因实行远程导学而放弃适当的面授助学,也不能以条件障碍为由,用传统面授教学代替远程导学。

(三)教学支持服务

(1)支持服务贯穿课程学习始终。要围绕学习者的学习开展全程支持服务,为学习者提供及时周到的指导和帮助。

(2)支持服务要关注农村学习者。由于农村教学环境和条件的制约,在开展教学支持服务时,就应抓住关键环节加强对农村学习者提供帮助。对农村学习者支持服务的重点应放在信息服务、资源服务、导学服务上。

(3)间接支持服务与直接支持服务相结合。前者是指通过资助基层电大建设远程教学平台，开发和提供多种媒体教学资源，培训导学、管理、技术人员，利用网络实施远程导学等。后者是指利用远程教学平台和网络环境直接向学习者提供导学、助学服务。

（4）注重支持服务的区域性特点。网络环境与条件的区域性差异决定了教学支持服务在具体环节运作方式和服务措施上的差别，充分运用这种差别打造具有区域性特点的支持服务体系，是增强支持服务有效性的客观要求。如重庆电大巫山分校根据小城镇、大农村、境内交通不便、多数学习者无法利用网络学习、集中面授助学又十分有限的实际情况，采取刻制 VCD 光盘、拷贝网络导学课程、构建"资源包"等方式送教下乡，使学习支持服务形成了本土特色。

（四）课程教学改革

（1）课程教改方案的设计。要根据课程教学的目的，在全面考察、分析学习者、环境、资源、课程特点和师生互动等因素及其相互关系的基础上，对教与学的各个方面和环节预先做出规划和安排。做好课程教改方案设计，有助于实现远程导学、助学过程的科学化和效果的最优化。

（2）课程教改方案的实施。课程教学是在一定的情景中进行的，结合课程教学目标创设教学环境，匹配好课程导学教师、学生、资源、网络环境等基本要素，才能确保课程教学改革目标的实现。

（3）课程教改效果的评价。注重课程教改效果评价，可以及时了解学生的学习过程和状况，准确判断学生的学业水平和发展需要，发现教学改革产生的经验和不足，对课程教学改革的优化和完善提出有针对性的建议。

（五）学习者的学习管理

远程开放教育倡导网络环境下的学生个别化自主学习，但并不意味着对学生学习的放任自流，相反，加强对学习者学习的监控和管理是确保远程学习质量的重要环节。对学习者学习的管理主要包括对学生在线学习、小组协作学习、个别化自主学习的管理和监控，如采取查阅学生借阅资源登记情况，利用网络监控记录了解学生在线学习情况，通过电话查访、个别访谈等方式了解学生个别化自主学习、小组学习情况等，通过对学习者学习的管理促进远程教学质量的提高。

# 远程教育土木工程专业实践教学的创新[①]

高等教育的实践教学是根据课程要求,与课堂理论讲授相对应的实践活动,一般包括试验实训、社会调查、生产实习、毕业设计(作业)、学术讲座等活动。远程教育如何围绕网络学习为主和实践教学社会化进行创新,是远程教育实践教学必须要面对和加以解决的重要课题。

## 一、问题的提出

实践教学的目的通常是在教师的指导下使学生通过实践操作获得感性知识和基本技能,促进理论知识向实践能力的转化,提高分析问题和解决问题的能力。

电大教育的实践教学与普通大学的不同在于远程学习者多是成人,具有一定的实践经验和技能,所以在某种程度上存在着轻视实践、应付实践教学的倾向。他们往往认为知识的吸取比实践技能的掌握更重要,加上网络虚拟环境与实际场景的差别,基层办学单位实训条件的局限,社会不良风气对学习者的影响等,都影响了远程教育实践教学质量的提高。土木工程专业由于其突出的实践应用性特征,与电大开放教育其他本科专业相比,试验和实训的内容更多,实践教学对教师、场地、设施的要求也更高。

## 二、思考与建议

实践教学强调的是实践,本质是教学。实践是实现教学目标的途径。显然,坚持理论与实践结合,知识与能力并重,求同与求异兼顾,求新与求实并举,师生互动,诚信为本,注重实效,不仅可使远程教育实践教学由"弱"变"强",还能较好地解决实践教学的质量问题。

### (一)准确定位,细化目标

电大远程开放教育的培养目标是"应用型高等专门人才",这是总体要求。对不同专业的人才培养目标应对"应用型"做具体要求。准确定位专业

---

[①] 本文发表于《天津电大学报》2006年第3期。

培养目标，根据课程特点和不同的实践教学要求细化具体目标，是有效开展实践教学，实现人才培养目标的前提和基础。

（1）定位目标。电大远程开放教育土木工程专业是一个行业背景、学习对象、课程设置、教学环境都具有特色的专业，教学计划不但安排有大量的实践教学内容，而且对学习者技能的要求也远远高于其他专业，毕业生应是"技能型"人才，即为建筑业土木工程建设第一线培养工程制图员、现场施工员、工程项目经理等。让学生走出校门就能找到工作，所学知识能派上用场，切实起到生产骨干的作用。

（2）课程分类。根据土木工程专业教学计划的安排，应按课程各自的实训要求安排师资、器材、场地，选择相应方式组织、实施实践教学。如"计算机应用基础"和"建筑结构试验"两门课，前者只要计算机就能进行实训操作，后者必须到专业试验室操作，两者相差甚远。

（3）细化要求。所有专业的教学计划对实践教学都有明确而具体的统一要求，但不同办学单位拥有的实践教学条件却可能不一样，实践教学的进程也会有差异，因此办学单位还必须制定总体实施方案，细化和安排好每一个实践环节。土木工程专业实践教学，应抓住理论学习、课程设计、现场实习、综合训练四大关键环节，落实好具体的方案、人员、场地、师资四大要素，处理好各环节"知识、技能、素质"三者之间的内在联系等。

（二）行业背景，现场支撑

电大在实践教学中往往由于本单位试验实训条件不足而采取利用社会资源的办法加以解决。以行业为背景，依托企业建立稳定的实训基地，是一条独具特色的实践教学新路子。

（1）校企相互依存。土木工程专业实践教学需要大量的现场做支撑，如果没有现场生产实习基地，生产实训就很难实施。重庆电大建筑工程学院依托在重庆市首屈一指、下辖28个建筑公司、从业人员达20余万人的国有大型企业建立学生的生产实训基地并开展实践教学，同时又推荐毕业生到集团企业就业，不仅有效地解决了学生实践教学的生产场地问题，还开辟了学生就业的新途径，形成了校企发展相互依存的良性格局。学生实训基地的妥善解决为实践教学的顺利开展提供了切实的保障。

（2）实践才出真知。土木工程专业的专业特点要求学习者到生产第一线去摸爬滚打，以促进理论知识的转化，进而长见识、长知识、长才干。无论是课程实训，还是课程设计、社会调查、毕业设计，都要把学生分为若干小组安排到施工现场，在现场技术人员的指导下进行生产认识实习、课程设计实习、毕业综合实习。在时间安排上，长则一月半月，短则三五天，不允许学生自行联系实习单位,或以已在专业岗位工作为由不参加集体实践活动。

(3) 课堂设在现场。对一些实践性特别强的课程,在条件许可以的情况下,可以把课堂搬到现场进行教学。学生可以在现场教学中获得在书本和教室中无法获得的知识,促进所学理论知识的巩固、深化。如学院在开展"高层建筑结构与抗震""高层建筑施工"等课程时,辅导教师就把教学课堂搬到了集团的大型施工现场,结合工程实际进行专业理论知识导学。新颖活泼、效果突出的现场教学形式深受学生欢迎。

(4) 双师配合辅导。双师就是指课程辅导教师和实习现场指导教师。课程辅导教师主要负责理论课辅导。实习现场指导教师主要负责对学生现场实习的指导。在土木工程专业中,集理论知识和施工实践经验的"双师"型教师少之又少。作为替代我们采取双师配合的办法。双师可扬长避短,相互配合,相互补充,提高教学的效果。在理论课辅导中,教师可把讲解书本知识与解决实际问题结合进行,也可在介绍书本知识的同时,将自己的科研成果与学生在生产实际中遇到的问题结合起来讨论、交流,通过师生互动和智慧碰撞,实现"产、学、研"结合。生产实习指导教师凭借丰富的实践经验,在帮助学生掌握实践技能的同时,还可从决实际问题入手,促进学生所学理论知识的巩固、深化,实现新的创新。

## 三、研究结论

土木工程专业实践教学的重点是毕业设计。通过毕业设计,促进学生知识向能力的转化。要实现这一目标,毕业设计的整个过程和结果都必须真实。重庆电大建筑工程学院在开展毕业设计实践教学时,首先是把学生按相同方向分成若干小组派到建筑施工现场参加生产实习,再将实习所得结合专业知识确定毕业设计方向。学生毕业设计植根于实践,很有"原汁原味"的特点。为了确保毕业设计的真实性,学校还要求学生在进行毕业设计时,小组成员间可以交流沟通但不得代替操作,可以协作攻关,但内容不得雷同,可以参阅网上资料但不得抄袭等。

## 参考文献

[1] 刘定邦. 坚持应用型人才培养目标,改进和加强毕业论文指导 [J]. 中国远程教育, 2005 (5): 29 - 31.

[2] 张少刚, 郭小霞. 远程教育护理专业(专科)的教学实习设计 [J]. 现代远程教育研究, 2004 (2): 40 - 43.

[3] 余善云. 关于发展我国现代远程教育的思考 [J]. 重庆工学院学报, 2004 (5): 159 - 161.

# 重庆广播电视大学教学模式改革的实践探索

一

广播电视大学自创办以来长期致力于现代远程教育条件下的教学模式改革，但由于受传统教育观念根深蒂固的影响，无论是电大从创办以来就开展的成人高等教育，还是后来举办的普通专科教育、成人"专升本"教育，教学模式改革并没有取得实质性的进展。从1999年开始的"中央广播电视大学人才培养模式改革和开放教育试点"项目研究，才真正推动了广播电视大学远程教育教学模式改革。广播电视大学开放教育试点把构建现代远程教育条件下以学生为中心的教学模式作为人才培养模式改革的核心内容，并通过教学模式改革促进远程教育教学的综合改革。9年多的探索和实践不仅促进了以学生学习为中心的教育思想、教学活动、教学手段和管理方式的转变，形成了"天地人网结合、三级平台互动"、多种媒体教学资源综合应用为特色的网络教学环境，也形成了现代远程教育环境下的教学模式，与开放教育人才培养模式改革相适应的教学模式改革取得了突破。

教学模式是指在一定教育思想和学习理论指导下，通过对教学诸要素设计而形成的较为稳定的教学活动结构、程序和策略体系。远程教育教学模式是在网络环境下，依据人本主义教育理论和开放学习理论，通过对教学诸要素的设计所形成的较为稳定的以学生自主学习为中心的教学活动结构、程序和策略体系。

远程教育教学模式改革作为人才培养模式改革的重要内容，近年来其改革的趋势主要表现为：一是教学模式改革由单一性向多样性发展，特别是运用远程教育规律和开放学习理论，与当地远程教育办学实践紧密结合起来，构建具有区域性特点的本土教学模式；二是教学模式探究的方法由归纳型向演绎型发展，即由大量的个别事例和实践活动总结提炼出规律性的"模式"，向由一般的规律出发，通过推理和逻辑证明得出规律性"模式"的方法发展；三是教学模式改革的重点由以"教"为主向以"学"为主发展，核心内容是构建新的学习模式。以学生为中心、以学生自主学习为中心的学习模式改革已经成为教学模式改革的重要趋势。

# 二

重庆广播电视大学从2000年春季以来，经教育部和中央电大批准，开展了人才培养模式改革和开放教育试点项目研究。在办学和教学实践中，学校坚持以教学模式改革为核心，推动人才培养模式改革。学校远程教育教学模式的改革经历了一个持续探索、逐步深化的过程。从最初的网络环境下的如何教、如何学、如何管，逐步发展到以应用型人才培养为目标，综合运用印刷、音像、网络等多种媒体资源，学生采取个别学习、协作学习、集中学习三种学习方式，教师采取导学、助学、促学三种方式的"1333"教学模式，再优化、凝练为具有远程开放教育鲜明特色的"学导结合"教学模式。

"学导结合"教学模式的内涵是：围绕人才培养目标这个中心，学生利用网络平台和多种媒体资源开展自主学习与协作学习，教师基于教学设计以多种方式进行引导和辅导，师生之间开展交流互动，市和区县电大、基层学习中心提供全程学习支持服务。它的基本特征是自主性、针对性和多样性。"学导结合"教学模式的基本框架见图1。

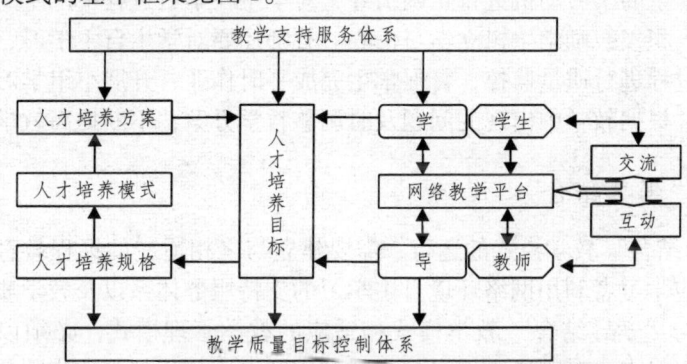

**图1 远程教育"学导结合"教学模式的基本框架**

在"学导结合"教学模式中，"学"是指学生自主化的学习活动，"导"是指教师的导学活动。它包含了两个实施主体，即学生和教师，体现了以学生自主学习为主、教师导学相结合。

## （一）"学导结合"之"学"

在教学活动中，学生的自主学习是"学导结合"教学模式的重心。"学"不仅仅指自主学习知识，还包含学生借助完善的教学支持服务系统完成自主学习的诸多因素。自主学习是学生在端正学习态度、提高主动学习的积极性和兴趣、形成良好学习动机的基础上，针对自身的实际情况，自主选择专业和课程，自行设计学习计划和学习方案，合理安排学习时间和学习进度。在学习过程中，学生自主选择合适的学习方式和方法，提高自身独立学习的能力；钻研教材，充分利用网络获取信息，选择适合个人的各种学习资源进行交互学习；以个别化自主学习为主，开展小组协作学习、集体讨论以及教师指导下的面授学习。学生在学习的不同阶段，适时进行自我监控和自评自测，调整学习进度和策略，提高改进学习、终身学习的能力，并培养动手能力和创新精神。

### （二）"学导结合"之"导"

远程教学使教师的角色发生了根本性的变化，教师从教学的主导者变为学生自主学习的帮助者、教学过程的设计者、教学质量的监控者，多角度地对学生的学习进行指导、引导、疏导。从学生入学开始，教师就帮助学生了解电大教学情况，建立学习目标，制订学习计划，安排学习时间；传授专业学习所需要的技能，培养学生利用多种媒体与信息技术进行学习的能力。教师还根据课程教学大纲要求，精心设计宜于学生自主学习的教学实施方案，制作多种教学媒体资源，适当开展面授教学答疑解难，及时解决学生遇到的各种学习困难。教师要对学生的学习动机进行正确引导，对学生在学习过程中产生的问题进行耐心疏导，积极鼓励学生树立学习信心。教师还要对学生自主学习、教师自身教学的全过程进行质量监控，督促学生完成平时作业、开展小组学习和网上交互学习，并根据教学中出现的问题及时调整教学方案，不断提高教学质量。

### （三）"学导结合"之运行

"学导结合"教学模式的运行，需要建立与之相适应的远程教育教学管理模式、适应学习者利用网络环境自主学习的支持服务体系以及教学质量保障体系。构建与"学导结合"教学模式相适应的教学管理模式，必须以满足学生的需求为出发点，充分考虑信息技术的利用和电大远程教学的实际情况。通过30年的建设和发展，重庆广播电视大学已形成由市电大和49所区县、行业基层电大、300多个教学点组成的覆盖全市城乡的远程教育系统。根据远程教育教学规律和电大自身办学层级多的特点与实际需要，学校在构建网络教学环境的过程中，积极推进远程教育管理手段的现代化建设。日益完善的远程教学平台与不断更新的教务管理信息系统极大地提升了教学管理的技术支持能力，实现了远程教学教务管理信息的适时沟通。

学习支持服务体系是教育过程中一切辅助性教学活动的总和。远程教育学习支持服务体系主要包括作为条件保障的系统和平台支持环境、信息技术整合与应用的支持服务、全方位服务"学"的教学支持等。重庆广播电视大学现代远程教育学习支持服务体系立足学校远程教学的主体地位，充分依托全市电大教学系统，整合全市电大远程教学队伍和学习资源，结合支持服务中"学生、教师、资源、环境"四个核心要素进行构建。在学习支持服务体系中，学生处于中心地位，"天网、地网、人网"三网合一。教师利用网络将印刷、音像、网络等学习资源和信息传输给学生，结合实时和非实时的教学辅导答疑完成导学，并根据学生的学习反馈随时进行内容调整。

学校在办学实践中，还形成了由组织体系、监控体系、制度体系构成的质量保证体系。组织体系以学校领导为责任主体，职能部门和分校分工配合，全员参与质量管理。监控体系以教学评估督导机构为主体，以质量标准和管理规范为依据，以评价为手段，强调反馈响应。制度体系以"课程大纲、教材、考试和评分标准"的统一为核心，以"实地检查、网上检查、年报年检、评估督导、巡考督考"为重点，结合教学过程予以实施。电大远程高等教育质量保证体系的运行特点体现为：以学生为中心，注重学习资源、教学活动等过程管理，持续改进调整，从而形成了监控、评价、纠正、预防的过程控制。

## 三

"学导结合"教学模式基于网络环境、多种媒体，教师导学与学生自主学习结合，以及重庆广播电视大学和基层学习中心及时为学生提供的学习支持服务，使远程教育的教学质量得到了有效的控制。"学导结合"教学模式的运行推动了教学观念的转变、教学媒体与导学策略的综合运用、课程教学方式的改革，取得了良好的效果。

"学导结合"教学模式的实践应用促进了全市电大师生"以学生自主学习为中心"观念的确立，导学、助学和促学活动逐步走向深入；推动了重庆广播电视大学独具特色的远程教学平台的完善，实现了中央广播电视大学、重庆广播电视大学、区县电大三级平台互动，使学生自主学习的环境有了根本性改善，网络资源建设取得突破性进展；推进了学生的个别化自主学习，学生上网学习人次明显增加，上网学习时间明显延长；推动了远程教育学习支持服务体系和教学质量监控体系的建设，提升了广播电视大学的整体办学能力，受到了学生的欢迎和社会用人单位的好评。

"学导结合"的教学实践促进了导学策略的多样化发展，如基于课程单元的导读策略、基于案例或问题探究的导学策略、基于虚拟课堂与校园的情景策略等。基层电大在实践中还总结出各具特色、具有区域性特点的教学模式。如万州广播电视大学提出的"坚持一个中心，搞好两个支持，注重三个结合，狠抓四个强化"的教学模式；合川广播电视大学提出的"导学自学——协作互动——整合迁移"的教学模式；巫山电大分校提出的"三为主五环节"的教学模式等。

在教学实践中，基层电大综合利用文字印刷、录音录像、卫星电视和计算机网络等多种媒体手段进行远程教学活动，辅以必要的面授教学，既体现了"远程""开放"的教学特点和教师指导下的"灵活""自主"的学习方式，又为优化组合的多种教学媒体及媒体使用提供了较大的选择性，较好地适应了基层学习者的知识基础、学习条件及经济承受能力。

自主学习主要渗透在课程学习之中，形成了一批有特色的课程自主学习模式。如"企业战略管理"课程的"问题导向式"学习、"现代教育技术基础"课程的"任务驱动式"学习、"高级财务管理"课程的"情景教学式"学习、"市场营销学"课程的"协商互动式"学习、"国民经济核算"课程的"学导式"学习、"会计制度设计"课程的"案例式"学习、"国际企业管理"课程的"小组专题讨论"学习，等等。

教学模式改革还促进了网上教学资源的充分利用，确保了网上教学的顺利开展。2007年，中央广播电视大学网上教学检查的反馈意见显示：重庆广播电视大学统设课程平均配套资源数为23.5，位居全国省级电大第2位（全国电大平均值为10.43）；省开课平均资源数为11.5，位居全国省级电大第4位（全国电大平均值为7.14）。学生上网学习的积极性大为提高，网络课程学习点击率明显上升。2005年10月以来，重庆广播电视大学远程教学平台浏览达731 788人次，上网学习达512 339人次，上网学习的学生达19 499名，上网学习时间达6 597 146小时。教学改革有力地提升了远程教育的教学质量和水平。近期对重庆广播电视大学毕业生的追踪调查结果显示：毕业生对远程开放教育人才培养、教学效果的评价分别为77.72分和84.57分；参加抽样调查的159个社会用人单位对毕业生质量总体评价为"好"或"较好"的占86.3%；社会用人单位年终考核时被评为"优秀"等级的毕业生占74.3%；毕业生职称职务得到晋升的占47.2%；毕业生通过再学习获得各类奖项的占57.9%。广播电视大学远程教育的人才培养质量得到社会的普遍认同。